2020
长三角城市发展报告

长三角中小城市活力研究·人才篇

主　编　褚　敏
副主编　逯　改　高　昉　刘文华
　　　　王桂林　兰晓敏

上海财经大学出版社
SHANGHAI UNIVERSITY OF FINANCE & ECONOMICS PRESS

图书在版编目(CIP)数据

2020长三角城市发展报告.长三角中小城市活力研究人才篇/褚敏主编. —上海:上海财经大学出版社,2021.10
ISBN 978-7-5642-3867-4/F.3867
Ⅰ.①2… Ⅱ.①褚… Ⅲ.①长江三角洲-中小城市-经济发展-研究报告-2020②长江三角洲-中小城市-人才培养-研究报告-2020
Ⅳ.①F299.275②C964.2
中国版本图书馆CIP数据核字(2021)第204115号

□ 责任编辑　杨　闯
□ 封面设计　贺加贝

2020长三角城市发展报告
长三角中小城市活力研究·人才篇

主　编　褚　敏
副主编　逯　改　高　昉　刘文华
　　　　王桂林　兰晓敏

上海财经大学出版社出版发行
(上海市中山北一路369号　邮编200083)
网　　址:http://www.sufep.com
电子邮箱:webmaster@sufep.com
全国新华书店经销
江苏凤凰数码印务有限公司印刷装订
2021年10月第1版　2021年10月第1次印刷

710mm×1000mm　1/16　17印张(插页:2)　305千字
定价:68.00元

序 | Preface

千秋基业，人才为先。人才已成为经济社会发展的核心资源，国家与国家、地区与地区、城市与城市之间的竞争，越来越上升为人才的竞争。党的十九大报告指出，"人才是实现民族振兴、赢得国际竞争主动的战略资源"，要"聚天下英才而用之，加快建设人才强国"。2018年3月7日，习近平总书记参加十三届全国人大一次会议广东代表团审议时，系统提出了"发展是第一要务，人才是第一资源，创新是第一动力"的重要论断，进一步深化了对新时代中国特色社会主义发展规律的认识。准确理解、深刻领会这一重要论断，在实践中把握第一要务、用好第一资源、激发第一动力，对于推动经济社会高质量发展具有十分重要的意义。纵观世界各国发展态势，创新成为发展的核心动力，而创新驱动实质上是人才驱动，拥有一流的创新人才，就拥有了创新的优势和主导权。在全面建成社会主义现代化强国的新征程上，面对科技创新领域的激烈竞争，我们比历史上任何时期都更需要人才这个第一资源。

过去几十年里，城市活力研究越来越受到重视。城市作为人类社会生存发展的重要空间，具备了有生命力的有机体性质。城市活力即反映了城市发展的内生动力，具有活力的城市能够更为有效地利用资源，激发增长潜力，实现可持续发展。城市活力具有多方面的表征形式，从不同的关注点出发可衍生出不同的表征形式，这使得城市活力成为一个跨学科的概念。近年来，随着中国城市化进程不断推进，国内有学者将城市活力概念引入到中国城市研究中。伴随着经济转型和社会发展的进程，城市活力日益成为城市规划与设计、经济创新发展、城市管理和民生等领域关注的热点话题。

上海城建职业学院城市发展研究中心课题组致力于长三角中小城市发展研究已有数年，目的是探究影响城市发展的主要因素及其影响规律，为促进长三角一体化发展、实现长三角中小城市协同发展提出对策和建议。2020年起，课题组将研究聚焦于长三角中小城市的活力。课题组认为，城市活力反映了长三角中小城市可持续发展的能力和潜力，其核心是中小城市吸收、配置要素和资源，进而转化为生产生活的能力，主要体现在人才、生态、文化、创新和城市品牌五个方面，而人才活力是其最为重要的组成部分。

  本书代表了课题组最近的研究成果。本书认为，可从人才环境、人才量能和人才贡献三个维度对长三角中小城市人才活力做出分析评价，其中，人才环境是城市人才活力的条件，人才量能反映了人才的规模、结构与流动性，人才贡献则是城市人才活力的外显与成就。本书在借鉴前人相关研究成果的基础上，开发了一种适用于长三角地区中小城市的新的城市人才活力评价指标体系，采用线性函数综合评价方法构建了长三角中小城市人才活力综合评价模型，进而分析了长三角地区60个中小城市和部分市辖区的人才活力状况，以此揭示了长三角中小城市在人才发展方面的成就、经验和不足。

  本书为长三角中小城市人才活力发展状况提供了直观的晴雨表，也进一步丰富了城市人才活力的研究成果，可为各级政府和各类企事业单位提供参考，并为从事城市活力、特别是人才活力研究的同行们提供可资参考的素材、观点和方法。

叶根忠

2021年9月26日

目录 Contents

序 ··· 1

总报告篇

第一章 概述 ··· 3
 一、问题的提出与背景 ·· 3
 二、城市与人才 ·· 5
 三、人才与人才活力 ··· 12
 四、城市人才活力的衡量方式 ·· 20

第二章 长三角中小城市人才活力指数整体构思 ······························ 26
 一、长三角中小城市人才活力指数评价指标体系 ························· 26
 二、长三角中小城市人才活力指数评价方法 ································ 32

第三章 长三角中小城市人才活力指数评价结果与分析 ···················· 39
 一、长三角中小城市人才活力指数排名与分析 ···························· 39
 二、人才环境指数排名与分析 ·· 54
 三、人才量能指数排名与分析 ·· 75
 四、人才贡献指数排名与分析 ·· 109

分报告篇

第四章 上海市非中心城区人才活力 ·· 141
 一、上海非中心城区人才活力指数排名与分析 ···························· 141
 二、上海人才引进政策现状与问题 ··· 144

三、提升上海市非中心城区人才活力的对策建议 …………… 146

第五章　江苏省中小城市人才活力 ………………………………… 148
　　一、江苏省中小城市人才活力指数排名与分析 ……………… 148
　　二、江苏省中小城市人才活力的问题 ………………………… 168
　　三、提升江苏省中小城市人才活力的对策建议 ……………… 169

第六章　浙江省中小城市人才活力 ………………………………… 170
　　一、浙江省中小城市人才活力指数排名与分析 ……………… 170
　　二、浙江省人才引进政策现状与问题 ………………………… 174
　　三、提升浙江省中小城市人才活力的对策建议 ……………… 174

第七章　安徽省中小城市人才活力 ………………………………… 175
　　一、安徽省中小城市人才活力指数排名与分析 ……………… 175
　　二、安徽省中小城市人才活力的问题 ………………………… 179
　　三、提升安徽省中小城市人才活力的对策建议 ……………… 182

典型案例篇

案例一　上海市青浦区人才活力 …………………………………… 187
案例二　江苏省江阴市人才活力 …………………………………… 190
案例三　浙江省义乌市人才活力 …………………………………… 197
案例四　安徽省桐城市人才活力 …………………………………… 210
案例五　安徽省蚌埠市淮上区人才活力 …………………………… 218

附录 ………………………………………………………………… 242

总报告篇

第一章

概 述

一、问题的提出与背景

我们开展长三角中小城市人才活力研究,是基于两点考量:一是人才已成为现代城市发展的首要生产要素;二是长三角一体化发展的国家战略对该区域的城市全方位发展提供了重要推动力。

(一)"聚天下英才而用之"成为现代城市发展的关键要素

开展对人才活力的探究,首先是基于人才活力的提高对城市社会经济发展具有智力支撑的作用。习近平总书记明确指出,要用抓好人才这个第一资源来支撑发展这个第一要务,使人才工作和人才队伍的发展与经济社会的发展更加协调,将人才工作与经济社会发展紧密关联。其后,习总书记在党的十九大报告中强调"聚天下英才而用之,加快建设人才强国"。这些重要论述将对人才的认识和重视提到了前所未有的高度。

在当今世界,国家与国家、地区与地区之间的竞争逐渐渗透到了各个层面和领域,由自然资源竞争、军事竞争、经济竞争、资本竞争,再到社会竞争、文化竞争、意识竞争。这既体现了全球一体化的发展趋势,也是各国在合作中求同存异、协同中竞争的必然要求。而在各国既有合作又有竞争的情境下,各国竞争发生的战场就在各国综合实力的聚居地——城市。那么,国家与国家、地区与地区之间的竞争就主要体现在了各国和各地区城市、尤其是核心大城市(群)和都市圈之间的竞争。同样的,如此核心大城市(群)和都市圈之间的竞争最核心的资产之一就在于人才,如果该城市的人才在规模与数量、素质与质量、创新与创业等方面具有竞争力,那么其所在的城市乃至该城市所辐射的区域,都一定会在竞争的风口中占得先机。也正因为如此,各国、各地区、各城市都极为重视人才,将人才工作视为重中之重,将其放在发展战略的核心地位,并通过各类政策文件予以确认、强化。

随着"以人为本,全面协调可持续发展"科学发展观的确立,我国的发展理念也发生相应变化。现代城市与以往不同,如果说以前的城市以自然资源为第一生产要素的话,那么现代城市对于自然资源的依赖程度已经大大降低。中国经济社会已步入了新的、科学的发展轨道,将从以前以消耗自然资源为代价、以人力资源的单纯规模和数量为主,转向以低能耗、减少自然资源消耗、更多依赖知识价值附加、科技含量附加等发展策略。这是我国主动求变、主动作为的明智之举,体现了我国党和政府对当前经济发展的新型方式的深刻意识。这一方面是基于我国人口政策和现状的发展新问题,另一方面也是借鉴了当前国外发达国家的有益经验。为此,我们对于全面素质的提高和高层次科技人才都异常重视,前者是国民经济发展的基础性工程,后者是我国高新技术参与国际竞争的"尖兵"。

因此,由以上的分析可以看出,现代城市成为各国、各地区竞争的主战场和前沿阵地,代表了各国的综合竞争力,而在这个主战场上起决定性作用之一的"武器"和冲锋陷阵的"精锐部队"就是人才,人才所能提供的智力支持就是"核武器"。如果人才的作用发挥得好,那么国家和地区的竞争力是极具优势的。故而,提高人才的活力以提升国家和城市的综合实力成为广泛共识。正是基于这样的考量,开展人才活力研究是非常重要且有价值的。

(二)长三角一体化发展的国家战略是区域城市发展的动力引擎

开展对长三角中小城市人才活力的探究,则是基于长三角一体化发展的国家战略。

为进一步科学引导我国区域经济社会发展,国家在2018年11月以正式意见的形式确立了将长江三角洲区域一体化发展上升为国家战略开始,这一国家战略将对我国整体经济与产业版图产生重大影响。长三角一体化发展对于江苏、浙江、上海和安徽这三省一市的发展是重大发展机遇,也是国家赋予的崇高使命和历史担当。与全国其他区域省份相比,江浙沪皖三省一市的经济基础厚实,国际开放程度更大,更趋外向型经济增长。从硬件条件看,三省一市的硬件条件相对比较优越,涉及三个产业所需要的各种生产要素,虽然所依赖的生产资源相对缺乏,但随着中国物流产业和交通路网的完备,生产资源短缺的问题已基本不存在关键制约。从软件环境看,江浙沪皖各种法律法规较为完备,且执行力度较大、贯彻程度较高,保证了社会经济发展更为规范、平稳、有序。因此,长三角区域在未来一个时期都将是我国东部沿海乃至全国社会经济发展的动力引擎,引领我国经济、科技、文化发展,代表我国区域经济社会综合实力参与全球竞争。

相应的,长三角一体化对于江浙沪皖三省一市所在的城市发展也提供了千载难逢的大好机遇,如果能在这一历史潮流中顺应发展,则会实现跨越式进步,将自身的发展速度和实力提升一个大的台阶和水平能级。长三角区域的城市各有特点,既有上海这种超大型城市,又有南京、杭州、苏州等这种大型一线城市,又有像昆山、江阴、慈溪、义乌等这种经济活力强、规模相对较小的中小城市。这种区域城市布局的特点,有利于发挥各自的优势和长处。总体来说,长三角区域的城市在我国城市群的特点就是创新性强、活力足、经济条件较好、制度完备、人文素养高等。但离国家赋予长三角区域城市的历史使命和任务仍有相当的差距,也只有继续发展才能解决发展中的问题。而若要提升长三角中小城市的综合实力和发展活力,就必须抓住人才工作这个"牛鼻子",人才是提升各中小城市活力的关键。

概而言之,人才已是现代城市发展的第一生产要素,人才活力可以全方位影响一个城市的发展。长三角一体化的发展战略需要人才的支撑,人才是实现这一国家战略的智力保证。有两个方面的原因让我们产生了研究长三角中小城市人才活力的动力:一方面为人才更充分发挥其聪明才智提供方向,另一方面也为长三角中小城市的发展提供更好的智力支撑。

二、城市与人才

开展城市活力、人才活力的研究和实践,是近些年社会经济发展到一定阶段才出现的新兴概念,体现了现代社会对城市发展历史任务的新认识。为更好研究长三角中小城市人才活力,我们有必要从源头出发,先理清楚城市与人才以及二者的密切关系,这样可以帮助我们更好地开展城市人才活力研究。对此,我们下面将会对相关概念进行探究,以便我们更好地理解城市人才活力。

(一)人才

1. 基本含义

人才的解释,在英文词典上可解释为 talent、talented people,也有少数人认为可解释为 best people。通过相关的文献分析发现,talent 可定义为单个的"人才",而 talented people 和 best people 可定义为"人才群体"。而且人才是一个广泛的概念,对于人才的定义,众说纷纭。正因为如此,使得人才的概念变得更加多样和丰富,社会对于人才的要求和硬性标准也随之提高。

在 20 世纪 80 年代以前,人才的概念就已经有了一个基本的理解。例如我国在人才研究领域中,知名学者叶忠海提出,人才是指在一定的社会条件下,能以其创造性劳动,对社会或某方面的发展做出某种较大贡献的人。而另一名学者李富增则认为人才是指在各种社会实践中,具有一定专门知识或技能,运用其专门知识或技能,在社会实践中做出某种成绩的人。而且他还对专门人才的定义进行了说明,提出专门的人才主要包括具有中等专业学校毕业及以上学历,或拥有一定技术的人员或以上业务技术职称的人。还有一部分研究者提出只要是那些能为社会做出较大贡献的人,都可以概而称之为人才。从此可见,人才的定义在社会的表现形式不一,多种多样,是一个多类型、多层次、多要素、动态发展的概念。

至20世纪90年代后,随着社会发展和社会进步,社会对人才的理解变得更丰富与广泛。例如学者郭淑英等提出,只要能在一定的历史前提下,产生具有从事"两个文明"建设的优良素质,以其创造性劳动为社会发展和人类进步做出较大贡献的人,我们都可以将其定义为人才。而保加利亚学者却提出,能够创造富有意义的、新的精神或物质价值,并受人的生理制约的,有一定的社会环境所形成的具有脑力和体力特点与道德品质的总和的人,可以定义为人才。学者罗洪铁提出,非常适合某一领域、某一行业或某一岗位的人,并在此领域、行业或岗位为社会发展或人类进步创造出较大价值或做出较大贡献的人,就是人才。胡云生则提出"人尽其才都是人才"的大人才观。更有学者认为,具有良好内在素质,能够在一定条件下通过不断地取得创造性劳动成果,对组织战略目标的实现或社会进步和发展产生了较大影响的人,也称之为人才。

当然也有一种特殊的人才,即我们平常所谈的"天才"。也有学者针对这种人才进行研究。Mepherson对天才进行了界定,他把那些天生、本能具有某种潜力的人称作天才,他们在某些方面明显高于平均水平,或者拥有相比平常人高得多的资质。此外,爱博特主要是从具有影响力、取得了不凡的成就和非比寻常的创造性行为这三个维度来评价人才。

而我国学者对于人才的相关概念基本上都是从一般性人才角度和精英角度来考虑的。比如,黄津孚就认为,无论是知识技能水平,还是贡献程度、智力,人才都明显高于普通人,有些人具有反常甚至"超常"的能力。罗洪铁从素质的视角来理解人才:人才拥有优秀的内在品质,能在特定环境下,以惊人的毅力和持之以恒的努力,创造出常人难以达到的成果,并对经济社会发展产生深远的影响。

2. 人才类型

对于人才类型,按照不同的分类标准和划分角度,可以有不同的类型。

按照社会职能的不同分工这一标准来划分,人才类型有四种,即学术型(也称为理论型、科学家型)人才、工程型(也称为工程师型、设计型)人才、技术型(也称为技术应用型)人才和技能型(也称为操作型)人才四类。其中,学术型(理论型、科学家型)人才指从事理论研究并对现实问题进行深层理论探讨的人才;工程型(工程师型、设计型)人才指从事设计、规划及复杂技术和管理工作的人;技术型(技术应用型)人才指工作在生产一线,将工程型人才或决策者的规划、决策变成物质形态或产生具体作用的人;技能型(操作型、动手型)人才指主要依赖操作技能进行工作的各种操作型的技术工人。

按照人才对社会的价值性和替代性,我们又可将人才分为另外四种,即核心人才、通用人才、辅助人才和独特人才。这其中,核心人才的特征就是其稀缺性和不可替代性,他们在生产环节中是核心要件,其他人才类型无法胜任,具有高科学技术含量和知识附加。通用人才则具有广泛适应性,在不同的产业和岗位上可以适当流动,其可替代性较强。但他们仍掌握一定技术和实践知识,对于生产过程也具有知识价值附加作用。辅助人才是为上述两类人才提供支持和服务的人,处理边际工作、甚至工作之外的事务,可替代性更高,对于生产环境的增值作用不明显,基本是外围支持人员,如勤杂人员、安保、保洁。而独特人才是那些不直接参与生产环节,但又以自身的专业和经验知识为生产提供指导、咨询和顾问等工作。这类人才虽然为数不多,但在某些行业或企业能发挥较大的积极作用,以至于不可或缺。①

3. 本研究的界定

由此可见,人才的定义在学者眼中各不相同,但也有共同点。一是人才能够在社会发展中进行创造性劳动;二是人才能在社会实践中做出贡献,包括政治、精神、物质三个文明建设;三是人才拥有一定的知识和专业技能。《中华人民共和国国民经济和社会发展第十四个五年规划和2035年远景目标纲要》(下称《纲要》)对我国当前人才的发展提出了十分明确的要求——贯彻尊重劳动、尊重知识、尊重人才、尊重创造方针。该《纲要》提及的人才类型有:科技领军人才、创新型人才、应用型人才、(高)技能型人才。

因此,本研究对人才的界定采用的是比较意义上的,具体的内涵是指:一是受过高等教育、具有较高科学、文化和专业知识;二是具有一技之长或专业技术能力;三是为社会主义现代化建设做出积极贡献的、人力资源中能力和素质较高的劳动者,这三类人都可是我们所指代的人才。换言之,本研究的人才,职业和工作不分高低贵贱,既包含高学历、高职称者,又包含学历、文化和专业知识相对不高但具备一技之长者。当然,这种人才是对我国社会主义事业发展和人民生活有积极作用的。从类型上看,我们所界定的人才既包括科技领军人才、创新型

---

① 李肃肃. 河北省提升科技人才竞争力的对策研究[D]. 天津:天津财经大学,2018.

人才,也包括应用型人才和(高)技能型人才。

(二)城市与人才的关系

在经济全球化发展的大浪潮中,科技和经济迅速发展,作为科技和劳动力载体的"人才"在其中发挥着不可或缺的作用。国家与国家、地区与地区、城市与城市之间的竞争,实质就是对于"人才"的竞争。因此,人才已成为经济和社会发展的核心资源。而城市作为人才聚集的地方,城市人才活跃程度的高低,将直接影响着城市的科技和经济社会发展的质量与水平,成为值得关注的重要工作。

习近平总书记提出的"人民城市人民建,人民城市为人民"完美地阐释了人民与城市的关系,这也是人才与城市关系的生动写照:人才对城市产生着全方位的影响与贡献,而城市是人才成长和发挥作用的环境与条件。

1."人民城市为人民":城市是人才赖以发挥作用的"阳光雨露"

新中国成立以来,我国领导人一直都重视国家人才的培养与发展,同时,城市和国家的发展也为人才发挥作用提供良好的环境和条件。随着生活水平的提高,人才辈出,城市人才的成长、创新、创业等各方面得到了较好的发展机会与条件。我国虽然是人口大国,但是在城市人才比重方面,与发达国家相比,还算不上真正意义上的人才强国。由此可见,我国从人口大国逐渐转变为人才强国具有迫切性和重要性。对此,我国许多学者对于人才的发展从不同的角度提出了不同的观点和建议,一定程度上促进了国家人才的培养和发展。然而,人才活力概念的提出,是对国家人才发展研究的一个新的跨步,城市人才的活跃程度,不仅仅对城市人才的发展和培养产生影响,而且还将影响城市的社会和经济发展。研究和分析城市人才活力的影响因素,并找出有效、科学的评价方法,提出相关的策略建议,既可以有力推动城市人才的发展,又为我国人才强国的转向奠定智力基础。[①]

人才是知识的创造、承担、传递者,也是使用者和拥有者,随着知识经济的到来,已逐渐成为经济增长和社会进步的关键因素和发展引擎。不同的城市,对人才的吸纳和设置有不同的方式。从国内大部分城市的人才配置方式来看,大致有两种方式,一种是强管控型人才配置,另一种是弱管控型人才配置,也可称之为市场自发控制型人才配置,这两种配置方式各有特色,互有优劣。先看强管控型人才配置方式,这种人才配置方式在新中国成立后的几十年比较盛行,当时人才规模小,数量匮乏,需要集中力量办大事,对很多工作都采取计划制,由政府统一设置、配备。当时对人才的配置也是采取这种方式,由各城市政府根据当地经

---

① 叶俊. 城市人才活力综合评价模型研究[D]. 深圳:深圳大学,2017.

济社会发展的需求,直接给相应产业、行业和企业配置人才。这种人才配置方式的特点比较鲜明,就是速度快、计划性强、见效及时、力度大,对人才的管理比较严格,人才处于遵从的地位,更多体现了国家任务和历史使命。这种人才配置方式的缺点也很明显,就是灵活性差,不够尊重人才的需求和特点,通常远远迟于社会市场的真实需要和变化。再看弱管控型人才配置,它主要是通过产业、经济的发展,通过劳动力市场、人才市场自主自发的流动实现,由市场作为人才配置的核心驱动力。这种人才配置方式是随着我国市场经济的深入而逐渐盛行,是当前我国各城市主要的人才配置方式。这种人才配置方式的优点很明显,就是各种人才的适配性高,人才的个人需求也在更大的范围内得到了尊重和满足,有利于社会经济和人才两者的和谐共生。

就目前我国各城市的人才管理看,单纯的强管控或完全市场配置,都是不适合的,或者说不适合所有的城市。更佳的人才配置方式应是两者的结合,既有政府的引导和管理,又有市场在人才配置中起决定性作用,政府更多通过政策来规范人才引进、人才使用等行为,通过项目、财政支持、户籍、环境营造等方面来吸引和留住人才。而不能直接通过人才的管控,将人才的自主选择权完全剥夺。人才的积极性的发挥,必须有所在城市从环境、制度、文化到薪酬、住房、子女入学等各方面的支持,没有这些方面的支持,人才就算被一时引进,也会出现后续大量流失的情况。

因此,各城市为了激发人才活力,必须在环境、制度、硬件、宜居、文化、薪酬等各方面下大力气,有更多的投入。当然,这种投入不仅仅是经济投入,还需在制度、理念、文化、评价等方面着力。可喜的是,目前我国很多城市都已经意识到了人才的重要性,在全国出现了此起彼伏的"抢人大战"。对此,我们要有清醒的认识,人才一经"抢来",留住用才同样、甚至更加重要。如果没有好的发展机会和前景,人才即便"抢"进来,也会流出去,造成各种资源甚至人才智力的巨大浪费。

总之,城市所能提供的环境与条件是人才成长和做出积极贡献的"阳光"和"雨露",没有阳光和水,植物就会枯萎、凋零。各城市在下了"广聚天下英才"的决心后,还要思考,如何为人才搭建干事创业的平台,让他们的才智、事业、激情与城市发展的脉动深度融合,真正做到"此心安处是吾乡"。这也是贯彻"人民城市为人民"的生动体现。

2."人民城市人民建":人才对城市有着全方位的影响

从城市的起源看,城市也称之为城市聚落,是在特定区域聚集了大量生产要素,是各方面要素比较集中的地理区域。从现代意义上的城市看,城市由不同的功能区域组成,比如生活区、生产区、商业区、管理区、人文区等。相应的区域也会有相应的实体机构来实现,比如居民小区、学校、商场、工厂、政府机构、图书馆等机构和设施。

从我国城市的发展看,中国古代城市有比较悠久的历史和传统,早在夏商时期,我国就有人口比较聚集、资源比较集中的村落或部落。从词源来看,城市由"城"和"市"两个字组成,"城"多指城墙,主要用于防御和自卫保护,既能抵御外来力量的进攻,又可方便对城内人员与物资的管理。"市"则是指市场,就是可以用来进行市场交易的场所,交易既有生活要素,也有生产要素,还有文化要素。只有城墙而没有市场的区域谈不上是城市,同样只有市场也不够,也必须有足够的硬件来提供生产、生活等要素。当然,我国古代的城市还算不上现代意义上的城市,还缺乏很多现代管理、生产、经营等方面的因素,最主要还是缺乏现代意义上的人才,人才是支撑现代城市的最核心要素之一。

因此,现代城市的产生、发展都离不开人才的积极贡献,不管是城市的市容市貌、硬件设施、建筑,还是其赖以发展的生产环节,都必须由人才来完成。

习近平总书记提出人民城市人民建,就是要鼓励人民参与城市的全方位建设。而一个城市的市民参与度越高,其城市的建设水平也就会越高。城市发展的每一个环节都需要人才的参与。事实上,人才对城市的影响是"三百六十度无死角"的,是全面的。具体来看,人才对城市的资本、科技、结构、硬件、环境、文化、开放程度,都产生着深刻影响。

(1)人才对城市经济的影响

我们在探讨城市实力、城市竞争力、城市水平等问题的时候,通常会将经济作为一座城市实力、竞争力和发展水平的首要衡量指标。城市实力强,首先是经济实力强。因此,各个城市在发展的过程中,都首先将经济发展作为最为关键的目标之一。

过去城市的经济发展与物理要素有关。这里所谈的物理要素主要包括地理位置、气候条件、自然资源,比如很多古代发达的城市,有的是地理位置优越,有的是自然资源丰富,有的是气候条件适合农业耕种。但是随着社会经济和科学技术的进步,这些主要靠物理要素得以发展的城市逐渐式微,地理位置、气候条件、自然资源等要素对城市发展的影响逐渐变小。相反,知识与智力要素的作用逐渐变大,城市越来越依赖知识经济的发展水平。而知识经济最关键的要素就是人才,因此人才逐渐成为现代城市发展的核心要素。

人才对于城市经济的影响首先体现在对生产要素的知识价值附加,高技术结合高资本,就会形成经济价值更高的产品,从而产生更大的经济收益。比如有城市的地理位置不是最优越的,自然资源也不丰富,气候也不那么宜人,但城市的经济发展水平却能提到很高的位置,其中发挥最大作用的要素之中必有人才的深度参与。

(2)人才城市科技的影响

科学技术和知识资源与人才是相互依存与成就的关系,城市科技的水平取决于该城市人才的科技水平。城市所拥有的专业化人力资本的规模与质量会直接影响城市的知识积累和技术创新。如果一个城市具有一大批高科技人才和创新团队,那么这座城市的科技水平就会相应处于较高的水平,尤其是世界科技前沿领域的技术。

这种城市案例很多,比如旧金山湾区的硅谷,正是在这里有一大批高水平的科研机构和人员,使得该区域站在全世界的科技前沿。再如波士顿市,这里诞生了大量令人激动的高科技技术,一度引领了全球科技发展,究其原因,很大程度上是因为波士顿有多所世界一流大学,保证了科技人才的规模与质量。如果有的城市以劳动密集型经济为主,则该城市就会聚集大量低知识附加的劳动者。那么,该城市的科技层次则更可能会停留在粗放型经济发展的水平上。

这也就意味着人才对城市结构的影响是显而易见的。城市的产业结构和专业布局不是单由自然资源来决定,即便有比较悠久的工业基础和条件,也可以通过后天的人才结构调整来优化,甚至重构城市的产业结构,从而将城市结构提升到先进的知识经济城市,城市的结构和资本结构也会更趋优化。

(3)人才对基础设施、区位环境的影响

不同城市的人才对该城市的基础设施有不同需要。为了更好地满足这些人才的工作、生活和休闲的需求,城市管理者与建设者就需要提供相应的外在基础设施来配套。当然,虽然人才的所有个人和家庭所需都未必得到一一满足,但是一旦人才对于某种基础设施的需求有较为广泛的共识,那么城市管理者就必须及时呼应这些需求。而且,城市的不同人才群体有不同的特点。有的城市有大量的文艺人才,那相应对文化、艺术、历史等基础设施就会有更大的需求。有的城市有大量的科技人才,那对科学实验基础设施,如实验室、检测机构、创新孵化等就会有大量需求。所以,人才的规模与结构也在很大程度上影响城市基础设施的规模与结构。相应的,人才代表了城市的发展水平,人才规模大,创新贡献大,那这个城市在全国或区域的位置和影响也就会更大,使自己成为区域经济中心、文化中心、科技创新中心等。

(4)人才对城市管理和制度的影响

为更好地满足市民的需求,国家和城市就会出台相应的制度,以更好地服务和管理人才。从这个意义上说,城市人才对于政治制度、经济制度、文化制度等管理制度具有潜移默化的深入影响。对此,这也对城市管理者提成了很高的要求,在管理制度、方法、途径方面都需更多体现人才的需求。

三、人才与人才活力

本研究是以城市人才活力为研究对象,那么,在界定了人才、人才与城市的关系之后,有必要对城市活力、人才活力、城市人才活力等相关概念作一阐释。

(一)城市活力

1. 基本含义

城市活力是一个抽象的概念,国内外学者对于城市活力尚没有形成完全一致的定义。对城市活力的研究最近几十年才出现,较早研究城市活力是在西方发达国家,尤其是美国的学者涉猎较多。对城市活力研究最早的是凯文·林奇(Kevin Lynch),他在1984年出版《城市形态》一书。该书首次提到了城市活力的概念。他将活力纳入城市空间形态质量评价的高地,空间形态质量高的城市就是有活力的城市,否则就是城市活力较弱的表现。他对城市活力进行了明确的界定,即一个聚落形态对于生命机能、生态要求和人类能力的支持程度,而最重要的是,如何保护物种的延续。另一位学者Ian Bentley在他1985年出版的《建筑环境共鸣设计》一书中也对城市活力进行了专门研究,他是从功能多样化的角度来确定一个城市是否具有活力,凡是可以涵盖不同功能的多样化的城市都可以被称为活力城市。五年后,美国学者Jane Jacobs在其专著《美国大城市的死与生》中,从城市规划的角度探讨城市活力,认为在对城市进行生活规划时,要能提供足够的场所,这些场所形成有机整体,就构成了整个城市的活力。

国内学者对城市活力问题研究相对较晚。金延杰(2007)只从经济方面对中国城市的活力进行了评价,提出城市经济的实力决定了一个城市的活力,尤其是经济活力,同时也受到社会、环境和文化的影响。通常活力城市的经济也会有活力,而经济水平较高的城市活力大多较好,但也未必全然如此。刘黎(2010)在国内外学者研究的基础上得出,城市活力指一个城市对经济社会发展综合目标及对生态环境、人的能力提升的支持程度。实际上这不全是城市活力的范畴,很多是人才环境和条件的构建,只有高支持度还不能确保城市活力的实现。周大鸣(2018)从多学科的角度对城市活力做了一番精辟且专业的总结,他从三个学科视角分别阐述城市活力的价值:先是从经济学,尤其是城市经济学的视角探讨了在城市的消费行为,城市能为市民带来更多元的消费体验;其次是从人类学的视角,对居住于城市的不同人类群体进行分析,不同人类群体会有不同的文化依附,体现多元文化在城市中的糅合;最后是从规划学的视角,为更好满足市民的工作生活需求,城市管理要在不同的地理区位提供不同的功能区,多种功能区域的结合形成一个城市不同的规划特点。

基于以上的研究,本研究将城市活力理解为具有多样性,经济、生态、文化、社会与居民协调、健康可持续的城市发展状态,是积极的、呈现向上趋势的。

2. 不同的分析视角

虽然国内城市一直都强调增强城市活力、提高城市竞争力,对城市竞争力进行研究的成果比比皆是,而深入对城市活力进行探讨的研究还为数不多。

城市活力的研究,大多侧重于城市空间规划与设计角度。如 Noah Raford(2005)以波士顿为例探讨破碎的、可理解性低的空间系统中空间布局和网络组构对步行人流的影响,同时也评价了社区形态在形成不同角度之间的关系中所扮演的角色,而这被认为有助于产生城市生活的感觉和活力。俞孔坚(2006)提出城市规划必须以理解城市为基础,从城市居民的生活体验出发,建设功能综合和混合的城市,才能激发城市活力。刘剑刚(2010)通过研究中国香港的街道,提出多样化的街道生活是城市活力的来源,建议内地的城市在建设时,综合处理好功能、交通与空间形态之间的关系,只有这样才能产生丰富多彩的街道生活。艾杰(2011)将"发生器"理论运用于天津文化中心的城市设计,认为通过运用向心性行为的凝聚、外向性文化的辐射、城市空间的反差手段,提升城市活力。童明(2014)从城市肌理的角度来探讨如何激发城市活力。周大鸣(2018)提出城市活力说到底是人的活力,在这个移民时代,城市要尊重文化的多元性,强调多元文化的包容,才能保持城市活力。

除了从城市空间规划设计的角度对城市活力进行研究外,学者们对城市活力的量化评价也日益增多。有些学者仅从单方面出发进行城市活力的衡量。刘军(2006)构建了较为全面的城市人才活力指标体系,这一体系至今仍有广泛影响,其指标体系包括的主要指标有:人才平均年龄、创业精神指数、人才学历比例、人才流动率和城市竞争力,刘军用该体系对深圳人才活力进行了实证分析。金延杰(2007)在参考"2004 中国最具经济活力城市"的指标和连玉明提出中国竞争力的十个关键因素等的基础上,选取了经济总量及增长、企业及其收益、居民收入、财政与社会保障、外贸与外资、技术水平、教育、环境八个指标集。董慧等(2011)则是从城市文化的角度,对城市的文化活力进行研究,并构建了一个多样的城市文化活力评价模型。

近些年,越来越多的学者创新研究方法,用不同方法进行分析。刘黎(2010)引入数学方法,利用物元分析原理,结合模糊集和欧氏贴近度,再将熵值理论引入权重计算,最后建立基于熵权的城市活力模型,对江苏省沿长江的县级城市的活力进行了评价,选取的指标由经济、社会、文化和环境四个方面构成。吕名扬(2011)运用主成分分析法选取了综合经济实力、资金实力、开放程度、人才科技水平、管理水平、基础设施、经济成分及结构七个方面对内蒙古12个地级市进行了评价。相舒砚(2017)引入熵理论,从经济、社会、生态、环境四个方面建立城市活力综合评价指标体系,然后再利用熵值法确立评价结果,用这一评价体系并采用熵值法处理数据,对四川省各市的城市活力进行评价分析。张梦琪(2018)则采用新的统计方法,结合最新的DMSP/OLS稳定夜间灯光数据与多源数据,从居民夜间生活的活跃度来对城市活力展开分析。

从对已有学术成果的整理可以看出,对城市活力的研究角度、方法各有侧重,其中对指标的研究是难点,城市活力的指标一般是从经济、社会、文化和生态环境四个方面来确定。从研究方法来看,主要有模糊综合评价法、熵值法、主成分分析法、基于地理信息系统的灯光数据分析及热力图和POI数据的分析,主成分分析方法在处理各种难以用数学方法描述的复杂系统方面,表现出独特的优越性。[1]

本报告基于广义的、宏观的城市活力概念来展开分析和评价,提出城市活力的概念,认为城市活力既是现状又是未来,现状是城市吸收、配置要素和资源,并转化为成果的能力,未来是城市可持续发展的能力和潜力。城市活力的测量一直都是一个重要的挑战。[2] 城市活力至关重要,已经成为城市竞争力比较的重要尺度和指标。[3] 城市活力是由多方面的因素决定的,城市活力评价的研究有助于引导城市均衡健康发展。[4] 以往的城市活力综合评价体系涉及经济、社会、消费、文化、人力资源、生态环境等多个方面,包括人均GDP、规模企业利润总额、工业企业数量、居民年人均可支配收入、人均财政收入、人均教育事业支出、社会保障率、人均绿地面积等指标,利用这些实际数据进行分析。

本报告所提出的长三角中小城市发展活力指数,包含生态环境、文化、创新、品牌和人才五个方面(见图1—1)。

以上五个方面的城市发展活力,具体内容与关系可做如下阐释。中小城市

---

[1] 易华清. 城市活力与劳动力结构的时空耦合关系研究[D]. 重庆:重庆理工大学,2020.
[2] 塔娜,曾屿恬,朱秋宇,等. 基于大数据的上海中心城区建成环境与城市活力关系分析[J]. 地理科学,2020,40(1):60−68.
[3] 王建国. 包容共享、显隐互鉴、宜居可期——城市活力的历史图景和当代营造[J]. 城市规划,2019,43(12):9−16.
[4] 汪胜兰,李丁,冶小梅,等. 城市活力的模糊综合评价研究——以湖北主要城市为例[J]. 华中师范大学学报(自然科学版),2013,47(3):440−445,449.

> 城市活力具有多方面的表征形式，已有研究根据关注点不同而存在差异，使城市活力成为一个跨学科的概念。
>
> 我们认为，长三角中小城市发展活力是一个广义的、宏观的概念，反映城市可持续发展的能力和潜力，是城市吸收、配置要素和资源，并转化为输出的能力。包含创新、生态环境、文化、品牌和人才五个方面。

图 1－1　城市发展活力示意图

发展需要一个良好的环境，绿色发展已经成为当今城市发展的一个重要命题。习近平总书记提出，"绿水青山就是金山银山"。基于以上考虑，我们选取了生态环境作为中小城市发展环境的代表性维度，并把其纳入理论框架。在城市发展过程中，要素必须经过转化才能变成城市产品的产出。转化过程关系到要素循环的效率，以及产出的质量，因此要素的转化性能就显得尤为重要。在诸多促进投入的要素转化为输出的因素中，我们选择了两个关键性的变量（文化和创新）作为代表性维度并纳入理论框架。文化是打造城市软实力的基础。本报告的创新维度主要侧重于科技创新，科技创新是打造城市硬实力的基础。文化和科技创新是现代城市腾飞的两个翅膀，是城市发展的动力和引擎，有远见的城市无不重视文化发展和科技创新。例如，《上海市城市总体规划（2017—2035）》报告中指出，上海是我国四大直辖市之一，是长江三角洲世界级城市群的核心城市，在长三角一体化中起到龙头带动作用。上海也是国际经济、金融、贸易、航运、科技创新中心和文化大都市，国家历史文化名城，并将建设成为卓越的全球城市、具有世界影响力的社会主义现代化国际大都市。现在上海对自身定位有进一步发展，将建成国际科技创新中心和国际文化大都市作为发展目标。城市要素经过转化，最终输出的是一个城市为利益相关者提供的城市产品。这里我们选择城市品牌作为输出层的代表性维度纳入理论框架。城市品牌是一个相对来讲比较新的概念，是城市活力的彰显，是城市是否具有活力的重要表征。拥有较高的知名度和美誉度的城市品牌是城市具有旺盛的生命力、较强的生存和发展能力的充分体现。

总之，本报告聚焦人才活力研究，我们希望从人才活力这一维度来探究一座城市的发展活力。人才活力是城市活力的重要组成部分,而且是十分外显的关键要素。

(二)人才活力

活力,在英文词典上,对应活力的单词是 vitality。在《辞海》的阐释中,活力代表了生机,并认为所有有生命的物体都应存在活力或生命力。然而,在不同的领域中,活力所代表的含义也不同。在生物学家的眼中,活力是成长力、快速发展力和旺盛的生命力。而在经济学家的眼中,活力是经济贡献力,对未来经济的创新力和提升空间。

"活力"一词最早来源于生物学概念,指的是生物体旺盛的生命力和成长力。《当代汉语新词词典》中"活力"的解释为:旺盛的生命力;事物得以生存、发展的能力。[1]

对于城市活力的研究,近几十年才出现。近年来,随着中国城市化进程的进一步推进和经济转型,一些国内学者开始将城市活力理论引入中国。[2] 城市是人类作为一种群体性生物种群生存的重要空间,城市是否具有活力对于人类的生存和发展具有重要影响。具有活力的城市才能够有效利用资源,挖掘增长潜力,实现城市可持续发展。城市活力反映了城市发展的内生动力。

随着城市社会转型的深入,城市活力日益成为城市规划与设计、城市经济与管理等领域关注的热点话题。城市活力具有多方面的表征形式,已有研究根据关注点不同而存在差异,使得城市活力成为一个跨学科的概念。城市经济学的视角关注城市活力的宏观意义,明确提出城市活力是城市自身生存与发展的能力,是城市对要素的吸收和输出的能力。研究城市活力的最终目标是:对城市的要素和资源进行优化配置,使城市经济体系能够保持良好的运转,推动城市持续良性发展。城市活力和以下方面有直接的联系:要素的输入量、要素的质量和要素的循环速率。[3] 城市规划学的视角关注城市活力的微观表现,关注城市中的人及其活动的空间分布,强调城市物理景观及其与人的匹配,侧重于物质空间创造与更新。来自美国的建筑师凯文·林奇在其专著《城市形态》中从五个方面对城市形态进行评价,即活力、感受、适宜、可及性、管理。在书中,林奇对活力有明

---

[1] 周波,龚蓉. 从城市活力的视角谈旧城商业街更新[J]. 湖南城市学院学报:自然科学版,2010,19(2):33—37.

[2] 毛炜圣,钟业喜. 长江中游城市群城市活力水平空间格局及影响因素[J]. 世界地理研究,2020,29(1):86—95.

[3] 吕名扬. 城市活力指标体系的构建与评价[D]. 大连:东北财经大学,2011.

确的解释,即"一个聚落形态对于生命的机能、生态的要求和人类能力的支持程度"[1]。

我们研究的"人才活力",不是单一要素,而是体现了城市人才的群体呈现的对外印象,是需要自身、环境、制度等多种要件共同构成的综合性概念。人才活力对于城市发展至关重要,在各种条件和环境下,该城市的人才群体都能够通过自身不断学习与自我提升,开展创新工作,对城市生产生活贡献自己的聪明才智。[2]

总之,本报告是对人才活力的研究,但人才活力可以在不同的地理区位,农村地区也有大量的人才,其人才在一定意义上也是有活力的,专门针对农村地区的人才进行的研究也为数不少。人才活力既可以是在农村,也可以是在城市。而本报告则是针对中小城市尤其是专门针对江浙沪皖三省一市的中小城市的人才活力进行研究,它具体包括的内涵将在下文论述。

(三)城市人才活力

城市人才活力与上述的城市活力和人才活力都不同,是二者的下位概念或者融合概念,城市人才活力是城市活力的重要组成方面,也是人才活力的构成要件。

1. 学界对城市人才活力价值的判定

学术领域很早就关注并研究了城市经济成长与人力资本之间的联系。一方面,经济成长有利于人才活力的提升,如城市丰富的生活基础设施和多样的生活方式,可以吸引人才(Gottlieb,1995);城市的发展有利于获得资金和信心,一旦具备资金和信心,就能吸引更多人力资本的投资(Faig,1995)。Duncan 和 Henderson(1999)指出城市规模和经济与人力资本之间有着积极的关系;Song(2002)建立起一个有关内生增长的重合代际模型,论证了税收状况对人力资本的影响。另一方面,人力活力的提升反过来又对经济成长产生作用,Simon 和 Nardinelli(2002)发现具有较高的平均人力资本的城市在比较长的时期里会发展得很快,且具有很高的生产率。José Lobo 和 David P. Smole(2002)运用计量经济学分析证实了高平均水平的人力资本导致城市高生产力及高经济增长。Romer、Krugman、Lucas 等人通过建立模型,为人才和地区经济发展之间的联系提供了实证证据(Glaeser,1998,2000;Glendon,1998)。Glaesr 等(1992,1995)认为跨产业的智力外溢对城市经济发展和成长性的保持特别重要,认为受

---

[1] [美]凯文·林奇. 城市形态[M]. 林庆怡,译. 北京:华夏出版社,2001.
[2] 叶俊. 城市人才活力综合评价模型研究[D]. 深圳:深圳大学,2017.

教育水平是关键的经济增长因素。Kuznets(1995)认为经济发达国家的最大存量不是物质资本,而是"通过实验和经验发现的知识,以及能有效使用这些知识的人的能力和训练"。Wang和Yao(2003)发现中国人力资本积聚非常快,对经济增长和福利有着重要的贡献,但在改革开放之前却起着消极作用。当然,由于城市社会经济发展并非线性,而是具备很高程度的复杂性、结构上的联动性、趋势上的不确定性,少数研究也显示出经济成长和人才活力之间并没有表现出统计意义上的相关性。例如,Topel(1999)建立了增长回归模型对人才资源与城市经济增长指标各项数据进行分析,没有发现一定时期内人力资本的增长与产出增长有着统计学意义上的关联。[①]

2. 城市人才活力的影响因素

城市人才活力受到多方面的作用和影响,它不是孤立的,而是与外界发生着密不可分、不可或缺的关系。具体而言,城市人才活力的影响元素有内部和外部两个大的方面。

先看外部的影响因素。随着全球经济一体化的深化和社会分工的不断扩大,在世界范围内城市群的现象越来越明显——通常由几个至几十个大大小小的城市形成在思想、政治、经济、文化等领域相对比较稳定的都市"朋友圈"。这些城市既是合作关系,在产业发展、文化机构、社会发展等方面相互协作,共同发展;同时又是竞争关系,各城市对资本、资源存在或明或暗的竞争。这些城市的外部环境也是影响城市人才活力得以发挥的外部影响因素,是人才活力发挥的条件。

再看内部的影响因素。城市是社会经济发展到较高阶段的产物,是社会经济的浓缩,在其中集聚了大量的生产资源,这是社会经济发展所依赖的要素。这些要素若在生产中发挥效力,则需人力的加入,只有人才能将各类资源进行合理分配,制造和提供有利于城市向前进步的产品和服务。当然,影响城市人才活力的内部资源有两种,即区位资源和非区位资源。

所谓区位资源就是城市所处的自然位置。古代城市不同的地理区位,对于城市的发展是决定性的。交通便利的城市有利于发展成为港口、陆路交通枢纽或内河转运中枢。自然物产丰富的城市可以发展成资源中心,如林木、矿产、农业等。这种自然的地理区位不是纯物理因素,它潜移默化地影响人们的观念和行为方式,进而影响人才生产生活的动力,即影响城市人才活力的发挥。城市基

---

① 李永华. 城市经济成长性与人才活力的依存度模型及其应用——以深圳市为例[J]. 生产力研究,2012(7)34—35.

础设施状况对城市人才活力的发挥会产生作用,是人才必须依赖的外在要素与条件之一。

所谓城市非区位资源,则是城市需要的在自然地理区位之外的影响因素。在现代城市中,非区位资源主要是资本。这里谈的资本包括了人力资本和资金资本,这两种都是城市发展必不可少的要素。资金资本的作用毋庸置疑,启动新的生产,更新旧的生产,都需要投入大量资金。而所谓人力资本,也就是人才,因为只有拥有一技之长的人才,才能成为资本,否则可能就是人口负担。这里论及的人力资本与本报告谈的城市人才活力密切相关。城市这些非区位资源会对人才活力的有效发挥产生影响。

3. 城市人才活力的表现形式

一个城市的人才活力可以从不同方面、不同维度来体现。目前学术界主要探讨的体现维度包括了人才的环境、年龄、创新力、发展空间等方面。

从我们普通民众的一般性感知层面来看,论及活力一词就会想到年富力强、年轻有为、活力十足等词汇。这些词汇多是从年龄的角度与活力产生关联。由此可见,年龄可以表明一个人、一座城的活力高低。当前我国各个城市都非常重视人才年龄结构的问题。但是,随着我国人口老龄化的加剧以及随之而来的人口红利的逐渐消失,城市的人才年龄结构所面临的严峻问题逐渐凸显。然而,越是如此,越能警示更多城市重视人才的构成。很多城市都出台了新的人才引进政策,加入了"抢人"大战的行列。在"抢人"的过程中,对于年轻人才的重视无疑是显而易见的。

至于人才的创新,是最能体现城市人才活力的外显方面。我们知道,人口年龄结构越年轻,勇于创新的精神和魄力越强,因此,一座城市的创新成果丰富,创新力度强,那相应地,这座城市定然是由大量年轻的人才构成,并作为主力军参与社会经济发展。为了鼓励创新,各个城市也都出台了很多相应的政策,在报酬、职务升迁、职称等方面给予大力支持。基于此,我们在研究城市人才活力时,将创新作为一个重要的衡量指标。

为了引进并留住具有创新理念、具备创新能力的高层次人才,很多城市也发布了一系列的招引政策。从国家的角度而言,一定程度的人才流动,尤其是基于市场选择的、符合人才自身需求的理性流动,对于鼓励创新精神的产生、制造出创意十足的产品是大有裨益的。但是对具体某个城市而言,自身创新人才的流失对城市发展是有害而无益的,而创新人才的增加对城市的创新工作具有充分的促进作用。因此,我们通常会鼓励基于理性和自身需求的招才引才,而不是无序的、不健康的竞争,这对城市的发展并无好处,从长远的角度看尤其如此。同时,无序的人才竞争对人才的成长、成才也不一定是好事。

城市的发展需要人才的贡献,但同时,城市也要给人才提供良好的发展条件。成长性反映了一个城市人才活力的后发优势,没有成长性的活力持续性无法保证。人才成长是影响人才活力的一个重要因素,一般来讲,知识水平更高、学历层次更高的人才的发展后劲更足,也会有更长远的职业生涯。

为实现城市与人才的良性互动,城市管理者需给人才提供良好的制度环境,这是形成城市活力、人才活力、城市竞争力的制度基础。对于城市管理而言,制度环境体现了城市管理者的智慧和水平,在成熟的人才管理制度下,人才的创新发展和贡献并不会受到过分的限制。规范的、系统完备的制度有利于人才在一定的范围和合理的科学框架下开展创新工作。

4. 本报告的界定

基于上述的概念分析可知,本报告的研究对象城市人才活力,其所指代的不是单个人才的特征,而是根植在所属城市人才群体中的整体人力资本规模、质量与品格,体现了一座城市人才活动的活跃程度,表现为人才的成长力、学习力、流动力、创新力和创业力等,为体现这方面的人才活力,我们所界定的城市人才活力包括人才环境、人才量能和人才贡献。人才环境是各中小城市人才得以发挥积极作用和贡献的条件与支撑,良好的城市环境是吸引和留住人才的关键条件之一,也是激发人才开展创新创造的必备要素。人才量能是人才在各中小城市的配置情况,包括规模、结构、流动性等几个方面。人才量能是产生规模效应的基础,大基数的人才队伍对于城市环境的改造大有裨益,同时也会相应产生更大的效应。人才贡献则是该中小城市人才活力的外在体现,其活力程度往往通过贡献度体现。因此,人才环境、人才量能和人才贡献这三者相辅相成、缺一不可。因此,本研究其后也将从这三个方面衡量长三角中小城市人才活力。

四、城市人才活力的衡量方式

从以上对城市人才活力的界定来看,其内涵与外延非常丰富,对其进行衡量与评价是一项繁杂的工作。目前我们关于人才的计量大致可以从以下几个方面来考量。

(一)现有的计量方式

目前国际国内对人才的计量评价主要采取三种方法,一是学历、资历、职称、身份等人才计量评价(余仲华,2005),比如我国即将出台的人才资源统计的新指标体系将统计对象分为党政人才、企业经营管理人才、专业技术及事业单位管理人才、技能人才、农村实用人才五个类别,就主要是按照学历、资历、职称、身份以及资格等级计量的。二是从人力资本投资的视角开展的城市人力资本计量评价(钱雪亚,2003,2004,2005)。对城市人才状况的定量研究就主要是从人力资本投资的视角开展的,主要集中于分析区域性人力资本的状况,如浙江(钱雪亚,2005)、山东(李玉江等,2004)、宁夏(吴书琦,2003)等,主要反映出城市(地区)人才的存量。第三种计量微观主体(主要是企业)进行的人力资源会计计量,主要统计分析企业员工所接受的教育培训投入(这种投入被理解为员工的价值)。

虽然"人才""人力(才)资源""人力资本""人力资源会计"等概念已经表达了对人才的重视,但它们对人才的计量和评价同时存在以下几个较显著的问题:

1. 对人才活力的计量很多研究仅仅呈现出一组数据,是一个数组概念,而不是一个综合统一的数值。实际上,我们利用人才活力的评价指标进行人才(人力)资源计量时,往往是从人才的学历、年龄、身份、资格、资历、创新成果等多个方面分别比较,并没有用一个指标将这些结果综合起来得出一个综合的、整体的、统一的数值。因此,在不同地区、城市或组织进行比较时虽可分项讨论,但因计量单位不统一,无法给出一个一致的结论。对此,我们可以构建一个人才活力评价的整体评价模型,将各数据纳入一个统一模型进行分析。

2. 在计量上基本全都是利用存量数据。存量表明了一种价值创造的可能性,但与价值创造之间并没有直接的相关关系或者因果关系,人才存量高的城市,人才贡献、人才活力还需要其他条件满足了,才能更好地发挥作用。人才(人力)资源和人力资本的存量值与一个组织或者地区中人才的地位和作用具有非对应性,相同存量的人才(力)资源和人力资本在不同的制度、理念环境下,能够产生的贡献、发挥的作用是可以有天壤之别的。比如一个地区可能有未就业的人才,未得到充分运用的人才,存量的人才概念没考虑到这些因素。又如,按照上述的人才计量概念,温州的人才存量资本远远低于许多西部城市,但其经济发展趋势却居全国前列。我们需要一个能够综合反映人才的存量以及利用效率、发挥程度的概念,这个概念将能更有效地反映一个组织、地区或者城市人才的竞争力以及创造价值的程度。

3. 人才活力评比不能仅进行总量计量。总量评价不利于各地区、城市或组织之间的比较,也不利于同一地域范围人才的时间序列变化分析,而是可以采取相对量进行比较。

4. 没有考虑权重因素。有些研究在讨论人才和人力资本的各评价要素对地区、城市或组织竞争力的贡献和影响时,缺乏从权重上考虑各要素的贡献率,毕竟有些人才变量对活力和创新贡献的作用力是不同的,从而不能提出更有科学依据的政策建议。

5. 具有封闭静态的问题。人才系统不同于其他系统,其具备一些基于自身属性的特点,比如人力资源的创造性和适应性、人力资源管理的复杂性和因果关系的不确定性、人力资源管理的路径依赖和动态性以及人力资源管理的系统层面特性(难以替代)。这些特点使一定范围内的人才系统的地位和价值更具有与其他系统通过互动实现的特点,因此,对人才活力进行评价更需要一个既能够反映人才本身状况,又能反映人才与其他系统之间交互关系的人才概念。既有的人才活力的评价是相对封闭的,没能充分反映动态性和与外界交互作用的特点。

6. 关于人才活力的实证研究。目前很多还是以人力资本概念进行,使用的模型主要是经济学的生产函数模型或者增长模型制度基本被作为一个外生变量处理,理念、传统等价值文化环境则尚未或者很少得到讨论。在对已有学术成果进行梳理后发现,近年我国对人力资本与城市、地区经济关系的实证研究,从内容上看,大致有以下六种:人力资本与经济增长的关系、人力资本与外商直接投资的关系、人力资本与地区技术吸收能力以及技术外溢的关系、人力资本与地区收入差距的关系、人力资本与地区差距的关系、人力资本与城市竞争力的关系。这些研究中的"人力资本",主要是指人才的年龄、学历、教育投入等,其内涵主要是经过人才一定的后天增值以后的狭义的"人力资本"。同时,在这些研究中,制度基本被作为一个外生变量使用,理念等价值文化环境则尚未或者很少讨论。比如李具恒(2005)、杨清海(2005)讨论了人力资本与制度的关系,对二者产生的背景与状况进行了定性分析,定量分析的程度没有在文献中得到应用。[①]

人才的计量是一项复杂而重要的工作,我们对城市人才活力的评价也必定是繁杂的。这就要求我们不能用一种方法来评价,而是要采取综合的方法,否则就会导致不全面、甚至不真实。

(二)城市人才活力的综合评价

对城市人才活力的评价需综合考量,这是一个需要多种学科、多种技术手段和方法的工作。因为城市人才活力综合评价的应用范围越来越广泛,研究的方法也五花八门,各自有各自的特点和使用要求,可供人们选择的种类也越来越多,如层次分析法、模糊综合评价法、主成分分析法、因子分析法等,不一而足。然而,每种综合评价方法都有其特点和适用范围、对象,需要根据不同的研究对象和研究的目的来进行选择。因此,本研究需要对以下几种常用的评价方法进行比较分析。

---

① 黄钟仪. 人才活力:概念提出和理论构想[J]. 重庆工商大学学报:社会科学版,2008(1):64—67.

1. 层次分析法

这里所谈的层次分析法,主要是根据指标之间的相互关系,将评价主体分解为若干个有序层次,每一层指标有大体相等的地位和作用,进而对同一层指标进行两两对比,确定多个判断举证,由特征值对应的特征根作为相应层级指标的权重,最终综合得出总权重。其优点是定性与定量结合,可靠性高;缺点是当同一层次的指标很多时,判断矩阵易出现不一致。该方法适用于多个样本横向与纵向比较以及复杂的样本决策方案,如成本效益决策等。

城市人才活力水平评价指标体系较为复杂,是一个多维度、多层次、多元化的指标体系。而层次分析法是一种定性、定量相结合的、系统化、层次化的分析方法。该分析法将决策者的经验予以量化,特别适用于目标结构复杂的多个样本的横向比较。层次分析法能处理许多传统的最优化技术无法解决的实际问题,应用范围十分广泛,如韩影(2015)运用层次分析法确定权重综合评价延边州区域创新能力,袁琳琳(2015)运用层次分析法确定权重综合评价山东省旅游竞争力等。

层次分析法(AHP)最早出现在 20 世纪 70 年代,一开始是由美国数学家 T. L. Satty 等学者提出的,这种方法将层次化、数量化、系统化、定性与定量相结合等多种方法综合使用。事实上,层次分析法借由各个指标之间的相互关系,将评价主体分解成若干个有序层次,每一层与其紧邻的上、下层有着一定的关联度,而且每一层的指标具有大体相等的地位和作用。层次分析法通过分析各层次之间的隶属关系,构建一个有序的递阶层次模型,进而对同一层次指标进行两两比较,确定多个判断矩阵,由特征值对应的特征根作为相应层级指标的权重,最终综合得出总权重,从而构建出一套完整的评价体系。层次分析法的具体步骤可分为以下几步:

第一步是建立递阶层次结构模型。建立一个科学、合理、系统的城市人才活力递阶层次结构模型,对于综合评价结果极为重要,它决定了分析结果的有效性。因此,必须综合分析考虑各因素之间、各指标之间的层次关系,利用科学合理的分析方法构建评价模型。

第二步是构造判断矩阵。建立模型之后,需对每层的执行元素进行两两对比,因此需构造判断矩阵。根据 Satty 等学者提出的 1—9 标度方法,从各判断矩阵中的元素之间进行衡量。

第三步是计算各层次指标权重。通过评判人员对判断矩阵各层次指标进行评分,即可求出其判断矩阵的最大特征及其对应的特征向量,并对所得的特征向量进行归一化处理,即可得出其对应指标的权重值。

综合目前比较成熟的学术研究成果及其技术路线,对城市人才活力的综合评价,有两种比较成熟的综合指数模型可以选择。一种是由刘军构建的线性增量复合模型,其评价指标的选取表现为城市人才活力今年与去年的变化量作为参考,以此计算出人才活力指数值。这是从对比的视角,通过前后对比,将最明显的显性指标作为衡量标准。另一种是由黄钟仪等学者构建的综合指数模型,城市人才活力的指数值主要运用西方发达城市的人才活力评价指标作为检测值,以此为基础进行计算,从而对计算出来的结果进行分析。这一种方法有比较广泛的应用案例,相对成熟,但是也有一个缺点,就是这套评价体系是基于国外城市的特点。但中国城市有很多不同于国外城市的特点。因此,单纯将这一评价体系应用于我国城市人才活力的评价,并不一定完全适合,有的指标在我国城市甚至并无相关统计口径。

这两个技术路线各有特色,两者之间考察的角度、范围不同,但总结下来都表明,对城市人才活力进行研究,层次分析法是有成功先例的,也是目前较为成熟的一种研究方法。

2. 模糊综合评判法

与层次分析法不同的是,模糊综合评判法首先需要确定评价主体的指标集和评价集,再分别确定各个指标的权重及其隶属度向量,获得模糊评价判断矩阵,进而与指标的权重集进行模糊运算,最后进行标准化,得到综合模糊评价结果。其优点是定性与定量相结合,可以避免结果的单一性;其缺点是操作复杂,无法解决指标间造成的信息重复问题。这种方法适用于多个样本横向与纵向比较,如整卷分析、消费者偏好识别等复杂方案。而对于城市人才活力这种综合性变量,模糊综合评判法是存在较大弊端的,它会造成多因素多信息的重复计算和交叉,这必然将导致城市人才活力评价的不准确、甚至谬误。

3. 主成分分析法和因子分析法

主成分分析法需要将给定的一组多维度的相关变量,经过线性变换,转换成一组较少维度的不相关变量并按照方差贡献率依次排列,结合特征值和累积方差贡献率的要求来提取主成分。

因子分析法主要是根据各指标间相关性大小对给定变量进行分组,使得同一组内的变量之间相关性高,而不同组相关性低。因子分析通过对原始变量的数目进行分门别类的评价来达到降低维度的目的。

两者的优点是客观性强,能从根本上解决不同指标之间信息重叠的问题,不会出现反复计入部分数据的弊病,可以简化指标体系的结构,有比较广的应用范围。但其缺点也很明显,就是计算过程相对复杂烦琐,而且对样本的数量和质量都有较高要求,若样本不足,则直接影响其信效度,提取的主要成分代表的实际意义会发生变化,需提炼总结其含义。这两种方法适用于多个样本横向与纵向比较,如对评价对象进行分类。若采用这两种方法评价城市人才活力,则是一项更为庞大的工程,因为它们可以用来横向比较多个不同样本城市,也可以从历史维度进行纵向分析,这对于数据的划分与积累提出了非常高的要求。

4. 聚类分析法

聚类分析法需要通过一系列的检测把待测的数据的方差标准化,然后比较其线性协方差,进而根据一组数据总的线性相关性进行分级聚类。其优点是能解决指标间相关性大的评价对象;其缺点是对样本数量有较大要求,需要大量的统计数据。该方法适用于复杂的大样本决策方案,如证券投资组合决策。

通过对上述综合评价方法的比较分析可知,层次分析法对评判人员与专家的要求非常高,需要大范围开展,过程较为复杂、烦琐;模糊综合评价法虽比较容易操作、方便简单,但对信息的多重计算概率较高,可能无法如实反映情况;主成分分析法、因子分析法和聚类分析法则是根据被评价对象数据提供的信息,运用一定的方式赋予指标权重,可以大大降低人为的主观判断,但是其运算过程复杂,而且可能会因为忽略联系现实,而无法贴合实际情况。事实上,没有任何一种方法是最优的,采用任何一种方法评价城市人才活力都存在一定的优越性和不可避免的局限性。对此,我们只能选取层次分析法这一较为成熟、应用范围较广的方法,下文还将具体论述方法、过程、结果等。

第二章

长三角中小城市人才活力指数整体构思

一、长三角中小城市人才活力指数评价指标体系

为对长三角中小城市的人才活力开展研究,依据已有学术成果中有关城市人才活力的共识和较为成熟的研究方法,设计和规划了我们开展长三角中小城市人才活力指数评价研究,具体的整体构思和评价原则如下:

(一)整体构思

为更好衡量长三角中小城市人才活力,我们在构建评价指标体系时,遵循的一个思路就是不仅要评价其当前的人口状况、人力资本的保有量,同时还要留有发展空间和上升渠道,能反映经济发展水平和制度环境因素对人才的影响,并作为反映人才量能与流动力、创新与竞争力、人才环境与吸纳力、成长力等递进内涵的外在"活跃"程度状态的总体表现的指数。从我们初步的分析看,城市人才活力指数并不仅仅是人口问题,而是与地区经济、企业发展的联系更为直接的经济问题,其影响作用的分析不需考虑中介变量。城市人才活力指标体系主要用于确定计算人才活力指数的影响因素和评价指标,城市人才活力指数主要用于反映人才的竞争力和对组织、地区发展的推动力。

基于以上考虑,综合学界对有关城市人才活力的解读,我们将长三角中小城市人才活力从人才环境、人才量能指数、人才贡献三个向度进行指数评定。环境是城市人才活力的条件,量能是人才的规模、结构与流动性,人才贡献则是城市人才活力的外显与成就(见图2—1)。

从人才环境、人才量能指数、人才贡献这三个方面评价,这主要基于如下考量:

1. 人才环境

"城市人才活力"的明确既要考虑人才本身状况,还需考虑体制、机制、政策、理念等激发人才活力的环境因素。这里谈的环境既有区域环境、自然环境、生态环境,也包括制度环境、文化环境、经济环境等。"城市人才活力"是该地区或组

```
        城市人才活力
       ↙    ↓    ↘
   人才环境  人才量能指数  人才贡献
```

图 2—1　城市人才活力构成

织人才系统作为有机体,通过自身的素质和能力在与外界环境交互作用的良性循环中所呈现出的自我发展并促进环境发展的旺盛生命力的状态。因此,环境是城市人才活力赖以发挥作用的场所和条件,故此必须在对城市人才活力的评价时予以充分考虑。而我们对人才环境的评价则主要从经济维度、社会维度和政策维度三个方面分析(见图 2—2)。

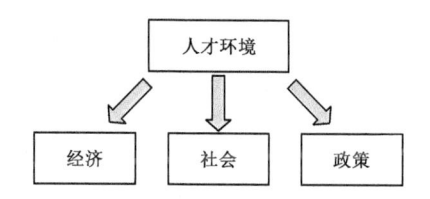

```
        人才环境
       ↙   ↓   ↘
     经济  社会  政策
```

图 2—2　人才环境构成

2. 人才量能

城市人才活力是一个能够综合各因素交互影响的命题,能从整体上直接有效反映人才在一个组织、地区中的构成与所占比重,也能够反映人才与组织、地区发展之间的关系。再进一步讲,城市人才活力是由一个组织或者地区经济发展水平、人口结构等多因素决定,反映组织或地区人才的规模与数量。规模与数量是绝对量,不是人才活力的全部,但基数大、规模大的人才,必定也有相当比例的人才具有较强的活力。因此,我们在考量一座城市的人才活力时,人才的规模与数量必须要纳入评价范围。本报告对人才量能的评价,是从规模、结构和流量三个方面考虑的(见图 2—3)。

3. 人才贡献

我们研究的"城市人才活力",反映了一个城市人才群体的状态,是一个由多因素决定的反映城市人才各方面的综合性概念。即反映城市人才群体在城市经济发展的过程中,无论遇到什么困难,仍然勇于创新与开拓、乐于学习、提升自

```
        人才量能
       ↙   ↓   ↘
    规模  结构  流量
```

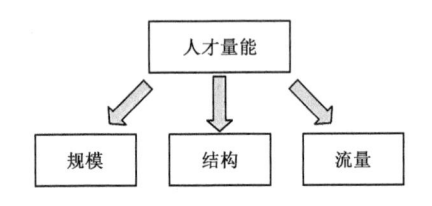

图 2—3　人才量能构成

我、锲而不舍的精神和能力,是一个城市人才"活跃"程度的体现。[①] 这种活跃的外在表现就是能创造性地劳动。一座城市的贡献越大,也代表这座城市的活力越强,其产生的经济价值、社会价值、科学价值就越丰富。本报告对城市人才活力中人才贡献的评价是从创新与创业这两个方面考量的(见图 2—4)。

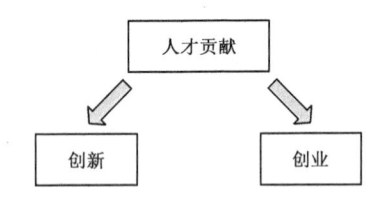

```
       人才贡献
       ↙    ↘
    创新    创业
```

图 2—4　人才贡献构成

城市人才活力水平评价指标体系较为复杂,是一个多维度、多层次、多元化的指标体系。而层次分析法是一种定性与定量相结合的、系统化、层次化的分析方法,该方法将决策者的经验予以量化,特别适用于目标结构复杂的多个样本的横向比较。层次分析法能处理许多传统的最优化技术无法着手的实际问题,应用范围十分广泛,也较为成熟。因此,借鉴已有学术成果、并通过德尔菲法来确定层次分析法的使用程序与方法是可行的。

层次分析法主要是根据指标之间的相互关系将评价主体分解为若干个有序层次,每一层指标有大体相等的地位和作用,进而对同一层指标进行两两对比,确定多个判断矩阵,由特征值对应的特征根作为相应层级指标的权重,最终综合得出总权重。其优点是定性与定量结合,可靠性高;缺点是当同一层次的指标很多时,判断矩阵易出现不一致。适用于多个样本横向与纵向比较,复杂的样本决策方案,如成本效益决策等。

城市人才活力评价要素的获取主要通过网上调查、访谈和问卷调查等方法

[①] 叶俊.城市人才活力综合评价模型研究[D].深圳:深圳大学,2017.

收集人们对人才活力影响因素的意见,在此基础上确定影响人才活力的要素。调查时,项目组先抛出项目组的初步意见,参与者在此基础上增、减、删,最后项目组在访谈专家和网上座谈的基础上总结确定。不同评价指标所占的比重是不同的,即要进行不同的赋权。这也需要通过专家访谈和打分来综合确定不同评价指标和观测点的权重。下面我们将具体分析城市人才活力各评价要素。

(二)评价原则

对一个城市或地区的人才活力进行评价是一个综合性工程,包含的内容纷繁复杂,方法和手段也很多,可以用不同的手段、工具、技术路线来评价。而评价并比较一个区域,诸如长江三角洲区域的城市人才活力,是一项更为复杂的工作。

因此,为了更好评价长三角中小城市人才活力,需遵循以下原则:

1. 可比性原则

开展评价工作的前提必须建立在事实和调查数据的基础上,没有得到验证和科学认可的数据是无法评价的,更不能排名比较,因而也就无法依此做出科学、合理的推断和结论,对于实践工作的指导意义就会大打折扣。因此,我们对所运用到的数据必须是有效的。这是我们开展评价的基础。有关人才的数据很多,这是因为"人才"本身就有丰富的含义,可以从不同层面、要素评价。只有丰富而全面的数据才能评价人才。

由于我们所开展的人才活力研究的区域经济活跃度居于全国前列,人才的复杂性更为突出。江浙沪皖三省一市的人才状况各不相同、各有特点,对此我们必须找到对四者都适用的事实数据。鉴于三省一市对人口和人才数据的统计口径不尽完全相同,因此,我们开展的数据调查和获取必须建立在同一个统计口径的基础上,否则无法分类,更无法排名比较。

除了一致的统一口径,江浙沪皖三省一市对人口和人才数据的公开程度也不同。即使四者有相同的统计口径,但所获得的数据也不尽相同。有的数据是其中三者有,另一个省(或市)没有,这种情况下哪怕对整个评价指标和研究对象的支撑力度再强,我们也无法采用,只能"忍痛割爱",选取三省一市都有的数据。而且,这种情况不是个案,有多项统计数据是无法同时获取的。在此情况下,我们不得不选用那些四者都有的数据,但这些个别数据对于整个评价指标和观测点离我们的研究目标和内涵分解可能就会有相对较远的距离,对于对象的说明和证明性就略显势弱。

2. 发展性原则

发展是当前长三角地区的重要特征,其发展速度、质量都居于全国前列,对我国东部乃至全国范围内都具有引擎和带动作用。发展是解决问题的关键,很多问题都是因为事物所处的阶段还无法解决,必须要发展到一定阶段和程度之后,才能得到较好的解决。与此同时,长三角三省一市的发展方向也具有先进性、代表性,这既是习近平总书记对长三角一体化发展战略的明确要求,也是其全局性、引领性的重要体现。因此,发展性原则是我们贯彻长三角一体化发展战略的基本依循,在各项工作中都需得到体现。

分析比较三省一市的中小城市人才活力,也必须坚持发展性原则。这种发展性原则体现在以下几个方面:

首先是方向正确。目前我国的发展特色和侧重点在于绿色发展,原来的粗放型发展,甚至污染性发展、破坏性发展的方向已经完全不符合我国当前的发展方向和理念,必须在绿色发展的方向上得到保证。因此,对城市人才活力进行评价,也必须遵循发展性原则,人才的衡量要具有发展性,而不是停滞。

其次是长远视角。所谓"十年树木,百年树人",人才的发展和进步不是一朝一夕的,而是具有长期性、坚持性,对于人才的发展和衡量一定要留有充分的、足够的发展空间,能从长远的视角来评价城市人才活力。因此,我们所开展的数据调查,要体现人才蓄能、流动的长远趋势,如教师、普通中学在校生数等人才培育和支持者的考量,而不是单纯分析现在仅有的人才保有情况。普通中学在校生严格意义上还不是人才,而是储备性人才,但从长远视角看,这些中学生在未来都是重要劳动力。

最后要处理好静态与动态的关系。有些人才数据是相对静态的,不如人才的规模数、构成比例等,在一定时期内会有变化,但这种变化的力度和幅度通常不会太大。所以,我们选取了部分相对静态的数据。同时我们也关注到动态数据,比如人才流量、常住人口增长率、人才政策出台情况、新增企业数等,都能较好体现动态数据的维度。评价一个城市的人才活力,动态数据相对于静态数据更有价值,也能代表人才的活力情况。

3. 创新性原则

目前我国正在大力推进创新型国家建设,鼓励企业作为创新主体进行技术创新。企业的技术创新必要要有具有创新精神、创新技能和方法的人才队伍。因此,在我们构建的城市人才活力评价体系中,必须要体现创新的元素。从城市人才活力的外在体现看,有活力的人才群体,也一定是可以产生大量创新成果的。在对城市人才活力的衡量指标中,必须将创新的思维和创新人才的成果作为指标。在目前的评价指标中,我们对人才创新的评价主要是从两个方面着手,一个是创新成果,另一个是创业。当前很多城市也在创建创新型城市,这与国家的发展战略是一致的,是基于当前我国面临的国际国内严峻形势的必由之路,是解决"卡脖子"技术问题的关键。

长三角三省一市是我国创新力最强的区域之一,有大量创新组织和成果的涌现。事实上,创新是当前我国政府倡导和主张的核心发展理念之一,也是解决当前我国核心技术不足、受制于发达国家现状的主要办法。因此,创新型国家、创新型社区、创新型企业等提法应运而生,体现了国家倡导的发展方向和理念。

为了更好比较和评判三省一市中小城市的人才活力,也必须坚持创新性原则,这其中主要体现在人才贡献这个一级指标。人才贡献主要包括了创新和创业两个指标,创新是从专利、科技论文、劳动生产率等来体现,而创业则用新增企业数、民营企业数和外资实际利用情况等体现。我们选用的观测点既有根本性创新,又有增量性创新,可以从不同侧面体现一个中小城市的人才活力。

(三)指标体系

根据上述整体构思和评价原则,我们构建了长三角中小城市人才活力指数评价指标体系,见表2-1。三级指标的具体含义、计算方法、指标单位、指标性质、数据周期、数据来源等,详见第三章人才环境指数排名与分析、人才量能指数排名与分析、人才贡献指数排名与分析部分。

表2-1 长三角中小城市人才活力指数评价指标体系

一级指标	二级指标	三级指标
人才环境指数	经济	GDP
		固定资产投入
		第三产业比重
	社会	医疗资源
		教育资源
		信息化水平
		文化资源
		交通便利度
		房价收入比
	政策	人才政策发布量
		研究机构数
		科研经费投入
人才量能指数	规模	人才密度
		人才供给
	结构	人才年龄结构
		高级人才占比
	流量	常住人口增长率

续表

一级指标	二级指标	三级指标
人才贡献指数	创新	每万人专利申请量
		每万人专利授权量
		每万人论文发表数
		全员劳动生产率
	创业	注册新增企业数
		民营企业数
		实际利用外资

二、长三角中小城市人才活力指数评价方法

(一)研究对象

本报告研究对象是长三角地区的60个中小城市,包括江苏省、浙江省、安徽省《2020年统计年鉴》里的县级市,以及上海市的8个非中心城区,还有属于长三角生态绿色一体化示范区的浙江省嘉善县和江苏省苏州市吴江区。江苏省23个中小城市,分别为江阴市、宜兴市、新沂市、邳州市、溧阳市、常熟市、张家港市、昆山市、太仓市、吴江区、启东市、如皋市、海门市、海安市、东台市、仪征市、高邮市、丹阳市、扬中市、句容市、兴化市、靖江市、泰兴市。浙江省20个中小城市,分别为建德市、余姚市、慈溪市、瑞安市、乐清市、平湖市、海宁市、桐乡市、嘉善县、诸暨市、嵊州市、兰溪市、东阳市、义乌市、永康市、江山市、温岭市、临海市、玉环市、龙泉市。安徽省9个中小城市,分别为巢湖市、界首市、天长市、明光市、宁国市、广德市、桐城市、潜山市、无为市。上海市8个中小城市,分别为闵行区、宝山区、嘉定区、松江区、金山区、青浦区、奉贤区、崇明区。

(二)建立综合评价模型

采用线性函数综合评价方法构建长三角中小城市人才活力综合评价模型,并求出长三角中小城市人才活力指数值。其数学模型如下:

$$x = \sum_{i=1}^{n} x_i \times w_i$$

式中:

X——合成后的指数;

n——下级指标总数;

w_i——第i项指标的权重值。

上一级指标为下一级指标与其评价指标权重值的乘积之和。在三级指标合

成二级指标的时候,考虑到排名呈现的直观性和易读性,将二级指标的原始指数值乘以100,使得长三角中小城市人才活力总指数及其一级指标和二级指标成为一个0—100之间的数,数值越大,表明该城市的人才活力越强。后面根据总指数、一级指标、二级指标的数值高低排名。

(三)指标权重的确定

如前所述,城市人才活力评价比较复杂,其指标体系是一个多维度、多层次的指标体系。为了尽最大可能保证所提出的长三角中小城市人才活力指数评价指标权重的合理性,减少主观随意性,本书采用了层次分析法来确定人才环境、人才量能、人才贡献3个一级指标,以及各一级指标下属的经济、社会、政策、规模、结构、流量、创新、创业8个二级指标的权重。

1. 层次分析法概述

层次分析法(analytical hierarchy process,AHP)最早是由美国运筹学家Saaty等学者于20世纪70年代提出的一种决策分析方法。其优点是:

(1)适用范围广。层次分析法是一种定性与定量相结合的系统化的分析方法,能够将专家的经验予以量化,按照思维和心理的规律把决策过程层次化、数量化,特别适用于指标结构复杂的多个样本的横向比较问题,应用十分广泛。在一般评价问题中,只要引入合理的标度,就可以用层次分析法来计算出各影响因素的相对重要性,为目标决策提供依据。该方法自1982年被介绍到我国以来,在社会经济各个领域内,如城市规划、科研评价、经济管理等,都得到了广泛的应用。

(2)可靠性高。层次分析法运用于一个复杂的被评价系统,按其内在的逻辑关系,即评价指标(因素)之间的相互关系及隶属关系,将因素按照不同层次聚集组合,形成一个有序的层次结构,最终归结为反映下一层相对于上一层的相对重要程度的权重值或相对优劣次序的问题(对于相邻的两层,称高层为目标层,低层为因素层)。然后针对每一层的指标(或某一指标域),运用专家的知识、经验、信息和价值观,对同一层或同一域的指标进行两两比较。通过对比进行标度,增加了专家判断的客观性和准确性。因此,层次分析法为决策咨询提供了一个层次思维和两两比较的框架,使得评价系统结构严谨,思路清晰,具有较高的可靠性。

层次分析法在运用的时候需要注意:

(1)建立合理的递阶层次结构模型。建立一个科学合理的递阶层次结构模型,对于综合评价极为重要,它决定了分析结果的有效性。如果所选的因素不合理,或其含义混淆不清,或因素间的关系不正确,就会降低层次分析法的分析结果的质量,甚至导致层次分析法决策失败。为保证递阶层次结构的合理性,需注意要使每一层的指标具有大体相等的地位和作用,相差悬殊的不能放在同一层次比较。

(2)提高判断矩阵标度的质量。关键在于标度专家的数量及质量,以及专家打分时的态度是否认真。首先,要有一定数量的专家参与填写问卷。这是因为,对有些因素的重要程度的判断仁者见仁,智者见智,请多位专家判断,而不是一两位专家标度,通常能够提取出专家的共识部分,避免由于人数太少而有可能显现的认知偏差。所以,请多个专家标度是改进判断矩阵的首位因素。同时还要注意,多位专家应当独立填写调研问卷,避免相互之间的干扰,否则容易受知名专家意见的主导,使多专家评价失去意义。其次,考虑判断矩阵的一致性,标度专家应当具有良好的逻辑思维能力。这是因为,逻辑思维不清晰的标度者将引发较差的判断矩阵一致性,从而影响判断矩阵的质量。判断矩阵一致性是决定判断矩阵质量的首要因素。再次,要考虑判断矩阵的合理性。一个具有合理性的判断矩阵必定是具有良好一致性的,但具有良好一致性的判断矩阵不一定是合理的。这是因为,一致性好,说明标度者逻辑思维清晰,前后标度协调统一,但是,如果标度者不是相关问题领域的专家,不具有相应的知识、经验、信息和正确的价值观,有可能做出虽然前后逻辑一致但错误的不合理的判断,这也会严重影响判断的质量。因此,标度者应当是决策问题相关领域的专家。

2. 运用层次分析法确定长三角中小城市人才活力评价一级指标和二级指标权重的过程

(1)建立层次结构模型

为了确保建立一个科学合理的长三角中小城市人才活力层次结构模型,本书课题组先后多次邀请有关专家召开研讨会,经过充分学习前人文献,集思广益提取专家智慧,课题组成员进行"头脑风暴",反复多轮论证之后,得到以下层次结构模型(见图2—5)。

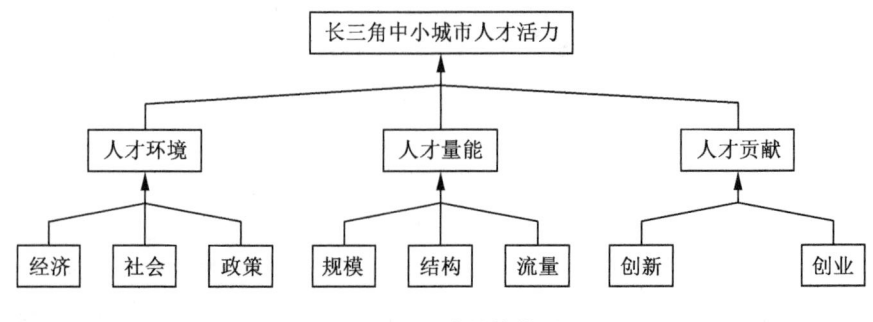

图2—5 层次结构模型

为使专家充分理解上述各层次因素的含义，从而准确标度，制定了各影响因素的说明（见表2—2）。

表2—2　　　　　　　　　　　　影响因素说明

人才环境 指支撑和吸引人才的外在环境，包括经济环境、社会环境、政策环境	经济 指城市经济发展水平，包括GDP、固定资产投入、第三产业比重
	社会 指人才居住的社会环境，包括医疗资源、教育资源、信息化水平、文化资源、交通便利度、房价收入比
	政策 指当地政府对人才的政策环境，包括人才政策发布量、研究机构数、科研经费投入
人才量能 指一个城市中人才的体量和潜能，包括人才规模、人才结构、人才流量	规模 指人才的规模大小，包括人才密度、人才供给
	结构 指人才的构成比例，包括人才年龄结构、高级人才占比
	流量 指人才流动的变化量，包括常住人口增长率
人才贡献 指人才对于城市发展所做的贡献，包括创新和创业两个方面	创新 指人才的创造性成果及其对于经济发展的贡献，包括每万人专利申请量、每万人专利授权量、每万人论文发表数、全员劳动生产率
	创业 指人才在创业方面的活跃程度，包括注册新增企业数、民营企业数、实际利用外资

（2）构建判断矩阵

在确定各层次各因素之间的权重时，Satty等人提出一致矩阵法，即不把所有因素放在一起比较，而是两两相互比较，此时采用相对尺度，以尽可能减少性质不同的诸因素相互比较的困难，从而提高准确度。因此，层次模型建立以后，需请专家两两比较同一层或同一域的指标，并按规定的标度值构造判断矩阵 $A=\{a_{ij}\}_{n\times n}$。a_{ij} 为要素 i 与要素 j 的重要性比较结果，按两两比较结果构成的矩阵称作判断矩阵。本书采用了Satty提出的1—9标度方法，在同一个层次对影响因素的重要性进行两两比较，对判断矩阵中的元素评分。衡量尺度划分为5个等级，分别是绝对重要、十分重要、比较重要、稍微重要、同样重要。其各级标度的含义如表2—3所示。

表 2—3　　　　　　　　　　　　标度及其含义

标度	含 义
1	两个评价指标比较,同样重要
3	一个评价指标与另一个评价指标相比,稍微重要
5	一个评价指标与另一个评价指标相比,比较重要
7	一个评价指标与另一个评价指标相比,十分重要
9	一个评价指标与另一个评价指标相比,绝对重要

(3)对判断矩阵进行一致性检验

一致性检验是为了检查评判人员的判断思维是否一致,如检验结果不一致,将影响评价结果的有效性。

首先,计算一致性指标 CI。CI 越小,说明一致性越大。其计算公式为:

$$CI = \frac{\lambda_{\max} - n}{n - 1}$$

式中:

$\lambda_{\max}$——判断矩阵的最大特征值;

n——判断矩阵的阶数。

若 $CI=0$,说明判断矩阵具有完全的一致性;若 CI 接近于 0,说明判断矩阵具有满意的一致性;CI 越大,说明判断矩阵不一致越严重。

其次,一部分一致性的偏离是由于随机原因造成的,因此在检验判断矩阵的一致性时,需将一致性指标 CI 和随机一致性指标 RI 进行比较,计算得出一致性检验系数 CR。公式如下:

$$CR = \frac{CI}{RI}$$

式中:

RI——随机一致性指标。其数值大小见表 2—4。

表 2—4　　　　　　　　随机一致性指标 RI 的数值

矩阵阶数	1	2	3	4	5	6	7	8	9	10
RI	0	0	0.58	0.90	1.12	1.24	1.32	1.41	1.45	1.49

一般认为,如果 $CR<0.1$,则该判断矩阵通过一致性检验。反之,则该判断矩阵不具有满意的一致性,应修正判断矩阵。

本研究邀请了人才研究领域的专家学者和熟悉长三角中小城市情况的政界

领导等共10人，进行了每位专家独立进行判断标度的群决策。所有判断矩阵均满足一致性要求或经修正后满足一致性要求，保证了决策效果的可靠性。专家数据集结方法采用了各专家判断矩阵加权算术平均。

(4) 计算各层次指标权重

求解特征方程：$AX = \lambda_{\max} X$，得到对应于 $\lambda_{\max}$ 的特征向量 $X = \{X_1, X_2, \ldots, X_n\}$。然后将特征向量归一化，得到各指标的权重向量：

$$w = \left\{ \frac{X_1}{\sum_{i=1}^{n} X_i}, \frac{X_2}{\sum_{i=1}^{n} X_i}, \ldots, \frac{X_n}{\sum_{i=1}^{n} X_i} \right\} = \{w_1, w_2, \ldots, w_n\}$$

(5) 结果——各层次判断矩阵与权重

各层次判断矩阵与权重，见表2-5—表2-8。

表2-5　　　集结后的判断矩阵——长三角中小城市人才活力

长三角中小城市人才活力	人才量能	人才环境	人才贡献	W_i
人才量能	1.000 0	0.777 1	3.372 4	0.307 6
人才环境	2.360 9	1.000 0	3.900 0	0.467 6
人才贡献	1.541 8	0.663 2	1.000 0	0.224 8

表2-6　　　集结后的判断矩阵——人才量能

人才量能	流量	规模	结构	W_i
流量	1.000 0	1.506 7	1.660 8	0.278 4
规模	1.034 3	1.000 0	1.450 5	0.234 7
结构	3.740 0	3.580 0	1.000 0	0.486 9

表2-7　　　集结后的判断矩阵——人才环境

人才环境	经济	政策	社会	W_i
经济	1.000 0	1.340 0	2.904 0	0.334 2
政策	1.767 4	1.000 0	3.290 3	0.382 1
社会	1.336 5	1.782 2	1.000 0	0.283 7

表 2-8　　　　　　　　集结后的判断矩阵——人才贡献

人才贡献	创新	创业	W_i
创新	1.000 0	2.710 7	0.558 2
创业	1.698 1	1.000 0	0.441 8

(四)指标数据标准化处理

在收集到长三角中小城市人才活力评价指标原始数据后,为进行综合评价,需要对原始数据进行标准化处理,以消除量纲的影响。根据本研究实际情况,我们选择极差标准化法对原始评价指标值进行标准化处理。此方法能直观、科学地反映城市之间的差异性。

对于正向指标,计算公式如下:

$$x_i = \frac{x_i' - x_{\min}}{x_{\max} - x_{\min}}$$

对于逆向指标,计算公式如下:

$$x_i = 1 - \frac{x_i' - x_{\min}}{x_{\max} - x_{\min}}$$

式中:

x_i——第 i 项指标标准化之后的数值;

x_i'——第 i 项指标标准化之前的实际值;

$x_{\max}$——第 i 项指标的正向基准值,取标准化之前的最大值;

$x_{\min}$——第 i 项指标的逆向基准值,取标准化之前的最小值。

参考文献

[1]张勇慧,林焰,纪卓尚. 基于 AHP 的运输船舶多目标模糊综合评判[J]. 系统工程理论与实践,2002(11):129-133.

[2]叶俊. 城市人才活力综合评价模型研究[D]. 深圳:深圳大学,2017.

[3]王靖,张金锁. 综合评价中确定权重向量的几种方法比较[J]. 河北工业大学学报,2001(2):52-57.

第三章

长三角中小城市人才活力指数评价结果与分析

一、长三角中小城市人才活力指数排名与分析

(一) 长三角中小城市人才活力指数排名

在人才环境指数、人才量能指数、人才贡献指数均已得到的基础上,根据前述层次分析法专家打分得到的人才环境、人才量能、人才贡献的权重值(见表3—1),加权求和得到了长三角中小城市人才活力指数得分和相应的排名(见表3—2)。

表3—1　　　　长三角中小城市人才活力指数一级指标权重

一级指标	权重
人才环境	0.467 6
人才量能	0.307 6
人才贡献	0.224 8

表3—2　　　　长三角中小城市人才活力指数排名前30

省	地级市	县级市（区）	人才活力指数	排名	人才环境指数	人才量能指数	人才贡献指数
江苏	苏州	昆山市	62.93	1	62.01	57.93	71.70
江苏	无锡	江阴市	48.82	2	55.25	33.91	55.85
上海		嘉定区	43.28	3	40.66	37.74	56.32
上海		闵行区	41.98	4	48.54	36.97	35.19
江苏	苏州	张家港市	40.92	5	47.10	27.10	46.97
浙江	宁波*	慈溪市	40.33	6	42.18	46.41	28.18
江苏	苏州	常熟市	39.07	7	42.21	32.48	41.55

续表

省	地级市	县级市（区）	人才活力指数	排名	人才环境指数	人才量能指数	人才贡献指数
江苏	苏州	吴江区	38.14	8	33.24	40.03	45.75
江苏	苏州	太仓市	37.30	9	39.49	29.50	43.42
浙江	嘉兴	嘉善县	36.83	10	45.13	29.84	29.15
浙江	金华	义乌市	36.79	11	37.69	34.10	38.61
浙江	嘉兴	平湖市	35.66	12	37.19	34.83	33.61
浙江	嘉兴	桐乡市	35.60	13	38.05	38.78	26.15
上海		青浦区**	35.58	14	32.85	36.11	40.54
上海		奉贤区	35.41	15	29.63	32.05	52.02
浙江	宁波	余姚市	34.67	16	31.52	44.88	27.26
江苏	无锡	宜兴市	34.11	17	40.82	23.50	34.65
上海		宝山区	33.76	18	37.41	28.78	32.99
上海		松江区	33.05	19	29.92	39.08	31.31
浙江	嘉兴	海宁市	32.95	20	35.91	32.66	27.20
上海		金山区	32.68	21	30.64	25.34	46.97
浙江	绍兴	诸暨市	30.36	22	32.46	35.90	18.42
江苏	扬州	高邮市	29.80	23	33.42	20.91	34.45
上海		崇明区	29.32	24	34.31	14.43	39.30
浙江	温州	瑞安市	29.15	25	33.83	31.54	16.12
浙江	温州	乐清市	28.49	26	32.14	30.11	18.70
浙江	金华	东阳市	28.21	27	28.67	35.43	17.37
江苏	镇江	扬中市	26.95	28	28.54	22.11	30.26
安徽	安庆	桐城市	25.99	29	27.14	39.71	4.81
江苏	南通	海安市	25.80	30	30.32	12.10	35.15

* 宁波是副部级的计划单列市，本书为方便统计，按地设市处理。

** 上海的市辖区是地级行政建制，本书为方便统计与比较，归于"县级市（区）"门类。

（二）长三角中小城市人才活力指数分析

1. 长三角中小城市人才活力指数统计分布

长三角中小城市人才活力指数描述性统计表给出了人才活力指数、人才环境指数、人才量能指数、人才贡献指数的描述性统计变量值,即有效个案数、最小值、最大值、均值和标准差(见表3—3)。可以看出,各中小城市之间,上述指数的差异程度都较大,其中人才贡献指数的离散程度最大。长三角中小城市人才活力指数直方图、长三角中小城市人才环境指数直方图、长三角中小城市人才量能指数直方图和长三角中小城市人才贡献指数直方图直观地展示了各指数值在所有中小城市间的分布情况(见图3—1—图3—5)。

表3—3　　　　　长三角中小城市人才活力指数描述性统计

	N	最小值	最大值	均值	标准差
人才活力指数	60	17.08	62.93	28.754 2	8.742 38
人才环境指数	60	15.03	62.01	30.229 9	9.603 71
人才量能指数	60	6.64	57.93	28.496 2	9.615 64
人才贡献指数	60	3.98	71.70	26.037 8	14.408 35
有效个案数(成列)	60				

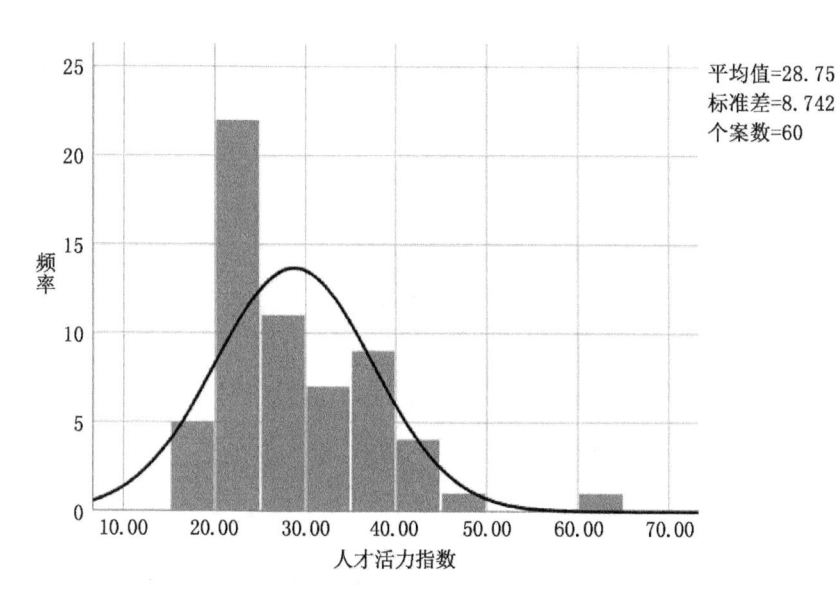

图3—1　长三角中小城市人才活力指数直方图

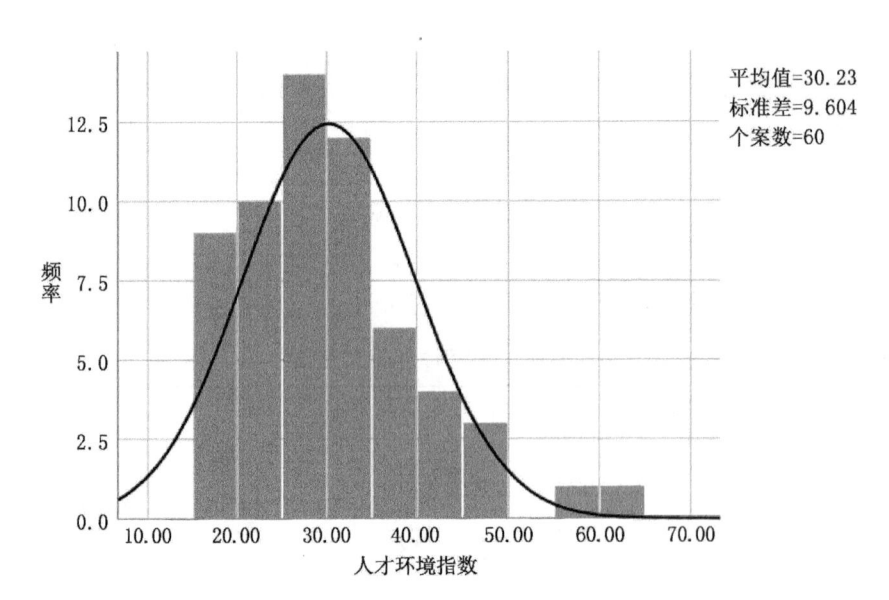

图 3—2　长三角中小城市人才环境指数直方图

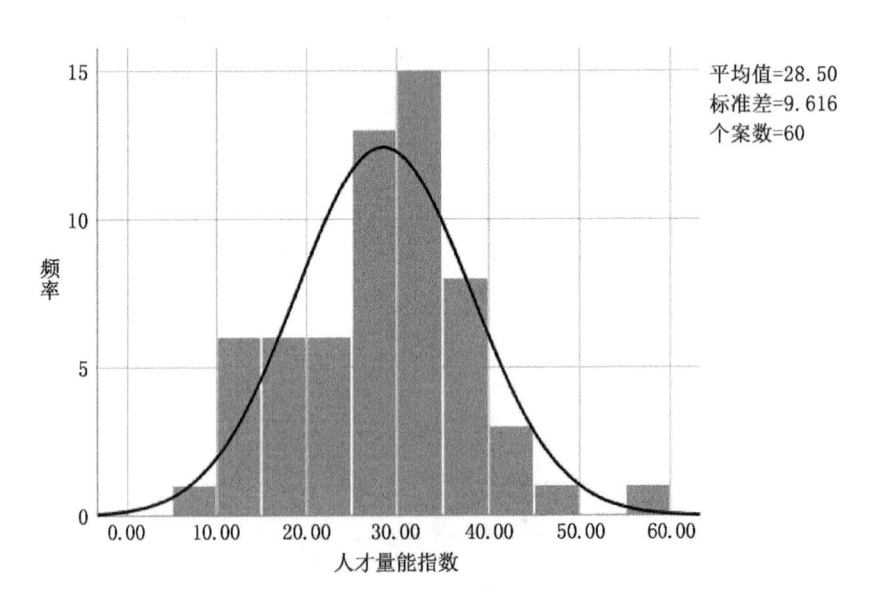

平均值=30.23
标准差=9.604
个案数=60

图 3—3　长三角中小城市人才量能指数直方图

平均值=28.50
标准差=9.616
个案数=60

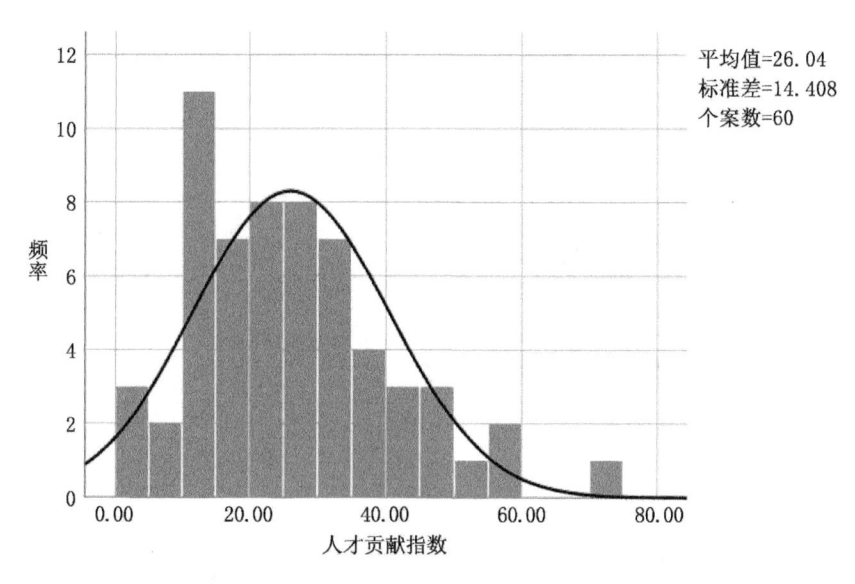

图 3—4　长三角中小城市人才贡献指数直方图

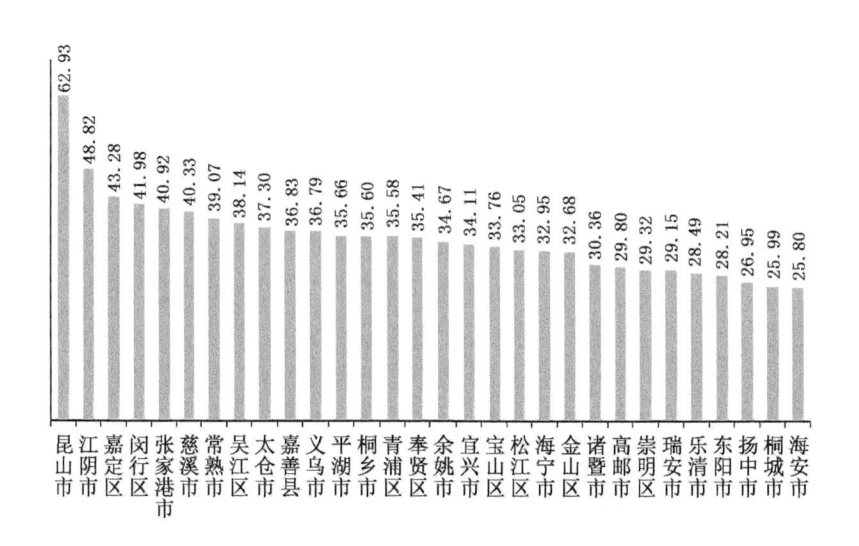

图 3—5　长三角中小城市人才活力指数排名前 30

对上述指数的分布进一步做了正态性检验（见表 3—4）。长三角中小城市人才活力指数正态性检验表给出了两种正态性检验的结果，即柯尔莫戈洛夫-斯米诺夫检验和夏皮洛-威尔克检验。由于本研究样本量较少，只有 60 个，因此主要应当参考夏皮洛-威尔克检验指标值。在 $\alpha=0.05$ 的给定显著性水平下，人才活力指数、人才环境指数和人才贡献指数观测的显著性水平即 p 值均小于 0.05，拒绝了正态分布假设。而人才量能指数的 p 值为 0.540，大于 0.05，不能拒绝正态分布假设。因此，可以认为，人才量能指数符合正态分布，而人才活力指数、人才环境指数、人才贡献指数不符合正态分布。从直方图可以看出，上述三个指数主要是发生了向左边的偏移，这反映出长三角中小城市人才活力、人才环境和人才贡献在不同城市间的分布并不均衡，相当一部分中小城市得分不高，发展情况与先进城市相比差距较大，在城市人才活力方面亟待提升。

表3—4　　　　　　长三角中小城市人才活力指数正态性检验

	柯尔莫戈洛夫-斯米诺夫[a]			夏皮洛-威尔克		
	统计	自由度	显著性	统计	自由度	显著性
人才活力指数	0.158	60	0.001	0.899	60	0.000
人才环境指数	0.100	60	0.200[*]	0.948	60	0.012
人才量能指数	0.068	60	0.200[*]	0.982	60	0.540
人才贡献指数	0.078	60	0.200[*]	0.955	60	0.026

[*] 这是真显著性的下限。

[a] 里利氏显著性修正。

2. 基于排名的地区综合比较

在本报告所考察的全部60个县级市（区）中，安徽省共9个，其中有1个进入前30名（桐城市），占比11%。江苏省共23个，其中有10个进入前30名，占比43%，分别是昆山市、江阴市、张家港市、常熟市、吴江区、太仓市、宜兴市、高邮市、扬中市、海安市。上海市共8个，所有8个区全部进入前30名，占比100%，依次是嘉定区、闵行区、青浦区、奉贤区、宝山区、松江区、金山区、崇明区。浙江省共20个，其中有11个进入前30名，占比55%，分别是慈溪市、嘉善县、义乌市、平湖市、桐乡市、余姚市、海宁市、诸暨市、瑞安市、乐清市、东阳市。总体来看，排名前30的长三角中小城市人才活力，上海表现最佳，其次是浙江和江苏，安徽省中小城市与上述相比差距较大（见图3—6）。

第三章　长三角中小城市人才活力指数评价结果与分析 / 45

人才活力指数排名

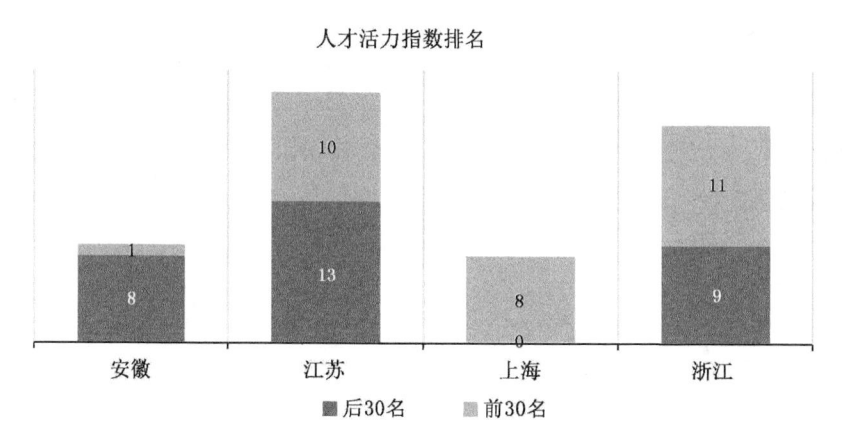

图 3－6　长三角中小城市人才活力指数前 30 名分布

3. 基于得分的地区综合比较

基于得分的地区综合比较见表 3－5、图 3－7。

表 3－5　　　　　　　　　人才活力分地区描述性统计

	人才活力指数		人才环境指数		人才量能指数		人才贡献指数	
	平均值	标准差	平均值	标准差	平均值	标准差	平均值	标准差
安徽	20.84	2.64	20.38	4.47	30.14	8.29	9.08	4.74
江苏	29.72	10.63	32.94	10.47	23.60	11.27	31.41	14.21
上海	35.63	4.75	35.50	6.52	31.31	8.32	41.83	9.11
浙江	28.45	6.67	29.44	8.27	32.27	6.09	21.17	8.35

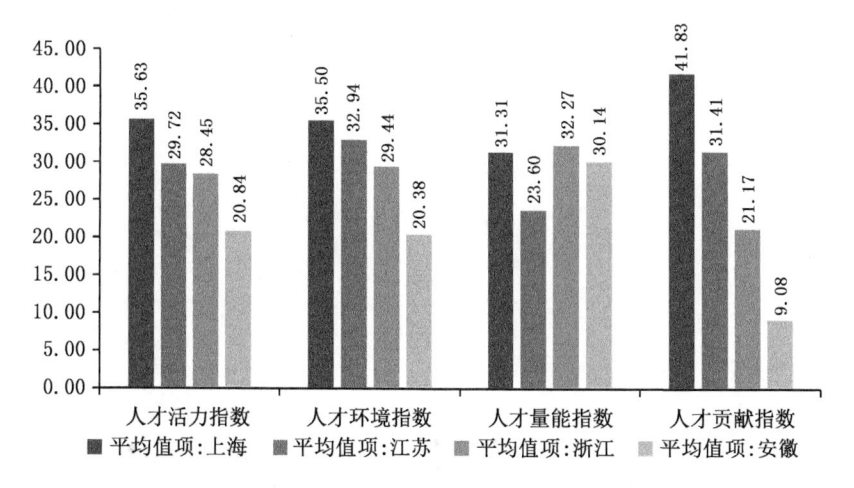

图 3－7　长三角中小城市人才活力指数得分均值地区比较

4. 相关分析

本研究所提出的长三角中小城市人才活力的三个维度，即人才环境指数、人才量能指数、人才贡献指数之间存在着显著的相关关系（见表3－6）。其中，人才环境指数与人才量能指数之间的相关系数为0.348，人才量能指数与人才贡献指数之间的相关系数为0.260，人才环境指数与人才贡献指数之间的相关系数为0.784（见图3－8—图3－10）。

表3－6　人才贡献指数、人才环境指数、人才流量指数之间的相关性

相关性		人才环境指数	人才量能指数	人才贡献指数
人才环境指数	皮尔逊相关性	1	0.348**	0.784**
	Sig.（双尾）		0.007	0.000
	个案数	60	60	60
人才量能指数	皮尔逊相关性	0.348**	1	0.260*
	Sig.（双尾）	0.007		0.045
	个案数	60	60	60
人才贡献指数	皮尔逊相关性	0.784**	0.260*	1
	Sig.（双尾）	0.000	0.045	
	个案数	60	60	60

* 在0.05级别（双尾），相关性显著。

** 在0.01级别（双尾），相关性显著。

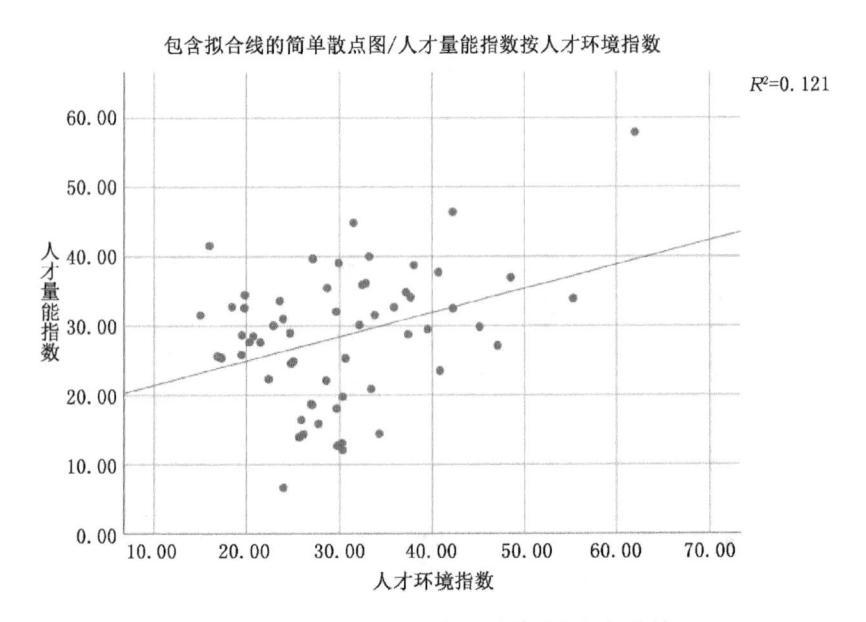

图3－8　人才环境指数与人才量能指数相关性

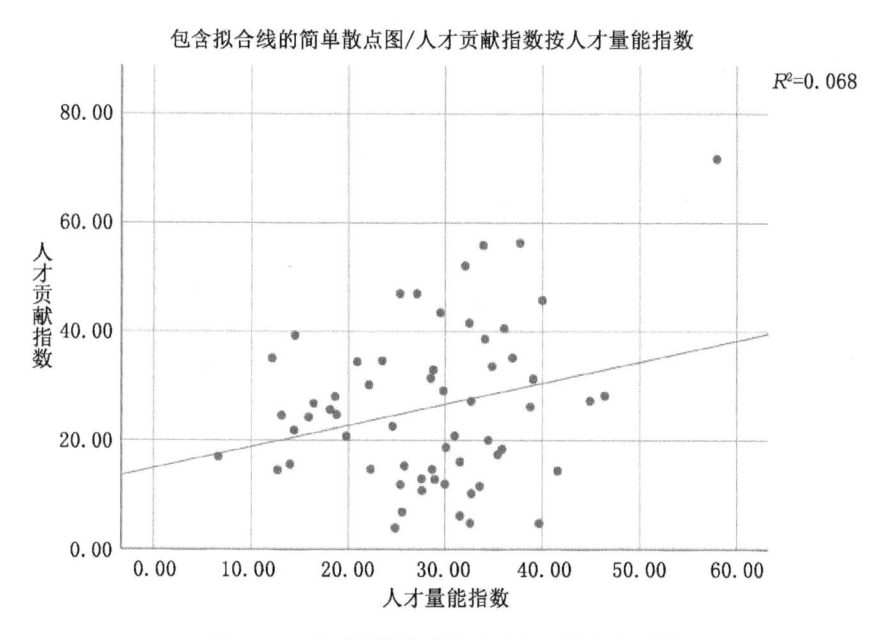

包含拟合线的简单散点图/人才贡献指数按人才量能指数

$R^2=0.068$

图3—9 人才量能指数与人才贡献指数相关性

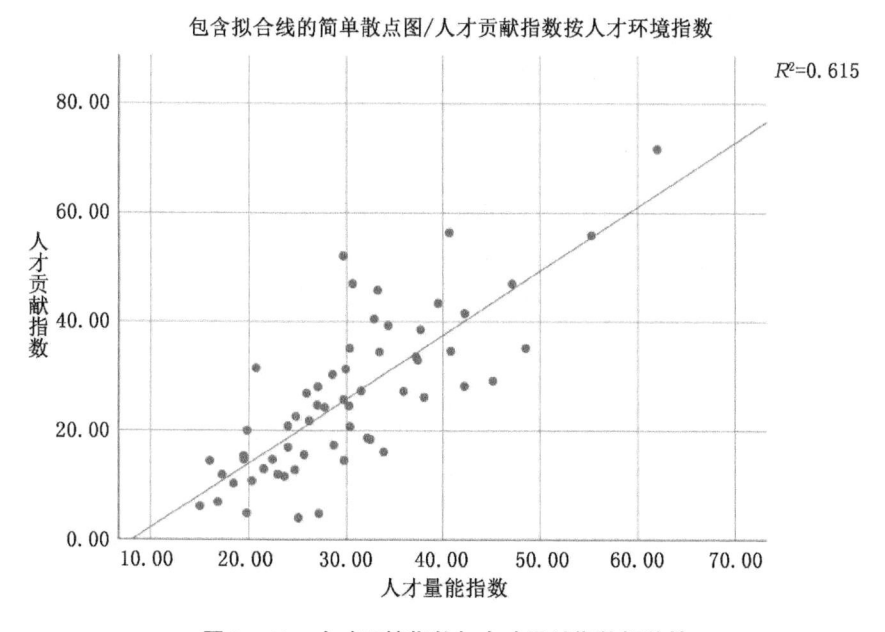

包含拟合线的简单散点图/人才贡献指数按人才环境指数

$R^2=0.615$

图3—10 人才环境指数与人才贡献指数相关性

另外,人才环境和人才量能的一些指标与人才贡献指数之间也存在着有意义的相关关系,值得引起关注(见表3—7、图3—11—图3—17)。

表3—7　　　　若干人才环境和人才流量指标与人才贡献指数的相关性

		人才贡献指数
GDP	皮尔逊相关性	0.767**
	Sig.(双尾)	0
	个案数	60
固定资产投入	皮尔逊相关性	0.429**
	Sig.(双尾)	0.001
	个案数	60
每万人医护人员数量	皮尔逊相关性	0.396**
	Sig.(双尾)	0.002
	个案数	60
互联网接入水平	皮尔逊相关性	0.515**
	Sig.(双尾)	0
	个案数	60
公共图书馆藏书量	皮尔逊相关性	0.709**
	Sig.(双尾)	0
	个案数	60
发布人才相关政策信息条数	皮尔逊相关性	0.681**
	Sig.(双尾)	0
	个案数	60
青年人(19—35岁)占比	皮尔逊相关性	0.648**
	Sig.(双尾)	0
	个案数	60

* 在0.05级别(双尾),相关性显著。
** 在0.01级别(双尾),相关性显著。

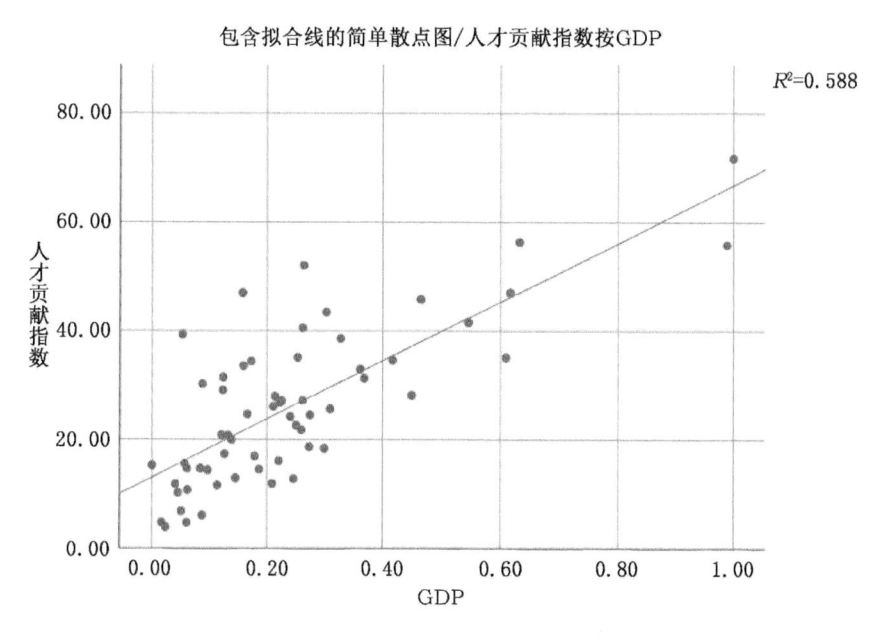

图 3-11　GDP 与人才贡献相关性

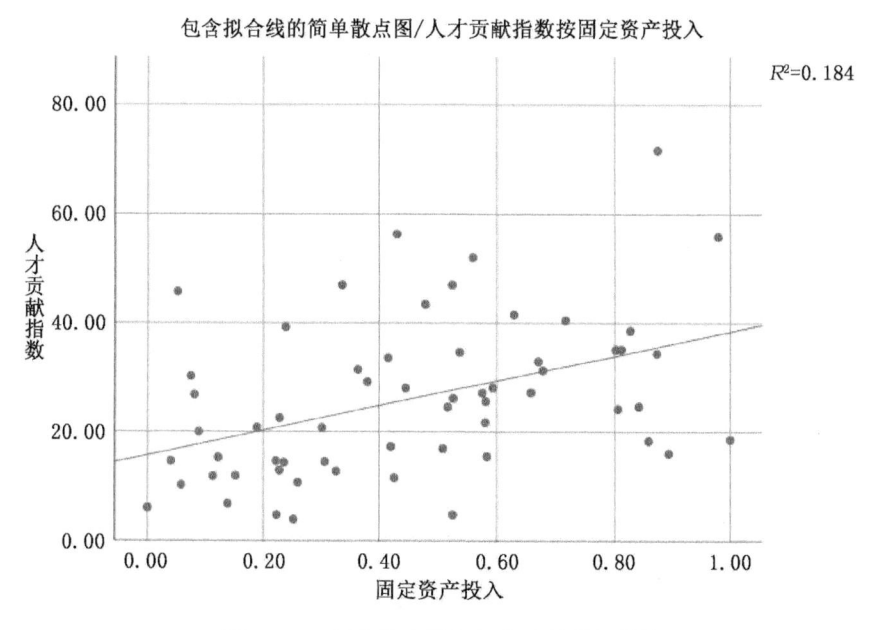

图 3-12　固定资产投入与人才贡献相关性

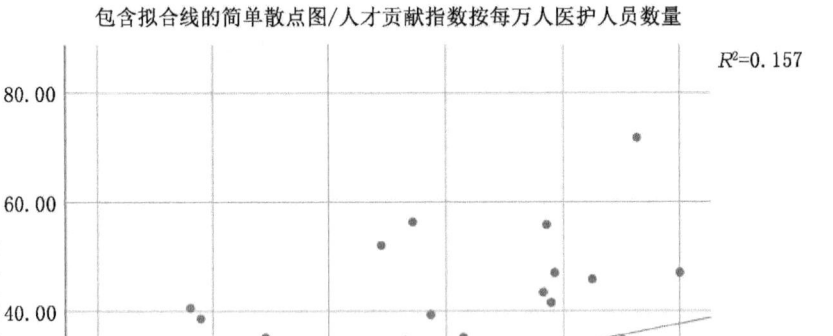

图 3－13　每万人医护人员数量与人才贡献相关性

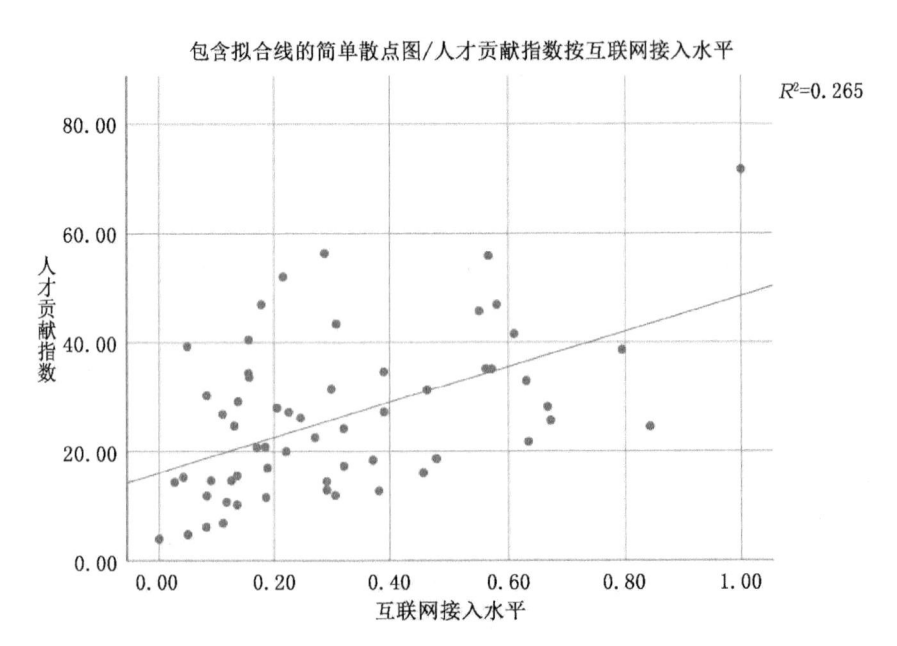

图 3－14　互联网接入水平与人才贡献相关性

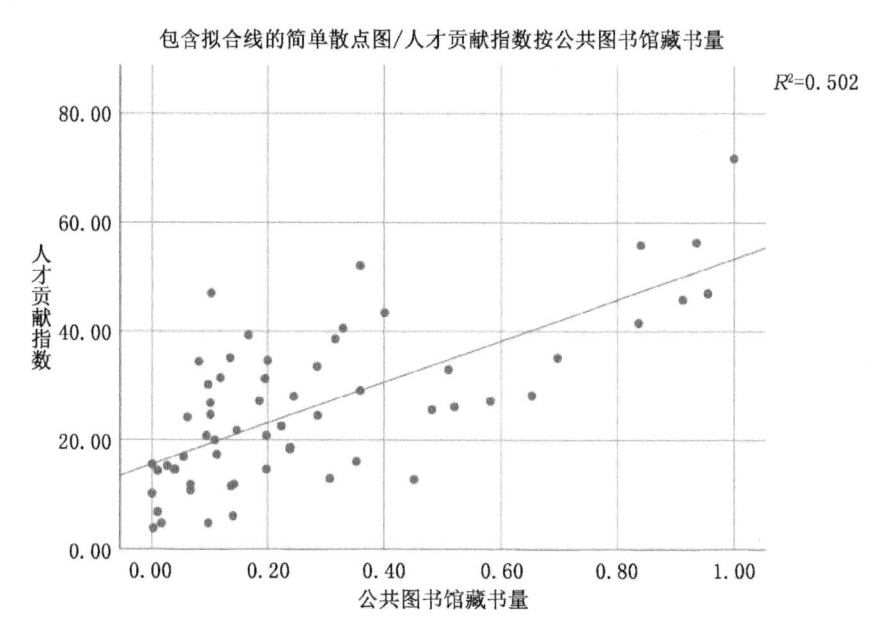

图 3—15　公共图书馆藏书量与人才贡献相关性

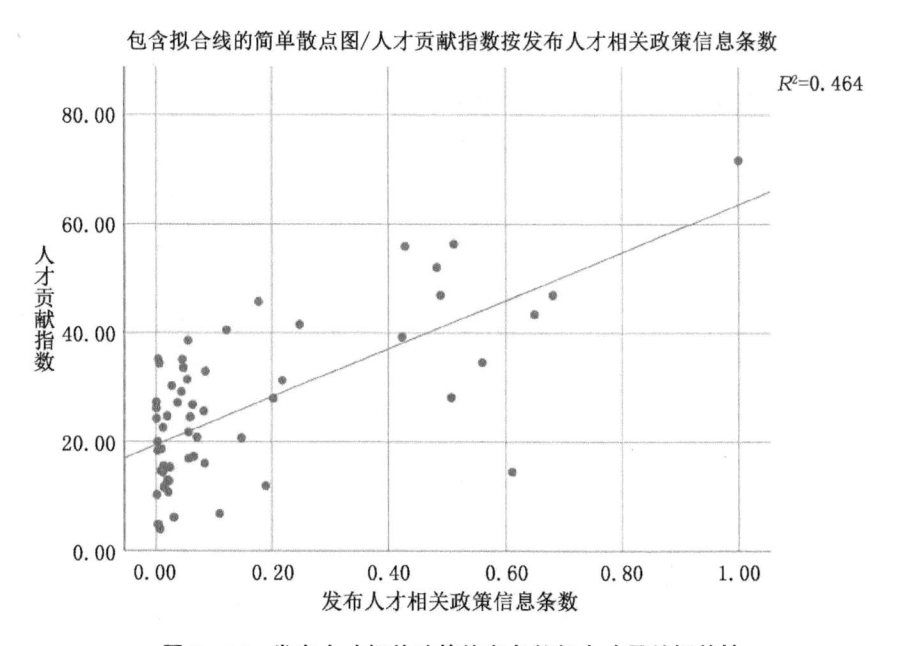

图 3—16　发布人才相关政策信息条数与人才贡献相关性

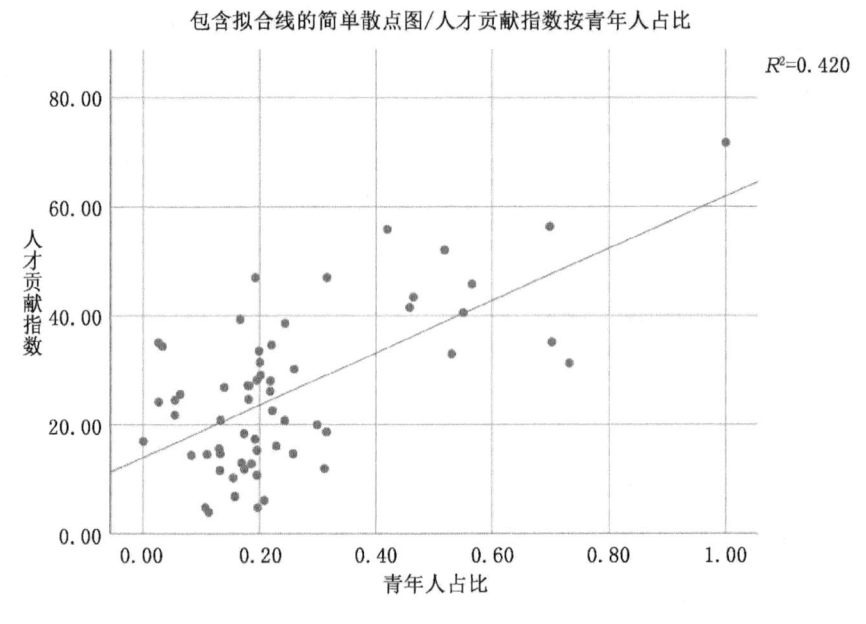

包含拟合线的简单散点图/人才贡献指数按青年人占比

$R^2=0.420$

图3—17 青年人占比与人才贡献相关性

5. 回归分析

以GDP为因变量,以人才贡献指数和固定资产投入作为两个自变量,进行回归分析(见表3—8)。得到回归方程(标准化系数):GDP＝0.653×人才贡献指数＋0.266×固定资产投入,R^2＝0.645,调整后的R^2＝0.633。

表3—8　　　　　　　　　　　回归系数

模型		未标准化系数		标准化系数	t	显著性
		B	标准错误	Beta		
1	(常量)	−0.092	0.037		−2.488	0.016
	人才贡献指数	0.009	0.001	0.653	7.474	0.000
	固定资产投入	0.200	0.066	0.266	3.040	0.004

[a] 因变量:GDP。

(三)结论与建议

1. 主要结论

长三角中小城市人才活力在各个城市之间差异较大。其中人才贡献的差异情况最大。人才活力指数、人才环境指数、人才贡献指数不符合正态分布,一部分中小城市较为领先,相当一部分中小城市得分不高,发展情况与先进城市相比差距较大,在城市人才活力方面亟待提升。

从基于排名的三省一市中小城市人才活力地区比较来看,表现从高到低依次是:上海、浙江、江苏、安徽。从基于得分的三省一市中小城市人才活力地区比较来看,表现从高到低依次是:上海、江苏、浙江、安徽。江苏虽然人才活力指数得分平均值排名第二,位于浙江之前,但省内中小城市之间差异最大,从进入前30名的比例来看排名第三,位于上海与浙江之后。安徽省内中小城市之间人才活力差异最小。

人才环境指数、人才量能指数、人才贡献指数之间存在显著的相关关系。GDP与人才贡献指数的相关系数为0.767。固定资产投入与人才贡献指数的相关系数为0.429。可见人才贡献大的地方,往往也是那些经济发展水平较高的地方。每万人医护人员数量与人才贡献指数的相关系数为0.396。互联网接入水平与人才贡献指数的相关系数为0.515。公共图书馆藏书量与人才贡献指数的相关系数为0.709。可见城市为人才提供良好的医疗、信息基础设施、学习环境等,有助于人才为城市做出贡献。发布人才相关政策信息条数与人才贡献指数的相关系数为0.681。可见,城市对人才高度重视,在人才相关方面能提供政策保障的,人才相应地能为城市做出更大的贡献。青年人(19—35岁)占比与人才贡献指数的相关系数为0.648。这反映出,得青年者得天下,青年人比重大的城市,拥有更大的创新和创业激情。

回归分析的结果表明,人才贡献与固定资产投入对于经济发展都具有重要作用,但两者相比,人才贡献的作用要大于固定资产投入。人才对于经济发展的贡献超过了资本的贡献。

2. 建议

就城市人才活力地区比较而言,上海市非中心城区在人才环境和人才贡献方面的得分均值最高,在人才量能方面仅次于浙江省。上海作为中国的经济中心和长三角区域的龙头城市,为人才发挥作用创造了良好的环境,人才在上海也能发挥出较大的作用,做出较大的贡献。美中不足的是,人才的量能未能拔得头筹。相对于上海市庞大的人口规模和经济发展的需求,上海市的人才供应仍显不足,应进一步加大吸引人才、培养人才的力度,增加人才的规模,提高人才流动力,主要是吸引人才流入,优化人才结构,提高高技能人才占比。

江苏省中小城市在人才环境、人才贡献方面的得分均值在长三角地区三省一市中排名第二,但是人才量能指数得分均值为最后一名。江苏省中小城市人才活力的状况总体上是不错的,但是人才的存量和流量成为制约其进一步提升城市人才活力的瓶颈。对于江苏省中小城市来说,应吸引更多的人才流入,同时进一步创造本地人才成长的良好环境,扩大人才的流量和存量。另外,江苏省中小城市人才活力各维度的标准差是最大的,这反映出省内各个中小城市之间人才活力水平相差较大。江苏省应注意排名较后的城市的人才活力的提升。

浙江省中小城市的人才量能指数得分均值在长三角三省一市中排名第一,反映出浙江省人才底蕴深厚,人才的规模、结构和流量比较合理。人才环境指数得分均值排在第三,略低于江苏省,人才贡献指数也排在第三,但与上海、江苏差距较大。可从以下方面提高浙江省中小城市的人才活力水平。首先,激发现有人才创新、创业的积极性和热情,使更多的人才处于一种被激发的状态,提升人才对于城市的贡献度。其次,进一步优化支撑和吸引人才的外部环境。

安徽省中小城市人才量能指数得分均值位列第三,但从数值上看与位列前两名的浙江和排名第一的上海差距并不大。说明安徽省中小城市在人才的规模、结构和流量上相对于其人口规模来说还算不错,但也还有进一步提升的空间。在人才环境方面,与其他兄弟省市差距较大。最突出的问题是在人才贡献方面,安徽省中小城市的得分均值与其他兄弟省市差距很大。这反映出现有人才被激发的程度不足。可从以下方面提高安徽省中小城市人才活力水平:优化人才发展环境,从人才政策环境、经济环境、社会环境着手,提升城市对人才的吸引力,为人才发挥作用提供制度保障和环境支持;运用多种有效的精神激励和物质激励手段,在人才激励方面创新,激发出人才的创新创业热情。

长三角中小城市应努力为人才提供好的经济环境、社会环境和政策环境。提高GDP,增加医护人员数量。建设良好的信息基础设施和公共图书馆,降低房价收入比。着力吸引青年人才,提高青年人占比。通过以上途径激发出人才的创新创业活力,形成城市与人才之间的良性循环。

二、人才环境指数排名与分析

(一)长三角中小城市人才环境指标

长三角是我国经济发展最具活力、开放程度最高、创新能力最强的区域之一,是"一带一路"与长江经济带的重要交汇点,在国际现代化建设大局和全方位开放格局中具有举足轻重的战略地位。尤其在习近平总书记宣布长三角一体化发展上升为国家战略以来,区域规划政策体系"四梁八柱"初步构建,多层次工作机制发挥实效,长三角一体化发展新局正在形成。长三角中小城市是长三角城市群重要组成部分,要激发中小城市的发展活力,就需要向这些区域输送人才,人才是发展的基础。能否吸引和留住人才,主要还是要看中小城市的人才环境状况。

因此,为有效推进"长三角中小城市人才活力指数调查"的有效开展,了解长三角中小城市人才环境的发展状况,反映长三角中小城市人才环境在经济环境、社会环境、政策环境等方面的实际状况,特对表征长三角中小城市人才环境方面的12个指标进行了详细的调查,在此基础上采集相关数据。

1. 经济环境指数

经济环境指数指的是人才所居住的城市的经济发展水平。经济发展水平是人才发展的关键。全球人力资源指数计算结果表明,不同国家得分与人均国内生产总值成正比;人均GDP越高的国家人才吸引能力越强;同样,全球人才竞争力指数也体现出,发达富裕经济体的人才兴旺程度也高。实际上,经济发展与人才发展是相辅相成的,一方面,人才对推动区域经济的发展起到了积极作用,另一方面,区域经济的发展情况决定区域人才的数量和质量。可以说,一个城市的发展还是取决于国内生产总值、固定资产投入水平以及城市转型发展程度。因此,经济环境指数采用包括国内生产总值(GDP)、固定资产投入、第三产业占GDP比重三个指标来表征。

(1)地区生产总值

指标说明:地区生产总值是指按国家市场价格计算的一个国家(或地区)所有常住单位在一定时期内生产活动的最终成果,常被公认为是衡量国家经济状况的最佳指标。地区生产总值是核算体系中一个重要的综合性统计指标,也是我国新国民经济核算体系中的核心指标,它反映了一国(或地区)的经济实力和市场规模。依据数据分析,得出长三角60个中小型城市/区,其中昆山的国内生产总值最高,高达4 045.06亿元,大约是平均水平1 084.14亿元的4倍。

指标单位:亿元。

指标性质:正向。

数据周期:2019年。

数据来源:各级政府统计年鉴和统计公报。

(2)固定资产投入

指标说明:固定资产投入的大小直接影响着该城市的发展后劲,因此固定资产投入是反映当地经济发展状况的一个重要指标。数据显示,固定资产投入方面,60个中小城市的均值为380.78亿元,其中固定资产投入最高的城市为乐清市,为818.93亿元,是固定资产投入最低城市的46.53倍,体现出区域差异巨大。

指标单位:亿元。

指标性质:正向。

数据周期:2019年。

数据来源:各级政府统计年鉴和统计公报。

(3)第三产业占GDP比重

指标说明:产业结构是反映一个城市发展是否是新型的发展,是否是绿色发展的重要指标,其中第三产业比重最能体现产业结构优化程度。数据显示,第三产业比重方面,占比最高的为义乌市,第三产业占比69.00%,占比最低的为天长市,比例为31.12%。60个城市的平均值为45.77%。前三名为义乌、闵行、青浦,分别为69.00%、63.3%、62.16%。

指标单位:亿元。

指标性质:正向。

数据周期:2019年。

数据来源:各级政府统计年鉴和公报。

2. 社会环境指数

人才环境指数的社会环境指的是人才所居住的城市社会环境,分别从医疗资源、教育资源、文化水平、互联网接入水平、交通运输便利度、购房能力等维度来表征。具体表征指标有6个,分别为每万人医护人员数量、教育经费占GDP比重、互联网接入水平、公共图书馆藏书量、单位面积公路里程数、房价收入比。

(1)医疗资源

指标说明:采用每万人医护人员数量表征医疗资源,每万人医护人员数量在一定程度上可以反映一个城市的医疗水平,体现城市的医疗环境的重要指标。数据显示,60个中小城市平均每万人医护人员数为48.27,得分最高的张家港市为83.77,最低的平湖市为21.02。

指标单位:人/万人。

指标性质:正向。

数据周期:2019年。

数据来源:各级政府统计年鉴和公报。

(2)教育资源

指标说明:采用教育经费占GDP的比重表征教育资源,教育经费占GDP的比重是体现城市教育水平的最佳指标。教育经费占GDP比值的高低能够在一定程度上体现城市的教育重视程度、发展趋势。数据显示,60个城市的平均教育经费支出为214 135.22万元。教育经费占GDP比重最高的为崇明区,比重为6.03%。60个城市教育经费占比均值为2.33%。

指标单位:%。

指标性质:正向。

数据周期:2019年。

数据来源:各级政府统计年鉴和公报。

(3)信息化水平

指标说明:采用互联网接入水平表征城市信息化水平。互联网接入水平是体现一个城市的城市信息化管理程度的重要指标。互联网接入水平最高的为昆山市,接入户达到123.01万户。明光市互联网接入户数较少,为5.53万户。60个城市平均接入水平为41.5万户。

指标单位:万户。

指标性质:正向。

数据周期:2019年。

数据来源:各级政府统计年鉴和公报。

(4)文化水平

指标说明:文化是一个城市的软环境,我们要加强文化自信,发挥传统优良文化底蕴,同时文化也是城市凝聚力的基础。对文化的深入研究表明:文化是任何一个城市(区域)都具有的特性,文化不仅使得各个城市呈现出异质性,而且内在地约束了城市的发展路径和城市结构。公共图书馆藏书量指标是城市文化水平的一个具体体现,能够在一定程度上表征城市的文化水平,因此,采用公共图书馆藏书量表征城市的文化资源。60个城市的平均城市藏书量为109.16万册。

指标单位:万册。

指标性质:正向。

数据周期:2019年。

数据来源:各级政府统计年鉴和公报。

(5)交通运输便利度

指标说明:采用单位面积公路里程数,即公路里程数/城市土地面积,来表征城市交通通达性。该指标能够体现城市公共交通便利度。通过数据显示,单位面积公路里程数最高的是宝山,为4.51千米,最低的龙泉市为0.85千米。60个中小城市平均单位面积公路里程数为1.75千米。

指标单位:千米/平方千米。

指标性质:正向。

数据周期:2019年。

数据来源：各级政府统计年鉴和社会公报。

(6)房价收入比

指标说明：高房价一直是当前的一个热点话题。优秀人才要留在当地，尤其是留在上海这样一个高房价的城市，房价已经成为拦路虎。面对上海的高房价，即使是高收入人群也无可奈何。相关人才共同面临的现实问题就是安家难，买房难。据刘晓明[①]等对陆家嘴金融区金融人才的调查得出，面对上海的薪酬与房价比值同国内其他大城市对比是否更具有吸引力这个问题，受访者中有54%的人认为上海不具有吸引力，只有18%的受访者认为上海有吸引力。相对于收入的低水平增长，连年飙升的房价已经成为外来人才入沪的拦路石，也必将成为损害上海及周边地区未来发展潜力的致命缺陷。房价收入比采用的是指住房价格与城市居民人均可支配收入的比值，来反映城市居民对房价的承载度。

$$房价收入比＝城市住房均价/城市居民人均可支配收入$$

城市住房均价数据来源于安居客的网站公布的城市住房均价，表征该城市的房价水平。人均可支配收入指的是指调查户在调查期内获得的、可用于最终消费支出和储蓄的总和，即调查户可以用来自由支配的收入。可支配收入既包括现金，也包括实物收入。住户调查中居民家庭收入和支出数据均为人均数，即全部被调查家庭的收入或支出总和除以相应的人口数(既包括有收入的人，也包括无收入的人)所得到的平均值。数据显示，60个城市平均房价收入比值是0.28，嵊州市的房价收入比最低，比值为0.11。房价收入比最高的是闵行区，比值为0.74，是平均水平的2.64倍。

指标单位：比值。

指标性质：反向。

数据周期：2019年。

数据来源：房价来源于安居客。人均可支配收入来源于各级政府统计年鉴和公报。

3. 政策环境指数

政策环境指数是反映一个地方软环境的重要指标，是人才所居住的城市政府关于人才的相关利好政策，这对人才的引进、吸收能起到关键作用。该指标体系主要采用人才政策发布量(发布人才政策信息条数)、研究机构数、科研经费投入三个指标来表征。

(1)人才政策发布量

---

① 刘晓明. 加快改革重组步伐提高国际竞争力[N]. 中国电子报，2004-02-24.

指标说明：人才政策发布量是体现城市政府对人才引进、人才流动的重要政策，是体现政府政策环境的重要表征。该数据主要来源于各城市政府网站。通过高级检索功能，设定特定关键字搜索所得信息条数。

指标单位：条。

指标性质：正向。

数据来源：各级人民政府网站。

（2）研究机构数

指标说明：采用每万人博士后工作站数量（包含院士、研究机构）来表达城市研究机构数，能够在一定程度上体现城市的科研技术水平。引进院士、建立博士后流动站、设立研究机构等措施，都表征城市对科学技术的重视程度，以及城市的科研技术水平。

指标单位：个。

指标性质：正向。

数据周期：2019年。

数据来源：各级政府统计年鉴和公报，以及各大网站数据。

（3）科研经费投入

指标说明：采用科研经费占GDP比重来表征城市的科研经费投入水平。科研经费占GDP比重能够在一定程度上反映城市对科学研究的重视度。一个城市对科研的投入水平直接关系到该城市科技发展水平。科研经费占GDP比重是表征政府对科研技术的重视程度的最直接的指标。经调查和相关数据显示，60个城市的科研经费占GDP比重，得分最高的是嘉善县，科研经费占GDP比重为3.22％，60个中小城市平均得分为0.84％。嘉善县的科研经费占GDP比重大概是平均水平的4倍。

指标单位：％。

指标性质：正向。

数据周期：2019年。

数据来源：各级政府统计年鉴和公报。

4. 各指标数据描述性统计特性分析

在进行数据统计分析之前，对人才环境指数12个指标数据进行描述性统计特征分析，结果如表3—9所示。

表 3—9　　　　　　人才环境指数 12 个指标描述性特性分析

变量名称	最大值	最小值	均值	标准差
GDP(亿元)	4 045.06	142.55	1 084.14	796.27
固定资产投入(亿元)	819.69	17.60	380.78	216.87
第三产业比重(%)	69	31	46	7
医疗资源	83.77	21.02	48.27	17.37
教育资源	0.060 3	0.000 4	0.023 3	0.009 4
信息化水平	123.01	5.53	41.50	26.69
文化资源	555.90	15.78	109.16	101.25
交通便利度	4.51	0.85	1.75	0.64
房价收入比	0.74	0.11	0.28	1.45
人才政策发布量	3 666.00	17.00	464.30	722.40
研究机构数	6.266 9	0.000 1	0.907 0	1.280 0
科研经费投入	0.032 2	0.000 3	0.008 4	0.007 7

人才环境指数体系的经济环境指标 GDP 在 60 个中小城市的均值为 1 084.14 亿元,固定资产投入平均投入为 380.78 亿元,第三产业比重均值为 46%,均高于全国平均水平。社会环境指标表征医疗资源的每万人医护人员数在 60 个中小城市的平均值为 48.27,表征教育资源的教育经济占 GDP 比重的平均数为 2.33%,表征信息化水平的互联网接入水平(万户)平均得分为 41.5 万户,表征文化资源的公共图书馆藏书量平均得分为 109.16 万册,表征交通便利度的单位面积公路里程数的平均得分为 1.75 千米。房价收入比在长三角中小城市的平均值为 0.28,最大值高达 0.74,为闵行区,体现出闵行区居民房价压力巨大。

(二)长三角中小城市人才环境指数排名分析

人才活力指数体系框架中的人才环境指数指的是人才所居住的城市外部环境,对能否吸引人才,留着人才具有重大作用,包括经济环境、社会环境、政策环境,是培养人才、吸引人才、留住人才和挖掘人才潜力的重要因素。根据人才环境指数评价体系中的经济环境(国民生产总值、固定资产投入、第三产业比重)、社会环境(医疗资源、教育资源、信息化入水平、文化资源、交通便利度、房价收入比)、政策环境(人才政策发布量、研究机构数、科研经费投入)12 个指标,构建出人才环境指数模型:人才环境指数＝0.334 2×经济环境指数＋0.283 7×社会环境指数+0.382 1×政策环境指数,最终获取了长三角中小城市人才环境指数以及经济环境指数、社会环境指数、政策环境指数,其中指标权重采用专家打分法所得。

1. 人才环境指数排名与分析

(1)人才环境指数排名

通过对人才环境指数排名分析,60个长三角中小型城市的人才环境指数排名前16的是昆山市、江阴市、闵行区、张家港市、嘉善县、常熟市、慈溪市、宜兴市、嘉定区、太仓市、桐乡市、义乌市、宝山区、平湖市、海宁市、崇明区(见图3-18)。上海的闵行区、嘉定区、宝山区、崇明区进入前16名;江苏的昆山市、江阴市、张家港市、常熟市、宜兴市、太仓市6个城市进入前16名。浙江省嘉善县、慈溪市、桐乡市、义乌市、平湖市、海宁市进入前16名。长三角中小型城市间人才环境指数差异显著,昆山市得分最高,分值为62.01,而低分值只有15.03分,呈现出显著的区域分异特征(见表3-10)。排名第1的昆山因经济发展迅速,主要体现为GDP远超其他城市,固定资产投入大,有距离国际大都市上海近的天然地理优势,加上房价低,使得其人才环境指数远超其他地区。江阴市、张家港市也有相似的因素。

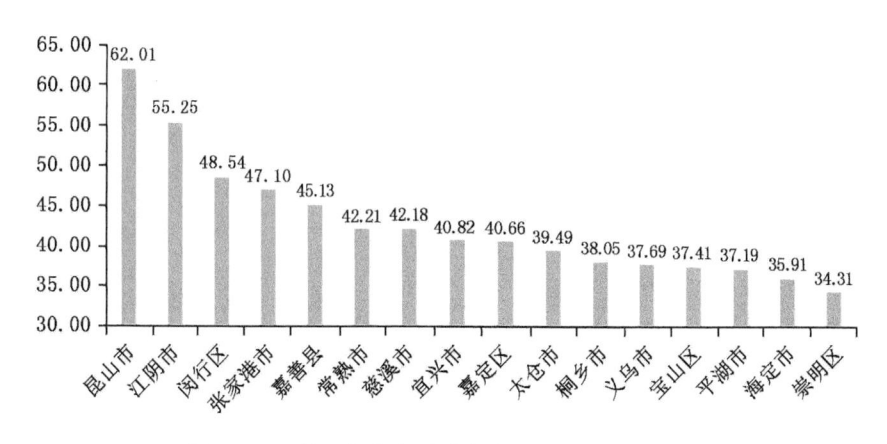

图3-18 长三角中小型城市人才环境指数前16名

表3-10　　　　　　　长三角中小城市人才环境指数

省/市	地级市	县级市(区)	人才环境指数	排名
江苏	苏州	昆山市	62.01	1
江苏	无锡	江阴市	55.25	2

续表

省/市	地级市	县级市(区)	人才环境指数	排名
上海		闵行区	48.54	3
江苏	苏州	张家港市	47.10	4
浙江	嘉兴	嘉善县	45.13	5
江苏	苏州	常熟市	42.21	6
浙江	宁波	慈溪市	42.18	7
江苏	无锡	宜兴市	40.82	8
上海		嘉定区	40.66	9
江苏	苏州	太仓市	39.49	10
浙江	嘉兴	桐乡市	38.05	11
浙江	金华	义乌市	37.69	12
上海		宝山区	37.41	13
浙江	嘉兴	平湖市	37.19	14
浙江	嘉兴	海宁市	35.91	15
上海		崇明区	34.31	16
浙江	温州	瑞安市	33.83	17
江苏	扬州	高邮市	33.42	18
江苏	苏州	吴江区	33.24	19
上海		青浦区	32.85	20
浙江	绍兴	诸暨市	32.46	21
浙江	温州	乐清市	32.14	22
浙江	宁波	余姚市	31.52	23
上海		金山区	30.64	24
江苏	镇江	句容市	30.34	25
江苏	南通	海安市	30.32	26
江苏	南通	如皋市	30.25	27
上海		松江区	29.92	28
江苏	泰州	兴化市	29.74	29
江苏	南通	海门市	29.67	30

从长三角中小城市人才环境指数排名得出,60个长三角中小城市经济环境指数排名前30名中,有8个位于上海,即上海100%(8/8)的区域进入前30名,表明上海在社会环境指数表现尤其突出,具有良好的人才环境氛围,能够吸引人才,留得住人才,这与上海近年来出台的一系列人才引进政策相关。江苏省有12个城市进入前30名,即52.17%(12/23)的城市进入前30名。浙江省有10个城市[即前50%(10/20)的区域]进入前30名,分别为嘉善县、慈溪市、桐乡市、平湖市、义乌市、海宁市、瑞安市、诸暨市、余姚市、乐清市。受经济发展水平限制,安徽省在人才经济指数方面表现较弱,无城市进入前30名。总之,人才环境指数,总体指数偏低,城市间差异巨大。

2. 经济环境指数排名

经济环境指数指的是城市经济综合发展状况、水平。通过该指标来反映城市经济实力和城市人民日益增长的物质文化生活需要,对未来国民经济和社会发展拟定近期、中期和远景战略计划。经济环境指数通过相关指标来反映城市经济运行状况、发展潜力。该报告采用国民生产总值、固定资产投入、第三产业所占 GDP 比重三个指标计算所得。通过经济指数模型经济环境指数 = $\sum_{i=1}^{n} E_i \times W_i$,计算出人才环境指数的经济环境分指数。得出排名前10,分别为江阴市、昆山市、闵行区、义乌市、乐清市、青浦区、宝山区、瑞安市、常熟市、诸暨市,如图3—19所示。其中上海的闵行区、青浦区、宝山区三个区进入前10名;江苏的江阴市、昆山市、常熟市挤进前10名;浙江的义乌市、乐清市、瑞安市、诸暨市挤进前10名(见表3—11)。

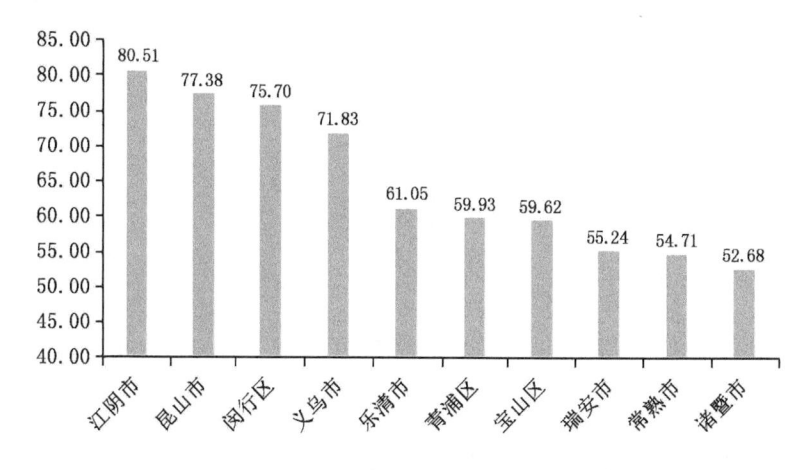

图3—19 长三角中小型城市经济环境指数排名

表 3—11　　　　　　　长三角中小型城市经济环境指数排名

省/市	地级市	县级市（区）	经济环境	排名
江苏	无锡	江阴市	80.51	1
江苏	苏州	昆山市	77.38	2
上海		闵行区	75.70	3
浙江	金华	义乌市	71.83	4
浙江	温州	乐清市	61.05	5
上海		青浦区	59.93	6
上海		宝山区	59.62	7
浙江	温州	瑞安市	55.24	8
江苏	苏州	常熟市	54.71	9
浙江	绍兴	诸暨市	52.68	10
江苏	苏州	张家港市	52.45	11
上海		松江区	50.45	12
江苏	泰州	泰兴市	45.05	13
江苏	扬州	仪征市	44.66	14
江苏	无锡	宜兴市	44.01	15
江苏	南通	海安市	43.24	16
上海		嘉定区	43.04	17
江苏	扬州	高邮市	42.64	18
江苏	苏州	太仓市	41.31	19
江苏	南通	海门市	40.90	20
浙江	宁波	慈溪市	39.69	21
江苏	盐城	东台市	39.39	22
江苏	南通	如皋市	38.52	23
江苏	南通	启东市	38.39	24
浙江	宁波	余姚市	37.59	25
浙江	金华	东阳市	37.41	26
浙江	嘉兴	桐乡市	36.69	27
浙江	嘉兴	海宁市	35.98	28
浙江	台州	温岭市	33.44	29
江苏	泰州	靖江市	31.72	30

研究结论表明,60个长三角中小城市经济环境指数排名前30名中,有5座是位于上海非中心城区,即上海62.5%(5/8)的区域进入前30名,分别为闵行区、青浦区、宝山区、松江区、嘉定区,表明上海的经济环境指数表现突出,具有吸引人才的经济环境。江苏省有15个城市进入前30名,即65.22%(15/23)的城市进入前30名。浙江省有10个城市进入前30名,即50%(10/20)的城市进入前30名,分别为义乌市、乐清市、瑞安市、诸暨市、慈溪市、余姚市、东阳市、桐乡市、海宁市、温岭市。受经济发展水平限制和区域地理位置影响,安徽省在人才经济指数方面表现较差,无城市进入前30名。总之,上海从平均水平看,在三省一市中排名第一,但是从单个城区来说,并没有绝对优势,只有闵行区排名第3,得分较高。

3. 社会环境指数排名

要留住人才,就得打造良好的人才环境指数,其中社会环境是一个非常重要的方面。长三角地区,尤其是上海以提供优质配套服务、打造宜居宜业的生态环境为着力点,在教育、医疗、文化、交通、信息化水平等方面提供与海外对标的顶尖资源,同时为顶尖人才创新创业提供强有力支撑,解决人才入户的后顾之忧。因此,根据上述所设计的指标体系架构,分别采用了医疗资源(每万人医护人员数)、教育资源(教育经费占GDP比重)、信息化水平(互联网接入水平)、交通便利度(单位面积公路里程数)、文化资源(公共图书馆藏书量)、房价收入比(房价/居民人均可支配收入)六个指标来表征城市社会环境指数。通过社会指数模型社会环境指数 $=\sum_{i=1}^{n}S_i\times W_i$,计算得出人才环境指数的社会环境分指数。得出排名前12的是昆山市、张家港市、江阴市、吴江区、常熟市、如皋市、宝山区、海门市、太仓市、海安区、闵行区、慈溪市,如图3—20所示。上海的宝山区、闵行区,江苏的昆山市、张家港市、江阴市、吴江区、常熟市、如皋市、海门市、太仓市、海安市9个城市,浙江省只有慈溪市进入前10名。可以看出前12名中有9座城市位于江苏,表明江苏省在社会环境指数方面表现尤为突出。江苏省昆山市、江阴市、太仓市吴江区、张家港市等城市近几年快速崛起,但是房价相对上海非中心城区来说较低,体现出社会环境指数较高、人才环境更好的态势,这是这些城市社会环境指数得分较高的一个重要原因(见表3—12)。

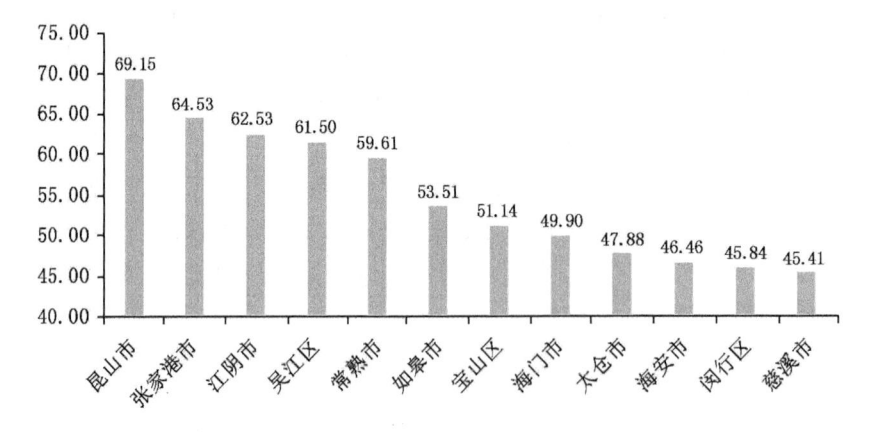

图 3-20　长三角中小城市社会环境指数排名

表 3-12　　　　　　　　长三角中小城市社会环境指数排名

省/市	地级市	县级市（区）	经济环境	排名
江苏	苏州	昆山市	69.15	1
江苏	苏州	张家港市	64.53	2
江苏	无锡	江阴市	62.32	3
江苏	苏州	吴江区	61.50	4
江苏	苏州	常熟市	59.61	5
江苏	南通	如皋市	53.51	6
上海		宝山区	51.14	7
江苏	南通	海门市	49.90	8
江苏	苏州	太仓市	47.88	9
江苏	南通	海安市	46.46	10
上海		闵行区	45.84	11
浙江	宁波	慈溪市	45.41	12
江苏	泰州	靖江市	43.74	13
浙江	嘉兴	桐乡市	43.26	14
江苏	镇江	丹阳市	42.51	15
江苏	南通	启东市	42.35	16
江苏	镇江	扬中市	42.20	17

续表

省/市	地级市	县级市（区）	经济环境	排名
上海		金山区	41.76	18
上海		崇明区	41.53	19
江苏	徐州	邳州市	40.81	20
江苏	无锡	宜兴市	40.21	21
上海		嘉定区	40.07	22
浙江	金华	义乌市	39.80	23
江苏	泰州	泰兴市	39.64	24
浙江	嘉兴	海宁市	39.53	25
江苏	常州	溧阳市	38.44	26
江苏	徐州	新沂市	38.14	27
浙江	台州	温岭市	38.01	28
浙江	温州	瑞安市	37.93	29
浙江	金华	东阳市	37.93	30

从长三角中小城市前30名的排名情况来看。数据显示，60个长三角中小城市政策指数排名前30名中，有6个位于上海，即上海75%（6/8）的区域进入前30名，分别为宝山区、闵行区、嘉定区、崇明区、金山区、奉贤区，表明上海的社会环境指数表现突出，具有吸引人才的社会环境。江苏省有18个城市进入前30名，即78.26%（18/23）的城市进入前30名。浙江省有6个城市进入前30名，即30%（6/20）的区域进入前30名，分别为慈溪市、桐乡市、海宁市、嵊州市、义乌市、东阳市，在社会环境指数方面，浙江省中小城市表现较弱。安徽省在人才社会指数方面表现较差，无城市进入前30名。

总之，江苏社会环境指数遥遥领先，排名前10的有9个城市在江苏省。上海只有宝山进入前10，闵行第11名。上海、浙江、安徽的中小城市/城区均应当加大改善社会环境，以吸引更多的人才。

4. 政策环境指数排名

在全球化快速发展的时代背景下，人才竞争已经成为区域综合国力竞争的核心。为了长三角地区高质量发展目标，长三角三省一市制定了一系列相应的人才引进政策文件，建立了开放化、规范化的国际人才引进政策体系，为建设成具有全球影响力的城市群发展奠定良好的人才基础。该报告基于上述指标体系,通过人才政策发布量、研究机构数、科研经费投入三个三级指标评估长三角中小城市的政策环境指数,并通过政策环境指数模型政策环境指数 $=\sum_{i=1}^{n}P_{i}\times W_{i}$,计算得出人才环境指数的政策环境指数。数据显示,60 个中小城市进入前 10 的城市为:嘉善县、平湖市、昆山市、慈溪市、嘉定区、宜兴市、桐乡市、海宁市、崇明区、太仓市(如图 3—21 所示)。其中上海 2 个,嘉定区、崇明区;浙江 5 个,分别为嘉善县、平湖市、慈溪市、桐乡市、海宁市。江苏的有 3 个,分别为昆山市、宜兴市、太仓市。安徽没有城市进入前 10 名。

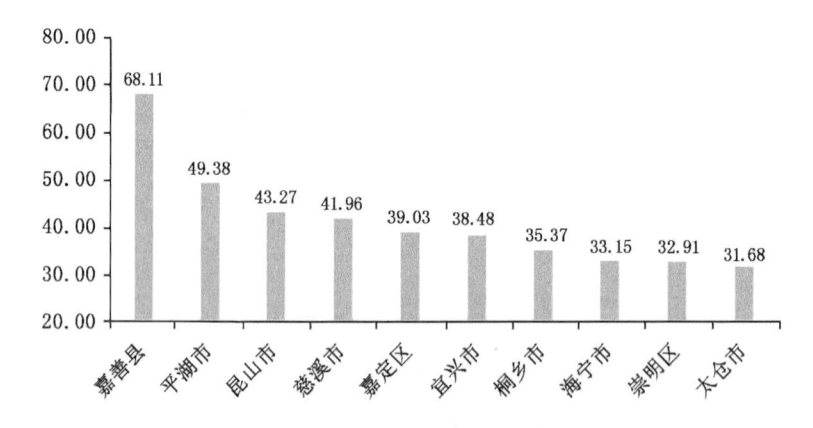

图 3—21 长三角中小型城市政策环境指数前 10 名

嘉善在加入长三角一体化生态绿色发展示范区以来,嘉善县在人才政策方面持续发力。嘉善县的科研经费投入连年上升,从 2015 年的 2.78% 上升到 2020 年的 3.39%,嘉善县排名第一,且分值遥遥领先。

从长三角中小城市政策环境指数排名前 30 名的城市来看(见表 3—13),60 个长三角中小城市政策指数排名前 30 名中,有 6 个位于上海,即上海 75%(6/8)的区域进入前 30 名,表明上海的政策环境指数表现突出,具有吸引人才的政策环境,这与上海出台一系列的人才引进政策有关,包括"万名海外留学人才集聚工程""人才新政 20 条""人才新政 30 条"、《上海市人才高峰行动方案》等。江苏省有 12 个城市进入前 30 名,即 52.17%(12/23)的城市进入前 30 名,分别为昆山市、宜兴市、太仓市、张家港市、扬中市、江阴市、高邮市、句容市、兴化市、溧阳市、常熟市、吴江区。浙江省有 9 个城市进入前 30 名,即 45%(9/20)的区域进入前 30 名,分别为嘉善县、平湖市、慈溪市、桐乡市、海宁市、玉环市、余姚市、建德市、兰溪市。安徽省共有 3 个城市进入前 30 名,即 33.33%(3/9)的城市进入前 30 名,分别为桐城市、宁国市、明光市。安徽在政策环境方面,相对其经济环境、社会环境指数来说,表现较好,这跟安徽加入长三角一体化国家战略的时代背景有关,安徽自加入长三角一体化国家战略以来,出台了一系列人才引进政策,尝试通过人才引进的方式实现弯道超车。

表3—13　　　　　　　　长三角中小城市政策指数排名

省/市	地级市	县级市(区)	政策环境	排名
浙江	嘉兴	嘉善县	68.11	1
浙江	嘉兴	平湖市	49.38	2
江苏	苏州	昆山市	43.27	3
浙江	宁波	慈溪市	41.96	4
上海		嘉定区	39.03	5
江苏	无锡	宜兴市	38.48	6
浙江	嘉兴	桐乡市	35.37	7
浙江	嘉兴	海宁市	33.15	8
上海		崇明区	32.91	9
江苏	苏州	太仓市	31.68	10
江苏	苏州	张家港市	29.49	11
江苏	镇江	扬中市	29.42	12
江苏	无锡	江阴市	27.92	13
上海		闵行区	26.78	14
江苏	泰州	兴化市	26.27	15
江苏	扬州	高邮市	25.40	16
江苏	镇江	句容市	24.81	17
浙江	台州	玉环市	24.77	18
安徽	安庆	桐城市	24.51	19
浙江	宁波	余姚市	24.36	20
上海		金山区	23.99	21
上海		奉贤区	23.22	22
江苏	常州	溧阳市	20.43	23
浙江	杭州	建德市	19.65	24
江苏	苏州	常熟市	18.37	25

续表

省/市	地级市	县级市(区)	政策环境	排名
安徽	宣城	宁国市	17.82	26
安徽	滁州	明光市	16.88	27
上海		青浦区	16.79	28
浙江	金华	兰溪市	14.91	29
江苏	苏州	吴江区	14.37	30

(三)长三角中小城市人才环境指数分布态势

1. 人才环境指数分布态势

把人才环境指数(PEI)划分为四个等级,分别为一级(PEI≥40)、二级(30≤PEI<40)、三级(20≤PEI<30)、四级(20≤PEI)(见表3-14)。

表3-14　　　　　　　　　　人才环境指数分布表

人才环境指数	级别	城市个数	均值	城市分布
40—70	一级	9	47.1	上海:闵行、嘉定(2/8,25%) 江苏:昆山、江阴、张家港、常熟、宜兴(5/24,20.83%) 浙江:嘉善、慈溪(2/20,10%)
30—40	二级	18	33.95	上海:宝山、青浦、崇明、金山(4/8,50%) 江苏:太仓、高邮、吴江区、句容、海安、如皋(6/24,25%) 浙江:桐乡、义乌、平湖、海宁、瑞安、诸暨、乐清、余姚(8/20,40%)
30—20	三级	24	25.69	上海:松江、奉贤(2/8,25%) 江苏:兴化、海门、东阳、扬中、泰兴、靖江、仪征、启东、溧阳、丹阳、东台、邳州(12,24,50%) 浙江:温岭、玉环、嵊州、建德、临海、永康、兰溪(7/20,35%) 安徽:桐城、宁国、明光(3/9,33.33%)
20以下	四级	9	18.03	江苏:新沂(1/24,4.2%) 浙江:龙泉、江山(2/20,10%) 安徽:潜山、巢湖、广德、界首、天长市、无为市(6/9,66.7%)

上海主要在一级、二级水平,只有松江、奉贤处于三级水平。江苏的昆山、江阴、张家港、常熟、宜兴市的人才环境指数处于一级水平。浙江的嘉善、慈溪处于一级水平。

2. 人才环境指数与各指标关系分析

(1) GDP越高,人才环境指数越高

根据人才环境指数与各指标数据关系图,得出国内生产总值(GDP)越高的地方,其人才环境指数越高。人才环境指数排名第一的昆山市,其GDP总量排名第1,为4 045.06亿元。人才环境指数第2的江阴市,GDP也是第2,为4 001.12亿元,这2个城市GDP总量显著高于其余区域,包括嘉定区(2 608.1亿元)、闵行区(2 520.82)。结论表明人才与经济发展是相辅相成的,GDP越高的地方,人才环境指数越高(见图3—22)。

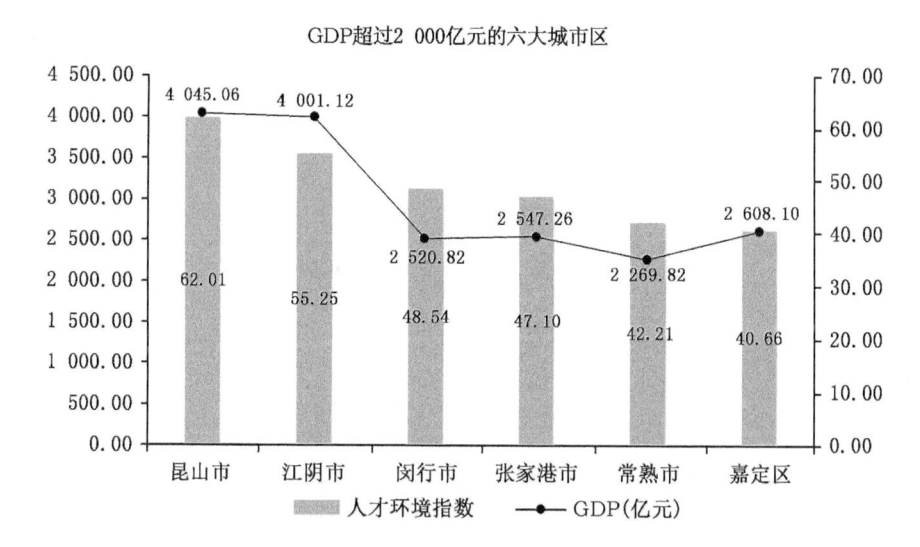

GDP超过2 000亿元的六大城市区

城市	人才环境指数	GDP(亿元)
昆山市	62.01	4 045.06
江阴市	55.25	4 001.12
闵行市	48.54	2 520.82
张家港市	47.10	3 547.26
常熟市	42.21	2 269.82
嘉定区	40.66	2 608.10

图3—22 人才环境指数与GDP关系分析

通过人才环境指数与GDP二者的相关关系分析得出,人才环境指数与GDP成高度正相关(见图3—23),相关系数$R=0.834$,并通过统计学检验(见表3—15)。

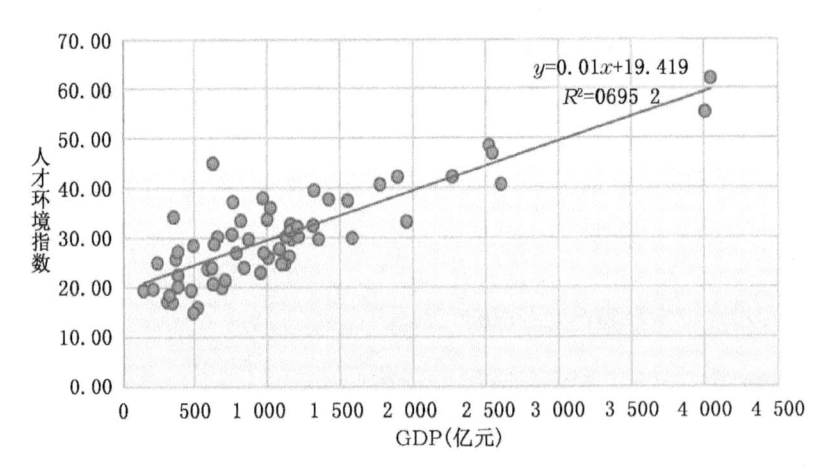

图 3—23 人才环境指数与 GDP 成高度正相关

表 3—15　　　　　　　人才环境指数与 GDP 相关性

		人才环境指数	GDP
人才环境指数	皮尔逊相关性	1	0.834**
	Sig.（双尾）		0.000
	个案数	60	60
GDP	皮尔逊相关性	0.834**	1
	Sig.（双尾）	0.000	
	个案数	60	60

** 在 0.01 级别（双尾），相关性显著。

(2) 人才环境指数与房价收入成 U 形关系

从人才环境指数与房价收入比的关系图看出，人才环境指数与房价收入比成 U 形关系，如图 3—24 所示。

当房价收入比＜0.40 时，房价收入越大，人才环境指数越低。把房价收入比＜0.4 的 51 个城市的数据进行相关性分析，得出二者显著负相关，相关系数 $R=-0.376$，并通过统计学检验（如表 3—16 所示）。

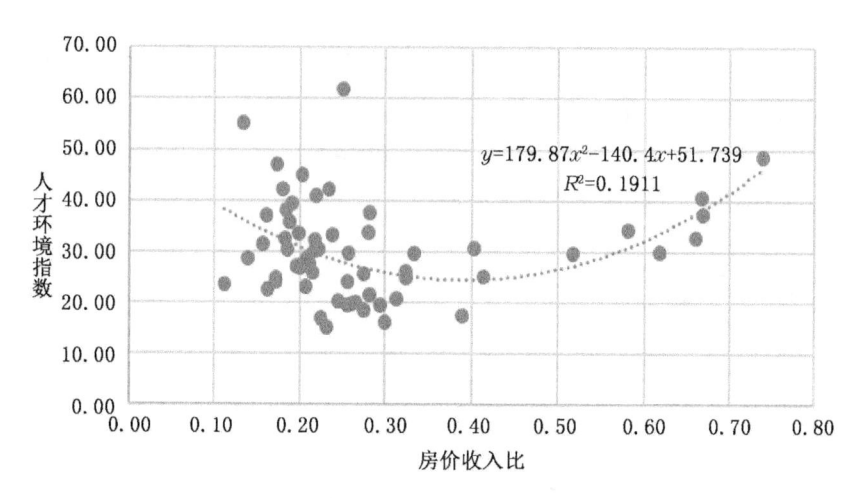

图 3-24　人才环境指数与房价收入比的关系

表 3-16　　　　　　　人才环境指数与房价收入比（＜0.4）相关性

		人才环境指数	房价收入比
人才环境指数	皮尔逊相关性	1	−0.376**
	Sig.（双尾）		0.007
	个案数	51	51
房价收入比	皮尔逊相关性	−0.376**	1
	Sig.（双尾）	0.007	
	个案数	51	51

** 在 0.01 级别（双尾），相关性显著。

把房价收入比≥0.4 的城市数据进行相关性分析，得出人才环境指数与房价收入比呈显著正相关，相关系数 $R=0.796$，并通过统计学检验（如表 3-17 所示）。

表 3-17　　　　　　　人才环境指数与房价收入比（≥0.4）相关性

		房价收入比	人才环境指数
房价收入比	皮尔逊相关性	1	0.796**
	Sig.（单尾）		0.005
	个案数	9	9
人才环境指数	皮尔逊相关性	0.796**	1
	Sig.（单尾）	0.005	
	个案数	9	9

** 在 0.01 级别（单尾），相关性显著。

总之,以房价收入比值为 0.4 为界,上海房价收入比普遍偏高,比值均≥0.4,处于 U 形的后半段,闵行区最高,达到 0.74。上海是一个高度发达的城市,房价收入比在一定程度上影响其人才环境指数,但已不是一个主导因素(见图 3—25)。房价高反而在一定程度上体现出其人才流入大,对房子需求量大,房子通过市场调控,房价越高。

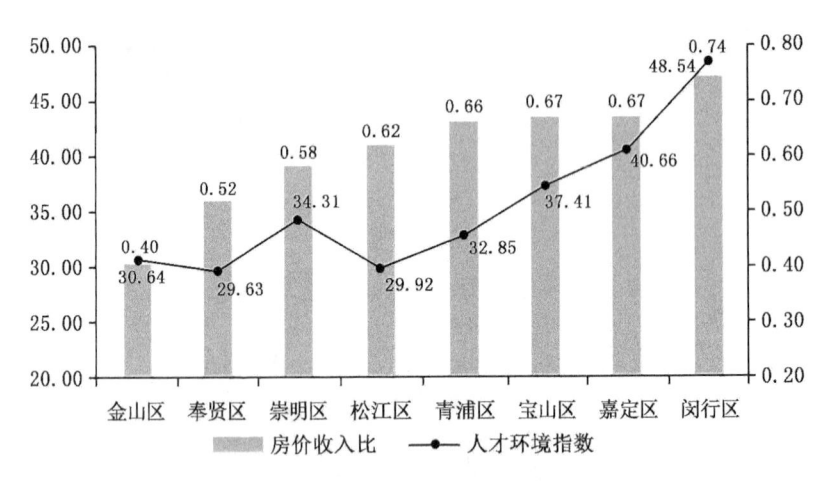

图 3—25 上海房价与人才环境指数相关关系分析

(四)问题

经研究发现,长三角中小城市人才引进环境、政策等有以下问题:

1. 社会环境有待进一步提升与改良。尤其是上海、浙江、安徽等区域中小城市。人才没有形成良好的环境条件,高房价、收入低、子女入学难等问题依然存在。

2. 人才引进政策缺乏跟踪意识,人才政策重引进轻后续跟踪。人才引进政策出台的很多,但是真正起到多少作用,并没有相关方案明确。

3. 长三角中小城市,大部分科研经费投入不足。

4. 不同行业人才之间缺乏沟通交流平台。缺乏良好的交流平台与机制,信息在很多大程度上出现隔断。

(五)对策建议

历时半年多对长三角中小城市人才环境状况的调研即将结束,通过数据,以及对数据分析得出相应的结论,在此也提出一点建议。

1. 延伸政府职能

政府部门在做好服务,提升管理的基础上,延伸宣传、推介职能。通过宣传和推介让世界了解上海、了解长三角一体化城市群,区域知名度的提升在一定程度上可以吸引高端人才,尤其是海外高端人才的流入。

2. 加大科研经费投入力度

长三角,尤其是上海,是国家建设具有国际影响力、全球资源配置能力的国际现代化大都市,必须通过创新驱动发展,加快推进建设成具有全球影响力的国际大都市,应当持续加大科研经费的投入。

3. 营造安居环境

高层次人才的引进是第一步,留住人才是问题的关键。地方政府的支持作用对能否留住人才起到了重大作用。吸引人才不仅仅是税收优惠、高报酬、医疗资源等常见因素,政府打造的宜居环境也至关重要,比如合理的城市规划、对人才的尊重程度、丰富的文化生活、优质的教育资源、良好的社会治安、方便的交通出行等。

4. 搭建公共平台

宜居的环境是基础,而公共平台为人才的交流、提升、发展提供了重要的契机。公共平台包括培训机构、教育机构、高等院校等。由政府打造或第三公益方打造公平服务平台,提供高质量的讲座、沙龙,让英才们在交流中激发灵感,迸发出新的思想火花,让英才们在交流中放飞心情,从而以更加昂扬的斗志迎接繁重的工作,激发人才活力。

三、人才量能指数排名与分析

(一)指标体系

基于材料分析和专家论证,结合数据可获得性的实际情况,本部分提出长三角中小城市人才量能指数的指标框架。长三角中小城市人才量能指数由三个二级指标构成,分别为人才规模、人才结构和人才流量。其中每项指标由若干三级指标的数据合成。在这一指标体系中,长三角中小城市人才量能指数反映的是人才的体量和规模,包括了三个二级指标之间的互动关系(如图3—26所示)。其中,长三角中小城市人才规模反映了长三角中小城市人才的规模大小,长三角中小城市人才结构反映了长三角中小城市人才的构成比例,长三角中小城市人才流量反映了长三角中小城市人才流动的变化量。

长三角中小城市人才量能指数的指标层次和要素如表3—17所示。

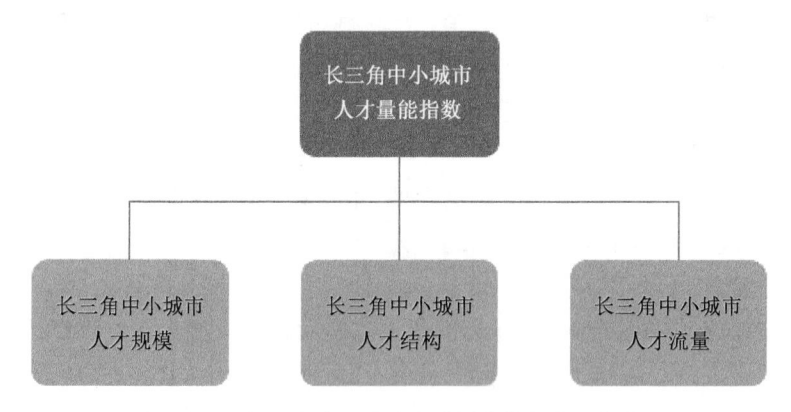

图3-26　长三角中小城市人才量能指数的概念关系

表3-17　　　　　　长三角中小城市人才量能指数指标体系

一级指标	二级指标	三级指标
	人才规模	人才密度(普通中学专任教师数比重)
		人才供给(普通中学在校学生数比重)
人才量能	人才结构	人才年龄结构(青年人占比)
		高级人才占比(普通中学增加的高级职称占教师比重)
	人才流量	常住人口增长率

人才密度、人才供给、人才年龄结构、高级人才占比等三级指标都是体现二级指标的重要内容,但是表达的范畴大,需要用具体可以量化的数据来替代。基于数据的可获得性、真实性、准确性、完整性以及来源的统一性,以下用普通中学专任教师数比重替代人才密度、普通中学在校学生数比重替代人才供给、青年人占比替代人才年龄结构、普通中学增加的高级职称占教师比重替代高级人才占比。

(二)指标说明

1. 普通中学专任教师数比重

指标说明:普通中学专任教师数比重是普通中学专任教师数与户籍人口之比,在本指标体系中用来反映长三角中小城市人才密度。

计算方法:普通中学专任教师数比重＝普通中学专任教师数/户籍人口

指标单位:‰。

指标性质:正向。

数据周期：2019 年。

数据来源：各级政府统计年鉴和统计公报。

2. 普通中学在校学生数比重

指标说明：普通中学在校学生数比重是普通中学在校学生数与户籍人口之比，在本指标体系中用来反映长三角中小城市人才供给。

计算方法：普通中学在校学生数比重＝普通中学在校学生数/户籍人口

指标单位：%。

指标性质：正向

数据周期：2019 年。

数据来源：各级政府统计年鉴和统计公报。

3. 青年人占比

指标说明：青年人占比是 19—35 岁的青年人数与常住人口之比，在本指标体系中用来反映长三角中小城市人才年龄结构。

计算方法：青年人占比＝青年人数/常住人口。

指标单位：%。

指标性质：正向

数据周期：2019 年。

数据来源：各级政府统计年鉴和统计公报，红黑人口库。

4. 普通中学增加的高级职称占教师比重

指标说明：普通中学增加的高级职称占教师比重是增加的普通中学高级职称数与普通中学专任教师数之比，在本指标体系中用来反映长三角中小城市高级人才占比。

计算方法：普通中学专任教师增加的高级职称占比＝增加的普通中学高级职称数/普通中学专任教师数。

指标单位：‰。

指标性质：正向

数据周期：2020 年。

数据来源：各级政府统计年鉴和统计公报，各地教育局官网、各地人民政府网官网、各地人力资源和社会保障局官网、各地统计局官网。

5. 常住人口增长率

指标说明：常住人口增长率是 2019 年与 2018 年常住人口之差与 2018 年常住人口之比，在本指标体系中用来反映长三角中小城市人才流动的变化量。

计算方法：常住人口增长率＝(2019 年常住人口－2018 年常住人口)/2018

年常住人口。

指标单位:%。

指标性质:正向。

数据周期:2018年和2019年。

数据来源:各级政府统计年鉴和统计公报。

(三)指标权重

在长三角中小城市人才量能指数的权重中,通过数位专家打分计算出,人才规模指数的权重为0.2347,人才结构指数的权重为0.4869,人才流量指数的权重为0.2784。在每个单项指标内,我们认为各个三级指标对于上一级的指标而言具有同等的重要性,因此每个三级指标合成上一级指数时采用等权重的方法。

(四)长三角中小城市人才量能指数排名与分析

1. 长三角中小城市人才量能指数

(1)长三角中小城市人才量能指数排名

长三角中小城市人才量能指数排名见表3—18、图3—27。

表3—18　　　　　长三角中小城市人才量能指数前30名

排名	省/市	地级市	县级市（区）	量能指数
1	江苏	苏州	昆山市	57.93
2	浙江	宁波	慈溪市	46.41
3	浙江	宁波	余姚市	44.88
4	安徽	滁州	天长市	41.59
5	江苏	苏州	吴江区	40.03
6	安徽	安庆	桐城市	39.71
7	上海		松江区	39.08
8	浙江	嘉兴	桐乡市	38.78
9	上海		嘉定区	37.74
10	上海		闵行区	36.97
11	上海		青浦区	36.11
12	浙江	绍兴	诸暨市	35.90
13	浙江	金华	东阳市	35.43
14	浙江	嘉兴	平湖市	34.83

续表

排名	省/市	地级市	县级市（区）	量能指数
15	江苏	徐州	新沂市	34.45
16	浙江	金华	义乌市	34.10
17	江苏	无锡	江阴市	33.91
18	浙江	绍兴	嵊州市	33.57
19	安徽	宣城	广德市	32.71
20	浙江	嘉兴	海宁市	32.66
21	安徽	安庆	潜山市	32.58
22	江苏	苏州	常熟市	32.48
23	上海		奉贤区	32.05
24	安徽	芜湖	无为市	31.55
25	浙江	温州	瑞安市	31.54
26	浙江	台州	玉环市	30.98
27	浙江	温州	乐清市	30.11
28	江苏	徐州	邳州市	30.02
29	浙江	嘉兴	嘉善县	29.84
30	江苏	苏州	太仓市	29.50

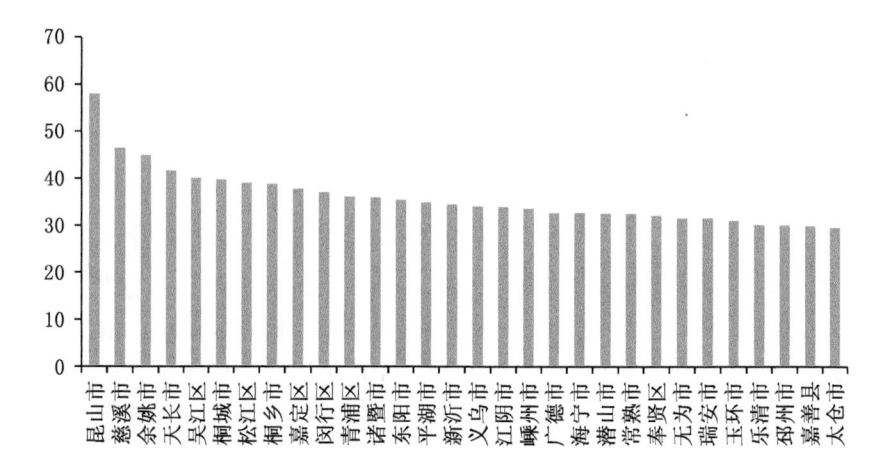

图3－27 人才量能指数前30名

(2)长三角中小城市人才量能指数分析

从省级区域来看,长三角中小城市人才量能指数排名前30位的城市中,上海市共有5个区入围,占比63%,即松江区、嘉定区、闵行区、青浦区、奉贤区;江苏省共有7个城市入围,占比30%,即昆山市、吴江区、新沂市、江阴市、常熟市、邳州市、太仓市;浙江省共有13个城市入围,占比65%,即慈溪市、余姚市、桐乡市、诸暨市、东阳市、平湖市、义乌市、嵊州市、海宁市、瑞安市、玉环市、乐清市、嘉善县;安徽省共有5个城市入围,占比56%,即天长市、桐城市、广德市、潜山市、无为市。总体来看,浙江(65%)>上海(63%)>安徽(56%)>江苏(30%)。在量能指数方面,浙江省表现最好,以2%的优势略高于上海市,安徽省以较大优势高于江苏省;60个中小城市中,江苏省的昆山市虽然排名第一,但是江苏省其他城市大多排名靠后,差距最为突出,从而导致江苏省表现最差(见图3-28)。

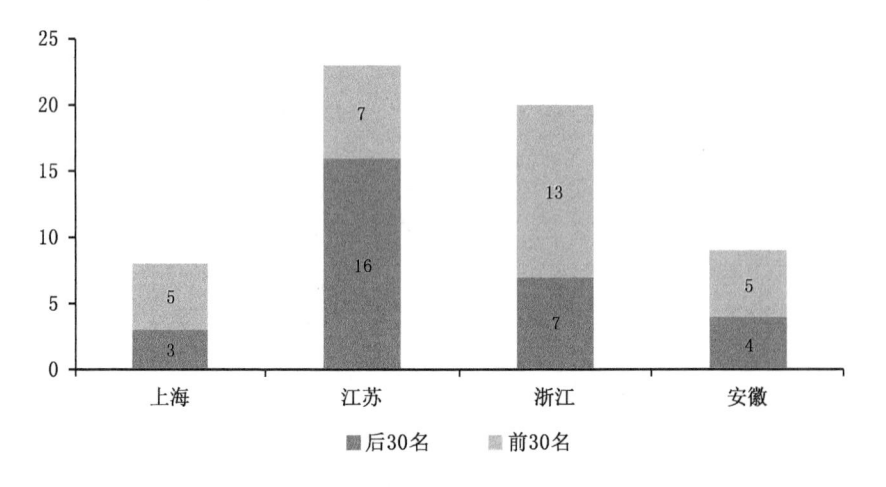

图3-28 人才量能指数前后30名分布

从长三角中小城市人才量能指数分析来看,60个城市人才量能指数平均值为28.50,有34个城市的人才量能发展水平高于平均值。人才量能发展水平得分最高的是昆山市,为57.93;人才量能发展水平得分最低的是东台市,为6.64,两者相差51.29。总体来看,长三角中小城市人才量能发展水平总体差距较为明显;同时,尾部城市与头部城市中人才量能发展方面具有明显差距。

2. 长三角中小城市人才规模

(1)长三角中小城市人才规模构成

长三角中小城市人才规模反映了长三角中小城市人才的规模大小,在人才量能发展指标中具有重要地位。人才规模占总指数权重的23.47%,下设2个三级指标,分别为普通中学专任教师数比重(‰)、普通中学在校学生数比重(%)。2个指标分别从不同维度来反映人才规模的大小。人才规模主要关注人才密度和人才供给。

(2)长三角中小城市人才规模排名

长三角中小城市人才规模排名见表3－19、图3－29。

表3－19　　　　　　　长三角中小城市人才规模前30名

排名	省/市	地级市	县级市（区）	规模指数
1	浙江	丽水	龙泉市	70.07
2	江苏	苏州	昆山市	62.42
3	浙江	金华	义乌市	60.43
4	江苏	苏州	吴江区	57.73
5	浙江	台州	玉环市	57.38
6	浙江	绍兴	诸暨市	56.93
7	江苏	徐州	新沂市	56.26
8	上海		嘉定区	55.09
9	江苏	徐州	邳州市	54.76
10	上海		闵行区	54.64
11	浙江	金华	永康市	53.36
12	安徽	滁州	明光市	52.96
13	上海		松江区	52.14
14	江苏	苏州	张家港市	50.68
15	浙江	金华	东阳市	50.45
16	上海		青浦区	46.44
17	浙江	宁波	慈溪市	45.68
18	江苏	无锡	江阴市	45.38
19	上海		金山区	44.77
20	上海		奉贤区	44.18
21	江苏	苏州	太仓市	43.26
22	浙江	嘉兴	嘉善县	41.97

续表

排名	省/市	地级市	县级市（区）	规模指数
23	浙江	温州	乐清市	40.97
24	浙江	宁波	余姚市	40.61
25	浙江	台州	临海市	40.46
26	江苏	镇江	丹阳市	40.24
27	安徽	合肥	巢湖市	40.09
28	江苏	苏州	常熟市	39.68
29	上海		宝山区	39.05
30	浙江	嘉兴	桐乡市	37.24

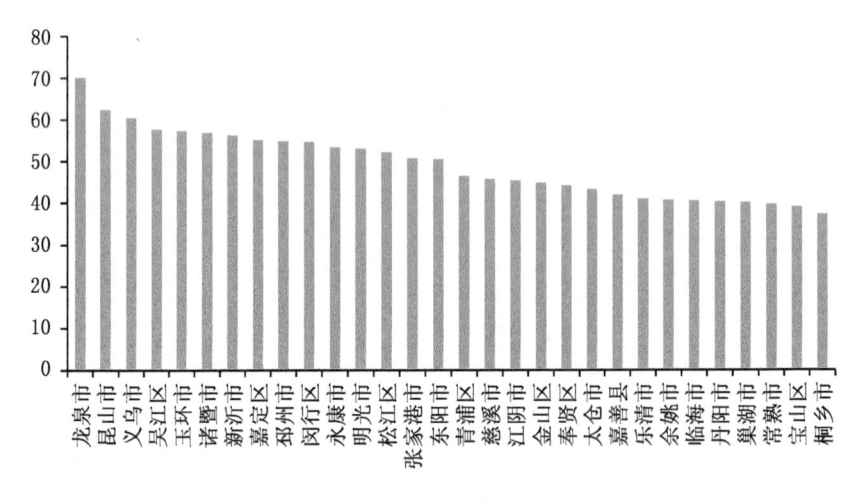

图3-29 人才规模前30名

(3)长三角中小城市人才规模分析

从省级区域来看,长三角中小城市人才规模排名前30位的城市中,上海市共有7个区入围,占比88%,即嘉定区、闵行区、松江区、青浦区、金山区、奉贤区、宝山区;江苏省共有9个城市入围,占比39%,即昆山市、吴江区、新沂市、邳州市、张家港市、江阴市、太仓市、丹阳市、常熟市;浙江省共有12个城市入围,占比60%,即龙泉市、义乌市、玉环市、诸暨市、永康市、东阳市、慈溪市、嘉善县、乐清市、余姚市、临海市、桐乡市;安徽省共有2个城市入围,占比22%,即明光市、巢湖市。总体来看,上海(88%)＞浙江(60%)＞江苏(39%)＞安徽(22%)(见图

3—30)。从人才规模来看,上海表现突出,以较大优势排名第一,而浙江省又以绝对优势压倒江苏省,安徽省的人才规模表现最差。

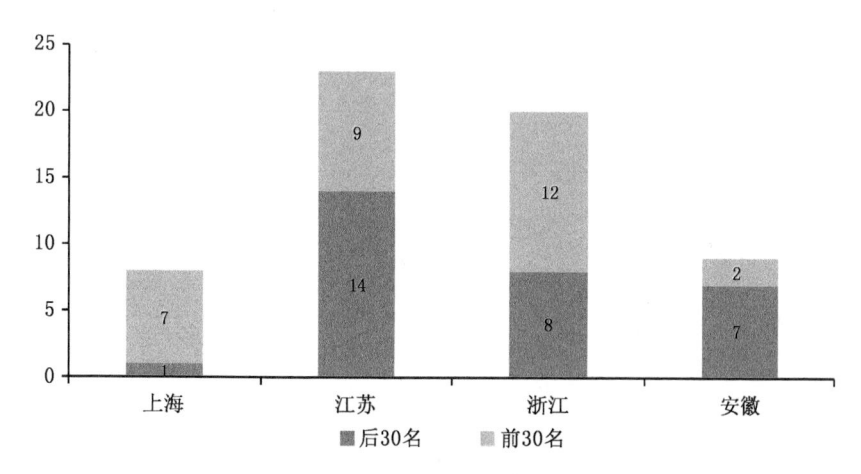

图 3—30　长三角人才规模前后 30 名分布

从长三角中小城市人才规模测算结果来看,60 个城市人才规模平均值为 37.46,有 29 个城市的人才规模高于平均值。人才规模得分最高的是龙泉市,为 70.07;人才规模得分最低的是崇明区,为 9.15,两者之间的差距达到了 60.92,说明在长三角地区人才规模发展较为不平衡,并且头部城市与尾部城市差距较为明显。上海市崇明区虽然垫底,但是上海的其他 7 个郊区均进入前 30 名,从而整体实力最强。

(4)长三角中小城市人才规模核心指标分析

①普通中学专任教师数比重

普通中学专任教师数比重指标主要反映人才密度,是城市现有人才的核心。这一指标属于正向指标。在采集指标的原始数据以后,对指标原始值进行无量纲化处理,处理后的指标值分布在[0.1]区间。然后同时扩大 100 倍。

长三角中小城市普通中学专任教师比重前 30 名见表 3—20、图 3—31。

表 3—20　　　长三角中小城市普通中学专任教师数比重前 30 名

排名	省/市	地级市	县级市(区)	普通中学专任教师数比重(‰)(标准数据)
1	浙江	丽水	龙泉市	100.00
2	安徽	滁州	明光市	63.81
3	上海		嘉定区	49.21

续表

排名	省/市	地级市	县级市（区）	普通中学专任教师数比重（‰）(标准数据)
4	上海		松江区	45.29
5	浙江	台州	玉环市	43.70
6	上海		闵行区	40.42
7	上海		奉贤区	39.68
8	上海		青浦区	39.37
9	江苏	苏州	吴江区	39.15
10	上海		金山区	37.57
11	江苏	苏州	昆山市	34.92
12	江苏	无锡	江阴市	34.18
13	江苏	泰州	靖江市	32.80
14	浙江	金华	义乌市	32.70
15	浙江	宁波	慈溪市	32.59
16	江苏	苏州	张家港市	32.28
17	江苏	泰州	泰兴市	30.90
18	江苏	徐州	邳州市	30.79
19	江苏	镇江	丹阳市	30.48
20	江苏	苏州	太仓市	29.95
21	上海		宝山区	29.63
22	安徽	合肥	巢湖市	29.52
23	浙江	金华	东阳市	29.42
24	浙江	金华	永康市	29.31
25	浙江	嘉兴	嘉善县	28.47
26	浙江	宁波	余姚市	28.36
27	安徽	安庆	潜山市	28.25
28	江苏	无锡	宜兴市	27.83
29	江苏	苏州	常熟市	27.83
30	江苏	镇江	扬中市	27.20

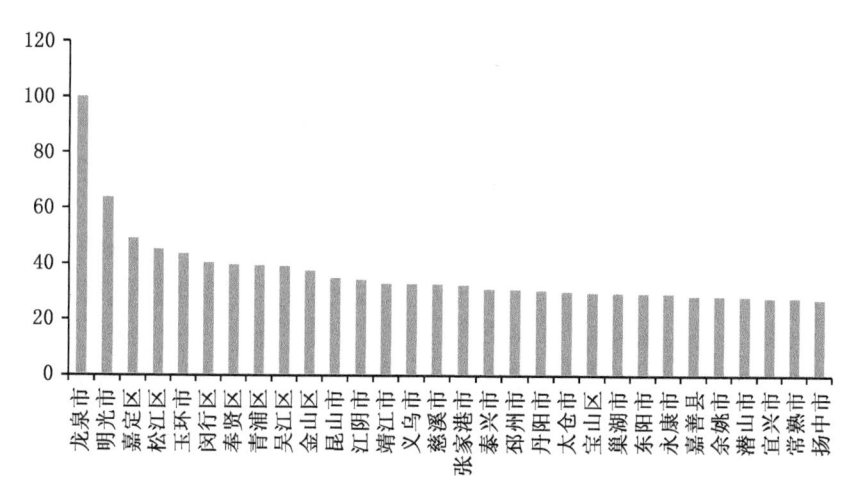

图 3-31　普通中学专任教师数比重前 30 名

从省级区域来看,普通中学专任教师数比重排名前30位的城市中,上海市共有7个区入围,占比88%,即嘉定区、松江区、闵行区、奉贤区、青浦区、金山区、宝山区;江苏省共有12个城市入围,占比52%,即吴江区、昆山市、江阴市、靖江市、张家港市、泰兴市、邳州市、丹阳市、太仓市、宜兴市、常熟市、扬中市;浙江省共有8个城市入围,占比40%,即龙泉市、玉环市、义乌市、慈溪市、东阳市、永康市、嘉善县、余姚市。安徽省共有3个城市入围,占比33%,即明光市、巢湖市、潜山市。总体来看,上海(88%)>江苏(52%)>浙江(40%)>安徽(33%)。普通中学专任教师数比重方面,上海以压倒性优势排名第一,江苏省略好于浙江省,安徽省表现最差(见图 3-32)。

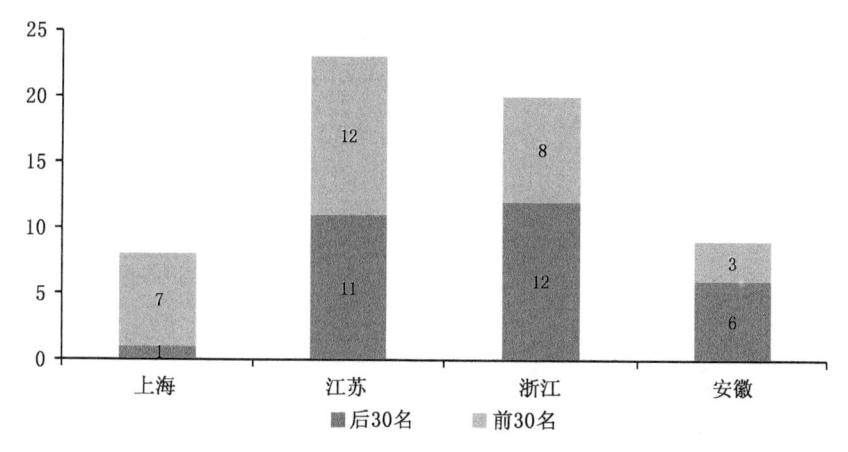

图 3-32　普通中学专任教师数比重前后 30 名分布

②普通中学在校学生数比重

普通中学在校学生数比重指标是衡量人才规模的重要指标,它主要反映城市人才供给的大小。这一指标属于正向指标。在采集指标的原始数据以后,对指标原始值进行无量纲化处理,处理后的指标值分布在[0,1]区间。然后同时扩大100倍。

从省级区域来看,普通中学在校学生数比重排名前30位的城市中(见表3—21、图3—33),上海市共有7个区入围,占比88%,即闵行区、嘉定区、松江区、青浦区、金山区、奉贤区、宝山区;江苏省共有9个城市入围,占比39%,即昆山市、新沂市、邳州市、吴江区、张家港市、江阴市、太仓市、常熟市、丹阳市;浙江省共有13个城市入围,占比65%,即诸暨市、义乌市、永康市、东阳市、玉环市、临海市、慈溪市、乐清市、嘉善县、余姚市、瑞安市、桐乡市、温岭市。安徽省仅有巢湖市入围,占比11%。总体来看,上海(88%)>浙江(65%)>江苏(39%)>安徽(11%)(见图3—34)。普通中学在校学生数方面,上海仍然以绝对优势领先,浙江省以较大优势排在江苏省之前,安徽省以较大劣势垫底。

表3—21　　长三角中小城市普通中学在校学生数比重前30名

排名	省/市	地级市	县级市（区）	普通中学在校学生数比重（%）（标准数据）
1	浙江	绍兴	诸暨市	100.00
2	江苏	苏州	昆山市	89.91
3	浙江	金华	义乌市	88.16
4	江苏	徐州	新沂市	85.53
5	江苏	徐州	邳州市	78.73
6	浙江	金华	永康市	77.41
7	江苏	苏州	吴江区	76.32
8	浙江	金华	东阳市	71.49
9	浙江	台州	玉环市	71.05
10	江苏	苏州	张家港市	69.08
11	上海		闵行区	68.86
12	上海		嘉定区	60.96
13	浙江	台州	临海市	59.87
14	上海		松江区	58.99

续表

排名	省/市	地级市	县级市（区）	普通中学在校学生数比重（%）(标准数据)
15	浙江	宁波	慈溪市	58.77
16	江苏	无锡	江阴市	56.58
17	江苏	苏州	太仓市	56.58
18	浙江	温州	乐清市	55.48
19	浙江	嘉兴	嘉善县	55.48
20	上海		青浦区	53.51
21	浙江	宁波	余姚市	52.85
22	上海		金山区	51.97
23	江苏	苏州	常熟市	51.54
24	安徽	合肥	巢湖市	50.66
25	江苏	镇江	丹阳市	50.00
26	上海		奉贤区	48.68
27	上海		宝山区	48.46
28	浙江	温州	瑞安市	48.03
29	浙江	嘉兴	桐乡市	48.03
30	浙江	台州	温岭市	47.81

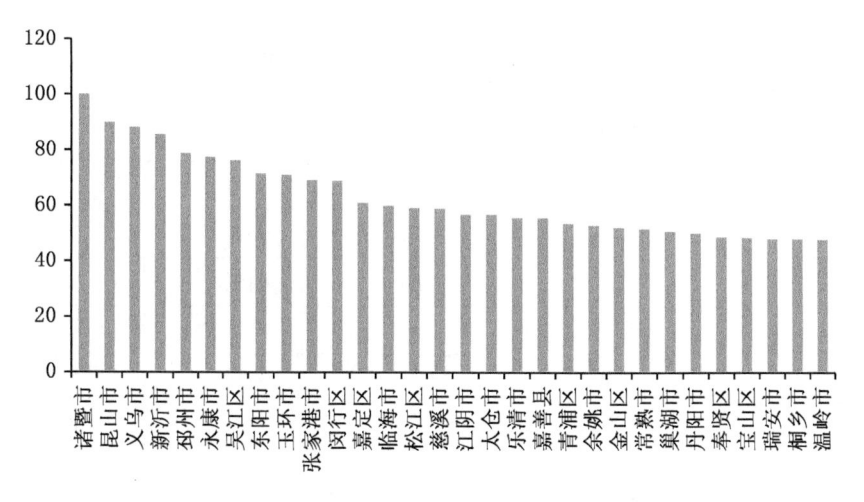

图 3-33 普通中学在校学生数比重前 30 名

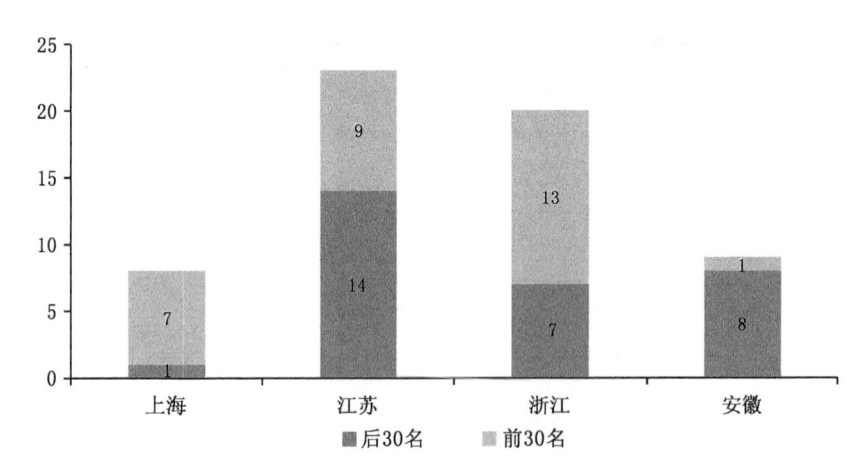

图 3—34　普通中学在校学生数比重前后 30 名分布

3. 长三角中小城市人才结构

(1) 长三角中小城市人才结构构成

长三角中小城市人才结构反映了长三角中小城市人才的构成比例,在人才量能发展指标中极具代表性。人才结构在总指数的权重中最重,高达 48.69%,下设 2 个三级指标,分别为青年人(19—35 岁)占比(%)和普通中学增加的高级职称占教师比重(‰)。2 个指标分别从不同维度来反映人才的结构比例。人才结构指标主要关注人才年龄结构和高级人才占比。

(2) 长三角中小城市人才结构排名

长三角中小城市人才结构排名见表 3—22、图 3—35。

表 3—22　　　　　　　长三角中小城市人才结构前 30 名

排名	省/市	地级市	县级市（区）	人才结构
1	江苏	苏州	昆山市	77.60
2	安徽	滁州	天长市	54.13
3	安徽	安庆	桐城市	53.96
4	浙江	绍兴	嵊州市	51.18
5	江苏	苏州	吴江区	43.00
6	上海		松江区	40.04
7	上海		闵行区	38.31

续表

排名	省/市	地级市	县级市（区）	人才结构
8	浙江	嘉兴	平湖市	37.52
9	江苏	无锡	江阴市	37.42
10	上海		嘉定区	36.83
11	江苏	苏州	常熟市	36.29
12	浙江	绍兴	诸暨市	36.24
13	浙江	嘉兴	桐乡市	35.34
14	安徽	安庆	潜山市	34.92
15	安徽	芜湖	无为市	34.41
16	浙江	温州	瑞安市	33.45
17	浙江	台州	温岭市	32.51
18	浙江	金华	东阳市	31.75
19	浙江	金华	兰溪市	31.42
20	上海		青浦区	31.01
21	江苏	徐州	新沂市	30.65
22	上海		奉贤区	30.39
23	上海		宝山区	29.95
24	浙江	温州	乐清市	29.38
25	浙江	宁波	余姚市	28.32
26	江苏	苏州	太仓市	27.70
27	安徽	宣城	广德市	27.32
28	浙江	台州	临海市	26.96
29	浙江	金华	义乌市	25.54
30	浙江	杭州	建德市	23.75

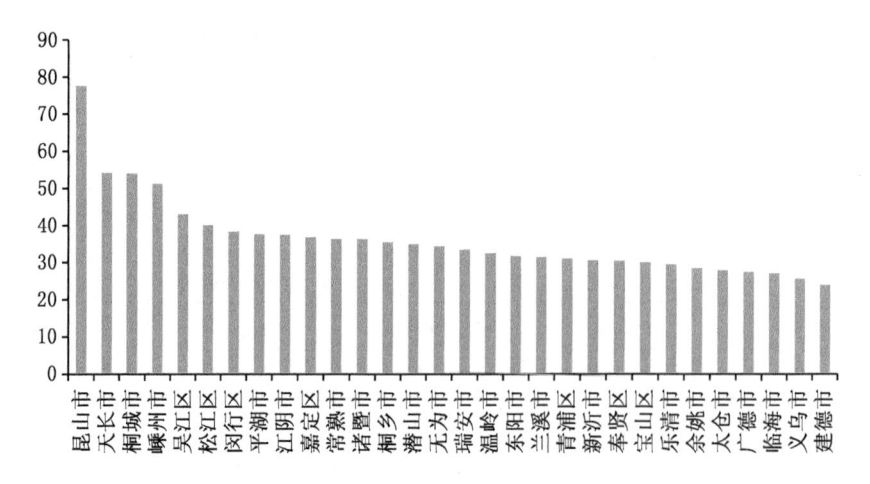

图 3-35 人才结构前 30 名

(3) 长三角中小城市人才结构分析

从省级区域来看,长三角中小城市人才结构排名前 30 位的城市中,上海市共有 6 个区入围,占比 75%,即松江区、闵行区、嘉定区、青浦区、奉贤区、宝山区;江苏省共有 6 个城市入围,占比 26%,即昆山市、吴江区、江阴市、常熟市、新沂市、太仓市;浙江省共有 13 个城市入围,占比 65%,即嵊州市、平湖市、诸暨市、桐乡市、瑞安市、温岭市、东阳市、兰溪市乐清市、余姚市、临海市、义乌市、建德市;安徽省共有 5 个城市入围,占比 56%,即天长市、桐城市、潜山市、无为市、广德市。总体来看,上海(75%)＞浙江(65%)＞安徽(56%)＞江苏(26%)。人才结构方面,上海略高于浙江省,排名第一;浙江省略高于安徽省,江苏省表现最差(见图 3-36)。

从长三角中小城市人才结构测算结果来看,60 个城市人才结构平均值为 26.26,有 28 个城市的人才结构得分高于平均值。人才结构得分最高的是昆山市,为 77.6;人才结构得分最低的是东台市,为 0(因为东台市无论在青年人占比方面还是在增加的高级职称占教师比重方面都处于垫底位置,所以标准化之后,计算出的指数为 0),两者相差 77.6。从人才结构来看,长三角中小城市人才结构差距极其明显,总体上经济实力较强的城市,由于青年人占比较重的优势,人才结构得分也较高;但同时也存在一些经济实力排名不靠前的城市,在增加的高级职称占教师比重方面具有一定优势,从而使得总体排名靠前,主要是安徽的一些城市。综观全局,依然呈现出人才结构不平衡的问题。

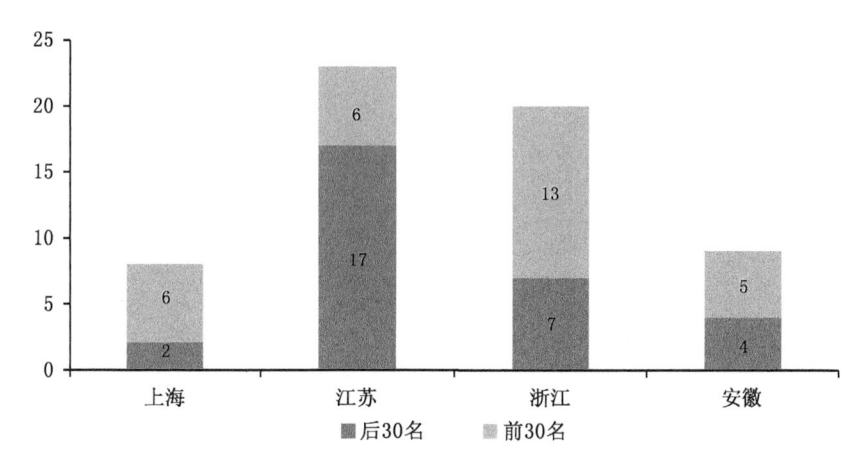

图 3—36　人才结构前后 30 名分布

(4) 长三角中小城市人才结构核心指标分析

①青年人(19—35 岁)占比

青年人占比是 19—35 岁的青年人数与常住人口之比,在本指标体系中用来反映长三角中小城市人才年龄结构。青年人占比是直接反映一个地区人才活力的指标,展现一个地区劳动力创造社会价值的潜在能力,是城市人才的重要部分。这一指标属于正向指标。在采集指标的原始数据以后,对指标原始值进行无量纲化处理,处理后的指标值分布在[0,1]区间,然后同时扩大 100 倍。

从省级区域来看,青年人占比排名前 30 位的城市中,上海市共有 7 个区入围,占比 88%,即松江区、闵行区、嘉定区、青浦区、宝山区、奉贤区、金山区;江苏省共有 12 个城市入围,占比 52%,即昆山市、吴江区、太仓市、常熟市、江阴市、邳州市、新沂市、扬中市、句容市、丹阳市、宜兴市、靖江市;浙江省共有 9 个城市入围,占比 45%,即乐清市、建德市、义乌市、瑞安市、桐乡市、嘉善县、永康市、平湖市、慈溪市。安徽省共有 2 个城市入围,占比 22%,即无为市、桐城市。总体来看,上海(88%)>江苏(52%)>浙江(45%)>安徽(22%)。青年人占比方面,上海遥遥领先于其他省级区域,江苏省以较小优势略高于浙江省,安徽省表现最差(见表 3—23、图 3—37、图 3—38)。

表 3—23　　　　长三角中小城市青年人占比前 30 名

排名	省/市	地级市	县级市(区)	青年人(19—35 岁)占比(%)(标准数据)
1	江苏	苏州	昆山市	100.00

续表

排名	省/市	地级市	县级市(区)	青年人(19—35岁)占比(%)(标准数据)
2	上海		松江区	73.29
3	上海		闵行区	70.31
4	上海		嘉定区	69.97
5	江苏	苏州	吴江区	56.54
6	上海		青浦区	55.07
7	上海		宝山区	53.12
8	上海		奉贤区	51.88
9	江苏	苏州	太仓市	46.47
10	江苏	苏州	常熟市	45.86
11	江苏	无锡	江阴市	41.95
12	上海		金山区	31.61
13	浙江	温州	乐清市	31.51
14	江苏	徐州	邳州市	31.13
15	江苏	徐州	新沂市	29.90
16	江苏	镇江	扬中市	25.99
17	浙江	杭州	建德市	25.79
18	浙江	金华	义乌市	24.42
19	江苏	镇江	句容市	24.35
20	浙江	温州	瑞安市	22.88
21	江苏	镇江	丹阳市	22.23
22	江苏	无锡	宜兴市	22.09
23	江苏	泰州	靖江市	21.92
24	浙江	嘉兴	桐乡市	21.88
25	安徽	芜湖	无为市	20.86
26	浙江	嘉兴	嘉善县	20.24
27	浙江	金华	永康市	20.03
28	浙江	嘉兴	平湖市	19.90

续表

排名	省/市	地级市	县级市（区）	青年人(19—35岁)占比(%)(标准数据)
29	安徽	安庆	桐城市	19.69
30	浙江	宁波	慈溪市	19.55

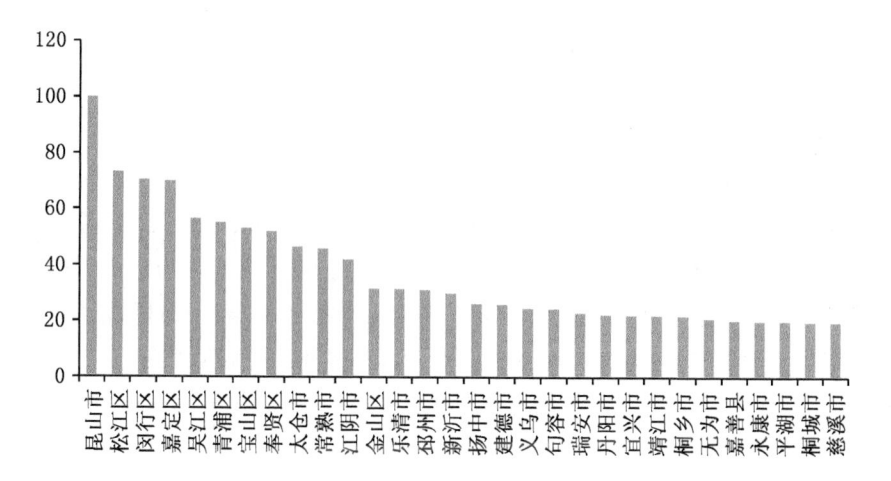

图3-37 青年人占比前30名

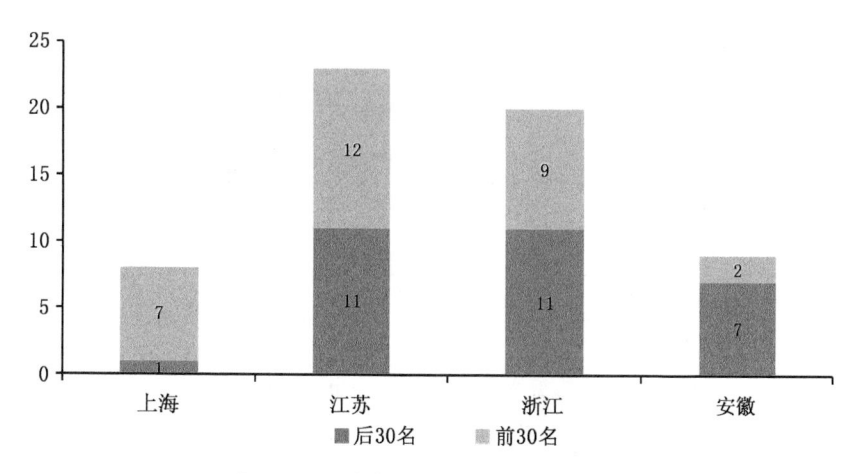

图3-38 青年人占比前后30名分布

②普通中学增加的高级职称占教师比重

普通中学增加的高级职称占教师比重是增加的普通中学高级职称数与普通

中学专任教师数之比,在本指标体系中用来反映长三角中小城市高级人才占比。增加的高级职称占教师比重是表征一地区的高尖端人才实力和人才水平的一项重要指标,是反映人才结构的重要方面。这一指标属于正向指标。在采集指标的原始数据以后,对指标原始值进行无量纲化处理,处理后的指标值分布在[0,1]区间,然后同时扩大100倍。

从省级区域来看,普通中学增加的高级职称占教师比重排名前30位的城市中,上海市没有区入围;江苏省共有8个城市入围,占比35%,即昆山市、高邮市、江阴市、新沂市、吴江区、常熟市、宜兴市、启东市;浙江省共有15个城市入围,占比75%,即嵊州市、诸暨市、平湖市、桐乡市、温岭市、东阳市、瑞安市、兰溪市、余姚市、临海市、玉环市、乐清市、江山市、义乌市、嘉善县。安徽省共有7个城市入围,占比78%,即天长市、桐城市、潜山市、无为市、广德市、巢湖市、界首市。总体来看,安徽(78%)＞浙江(75%)＞江苏(35%)＞上海(0%)。普通中学增加的高级职称占教师比重方面,安徽省略高于浙江省,表现最好;浙江省以较大优势高于江苏省;上海市由于教师基数大,高级职称晋级难度更大,导致没有区入围前30名,排名最靠前的是第48名的奉贤区(见表3—24、图3—39、图3—40)。

表3—24　长三角中小城市普通中学增加的高级职称占教师比重前30名

排名	省/市	地级市	县级市（区）	增加的高级职称占教师比重（‰）（标准数据）
1	安徽	滁州	天长市	100.00
2	浙江	绍兴	嵊州市	89.20
3	安徽	安庆	桐城市	88.23
4	安徽	安庆	潜山市	59.12
5	江苏	苏州	昆山市	55.21
6	浙江	绍兴	诸暨市	55.19
7	浙江	嘉兴	平湖市	55.14
8	浙江	嘉兴	桐乡市	48.79
9	安徽	芜湖	无为市	47.96
10	浙江	台州	温岭市	46.43
11	浙江	金华	东阳市	44.28
12	浙江	温州	瑞安市	44.02
13	浙江	金华	兰溪市	43.28

续表

排名	省/市	地级市	县级市（区）	增加的高级职称占教师比重（‰）（标准数据）
14	江苏	扬州	高邮市	39.34
15	安徽	宣城	广德市	39.20
16	浙江	宁波	余姚市	38.67
17	浙江	台州	临海市	37.03
18	江苏	无锡	江阴市	32.90
19	江苏	徐州	新沂市	31.40
20	浙江	台州	玉环市	30.79
21	安徽	合肥	巢湖市	30.51
22	江苏	苏州	吴江区	29.46
23	安徽	阜阳	界首市	28.87
24	浙江	温州	乐清市	27.26
25	浙江	衢州	江山市	27.16
26	江苏	苏州	常熟市	26.73
27	浙江	金华	义乌市	26.66
28	浙江	嘉兴	嘉善县	26.57
29	江苏	无锡	宜兴市	24.24
30	江苏	南通	启东市	24.04

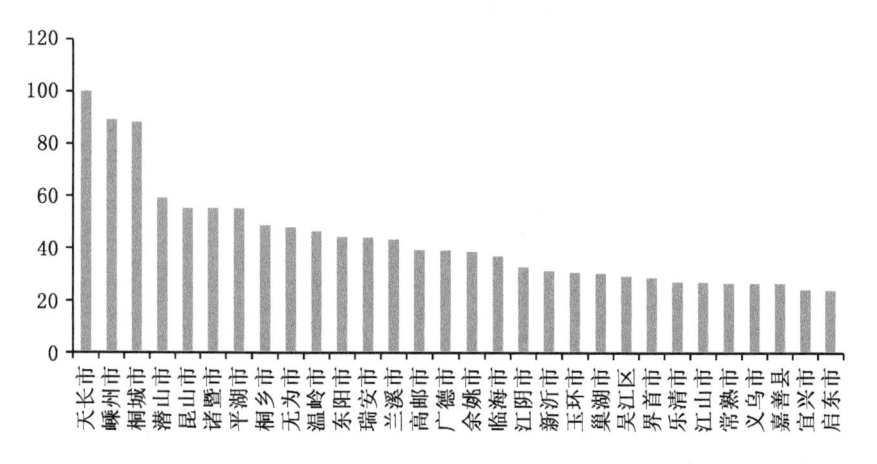

图3—39 普通中学增加的高级职称占教师比重前30名

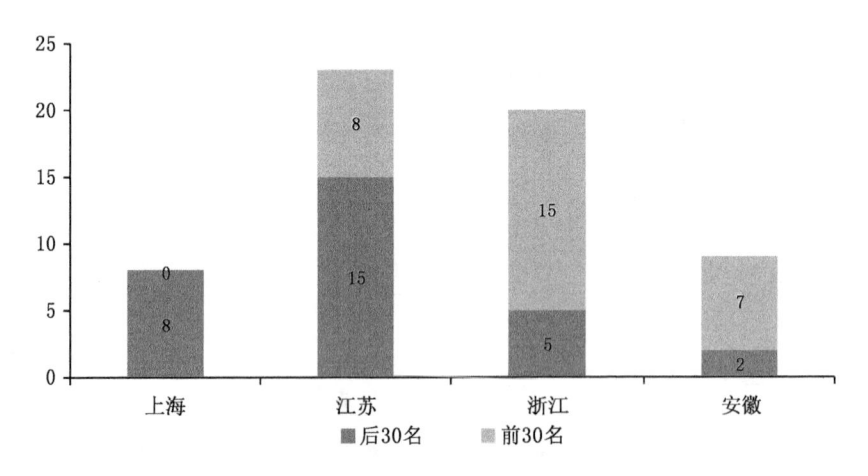

图 3-40　普通中学增加的高级职称占教师比重前后 30 名分布

普通中学增加的高级职称占教师比重基数较小的城市，在比重方面容易占优势，而普通中学增加的高级职称占教师比重基数相对较大的经济较发达的城市，在比重方面不占优势，并且排名靠后，尤其是上海市的几个区。

4. 长三角中小城市人才流量

(1) 长三角中小城市人才流量构成

长三角中小城市人才流量反映了长三角中小城市人才流动的变化量。在人才量能发展指标中具有不可或缺的地位。人才流动的变化量不仅与政府重视程度、政策支持力度等因素相关，还与社会影响力、社会认知理念有关。人才流量指标占总指数权重的 27.84%，下设 1 个三级指标，为常住人口增长率(%)。这个指标从常住人口的增加量来反映人才流动的变化量。

(2) 长三角中小城市人才流量排名

长三角中小城市人才流量排名见表 3-25、图 3-41。

表 3-25　　　　　长三角中小城市人才流量前 30 名

排名	省/市	地级市	县级市(区)	人才流量
1	浙江	宁波	慈溪市	100.00
2	浙江	宁波	余姚市	77.45
3	浙江	嘉兴	海宁市	54.73
4	安徽	宣城	广德市	46.27

续表

排名	省/市	地级市	县级市（区）	人才流量
5	浙江	嘉兴	桐乡市	46.10
6	上海		青浦区	36.32
7	浙江	嘉兴	平湖市	34.49
8	安徽	合肥	巢湖市	31.01
9	浙江	嘉兴	嘉善县	30.85
10	安徽	滁州	天长市	29.68
11	浙江	金华	东阳市	29.19
12	安徽	芜湖	无为市	29.02
13	安徽	滁州	明光市	28.52
14	安徽	阜阳	界首市	27.36
15	浙江	金华	义乌市	26.87
16	上海		松江区	26.37
17	上海		崇明区	26.37
18	安徽	安庆	潜山市	26.04
19	上海		嘉定区	24.71
20	上海		奉贤区	24.71
21	江苏	镇江	丹阳市	24.71
22	浙江	台州	玉环市	24.38
23	浙江	温州	瑞安市	24.21
24	安徽	安庆	桐城市	23.71
25	江苏	扬州	高邮市	22.89
26	江苏	徐州	新沂市	22.72
27	浙江	温州	乐清市	22.22
28	浙江	衢州	江山市	22.22
29	浙江	金华	永康市	22.06
30	江苏	苏州	太仓市	21.06

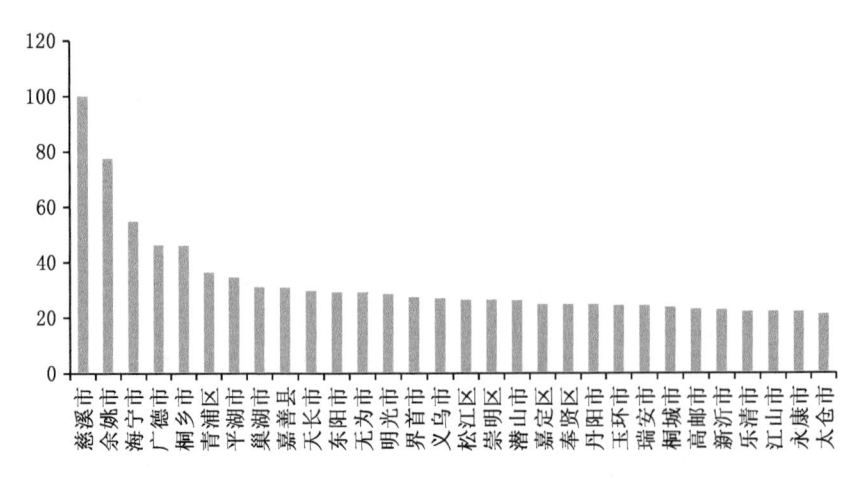

图 3—41 人才流量前 30 名排名

(3) 长三角中小城市人才流量分析

从省级区域来看,长三角中小城市人才流量排名前 30 位的城市中,上海市共有 5 个区入围,占比 63%,即青浦区、松江区、崇明区、嘉定区、奉贤区;江苏省共有 4 个城市入围,占比 17%,即丹阳市、高邮市、新沂市、太仓市;浙江省共有 13 个城市入围,占比 65%,即慈溪市、余姚市、海宁市、桐乡市、平湖市、嘉善县、东阳市、义乌市、玉环市、瑞安市、乐清市、江山市、永康市;安徽省共有 8 个城市入围,占比 89%,即广德市、巢湖市、天长市、无为市、明光市、界首市、潜山市、桐城市。总体来看,安徽(89%)>浙江(65%)>上海(63%)>江苏(17%)。从人才流量来看,安徽省以绝对优势排名第一,说明近年来安徽省的流入人口增长率最为明显,浙江省微高于上海,江苏省表现最差(见图 3—42)。

从长三角中小城市人才流量测算结果来看,60 个城市人才流量平均值为 24.85,有 18 个城市的人才流量高于平均值。人才流量得分最高的是慈溪市,为 100;人才流量得分最低的是宁国市,为 0,两者相差 100。从人才流量来看,长三角中小城市人才流动变化量差距极其显著,总体上经济实力较强的城市,人才流动变化量也较高;但同时也存在一些经济实力排名不靠前的城市,因常住人口基数比较小,具有一定优势,从而使得总体排名靠前,主要是安徽的一些城市。总体来看,前 3 名城市流量依次呈现断崖式下跌,10 名以后小于 30,趋于平缓递减态势。榜单中,第一和第二顺位形成了巨大的领先优势,其余城市均表现一般。

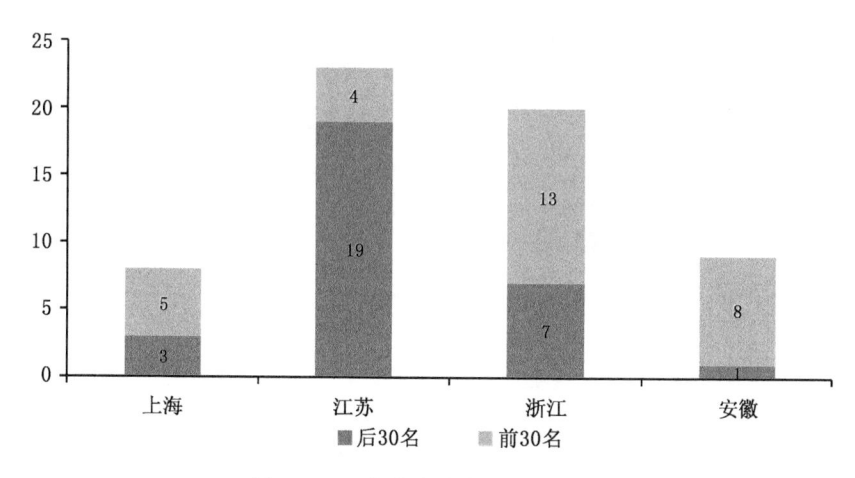

图 3-42　人才流量前后 30 名分布

(4) 长三角中小城市人才流量核心指标分析

常住人口增长率是 2019 年与 2018 年常住人口之差与 2018 年常住人口之比,在本指标体系中用来反映长三角中小城市人才流动的变化量。常住人口增长率是直接展现一个国家或地区人口活力、人才流动活力水平的指标,这一指标属于正向指标。在采集指标的原始数据以后,对指标原始值进行无量纲化处理,处理后的指标值分布在[0,1]区间,然后同时扩大 100 倍。

从省级区域来看,常住人口增长率排名前 30 位的城市中,上海市共有 5 个区入围,占比 63%,即青浦区、松江区、崇明区、嘉定区、奉贤区;江苏省共有 4 个城市入围,占比 17%,即丹阳市、高邮市、新沂市、太仓市;浙江省共有 13 个城市入围,占比 65%,即慈溪市、余姚市、海宁市、桐乡市、平湖市、嘉善县、东阳市、义乌市、玉环市、瑞安市、乐清市、江山市、永康市;安徽省共有 8 个城市入围,占比 89%,即广德市、巢湖市、天长市、无为市、明光市、界首市、潜山市、桐城市。总体来看,安徽(89%)＞浙江(65%)＞上海(63%)＞江苏(17%)。从常住人口增长率来看,安徽省表现最好,浙江省与上海市以微小差距排名中位,江苏省表现最差(见表 3-26、图 3-43、图 3-44)。

表 3-26　　　　　长三角中小城市常住人口增长率前 30 名

排名	省/市	地级市	县级市（区）	常住人口增长率(%)（标准数据）
1	浙江	宁波	慈溪市	100.00
2	浙江	宁波	余姚市	77.45

续表

排名	省/市	地级市	县级市(区)	常住人口增长率(%)（标准数据）
3	浙江	嘉兴	海宁市	54.73
4	安徽	宣城	广德市	46.27
5	浙江	嘉兴	桐乡市	46.10
6	上海		青浦区	36.32
7	浙江	嘉兴	平湖市	34.49
8	安徽	合肥	巢湖市	31.01
9	浙江	嘉兴	嘉善县	30.85
10	安徽	滁州	天长市	29.68
11	浙江	金华	东阳市	29.19
12	安徽	芜湖	无为市	29.02
13	安徽	滁州	明光市	28.52
14	安徽	阜阳	界首市	27.36
15	浙江	金华	义乌市	26.87
16	上海		松江区	26.37
17	上海		崇明区	26.37
18	安徽	安庆	潜山市	26.04
19	上海		嘉定区	24.71
20	上海		奉贤区	24.71
21	江苏	镇江	丹阳市	24.71
22	浙江	台州	玉环市	24.38
23	浙江	温州	瑞安市	24.21
24	安徽	安庆	桐城市	23.71
25	江苏	扬州	高邮市	22.89
26	江苏	徐州	新沂市	22.72
27	浙江	温州	乐清市	22.22
28	浙江	衢州	江山市	22.22
29	浙江	金华	永康市	22.06
30	江苏	苏州	太仓市	21.06

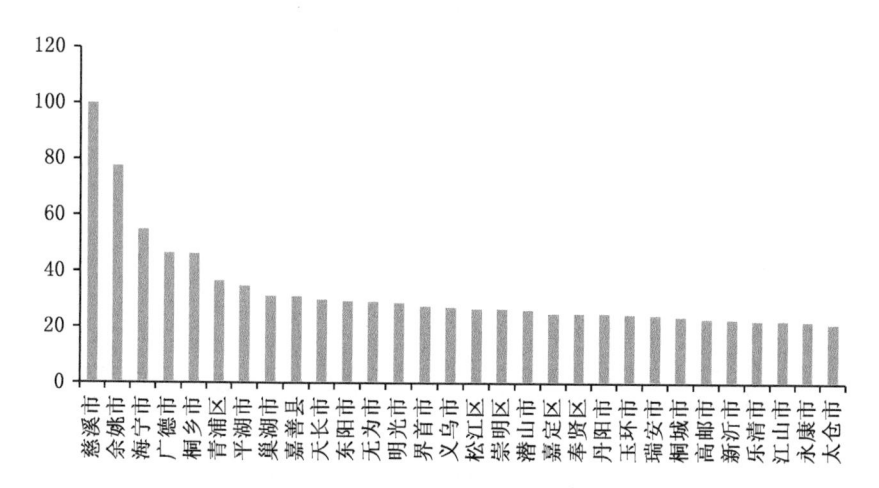

图 3-43　常住人口增长率前 30 名

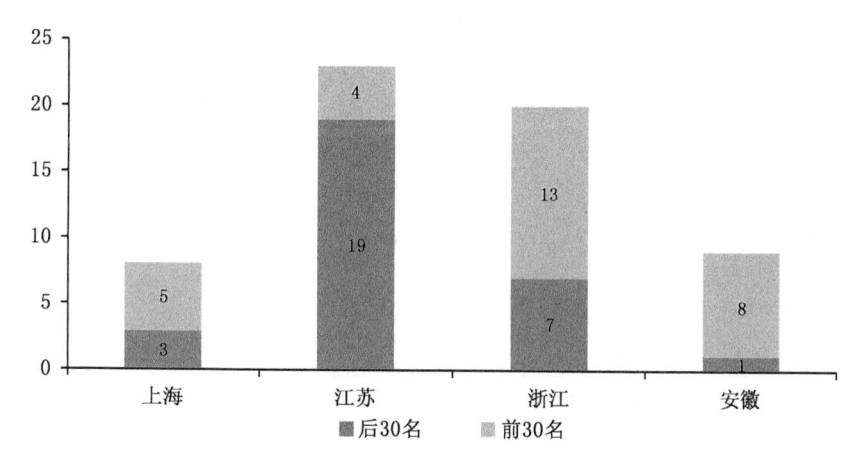

图 3-44　常住人口增长率前后 30 名分布

(五)相关性分析

1. 人才量能指数、人才结构与 GDP 相关性分析

从人才量能指数与 GDP 相关性分析得出,二者呈中等程度正相关关系,相关系数 $R=0.396$,线性相关函数为 $y=33.094x+141.07$。可以得出,GDP 越高的城市,人才量能指数相对较高(见图 3-45)。

从人才结构与 GDP 相关性分析得出,二者呈中等程度正相关关系,相关系数 $R=0.387$,线性相关函数为 $y=23.447x+468.42$。可以得出,GDP 越高的

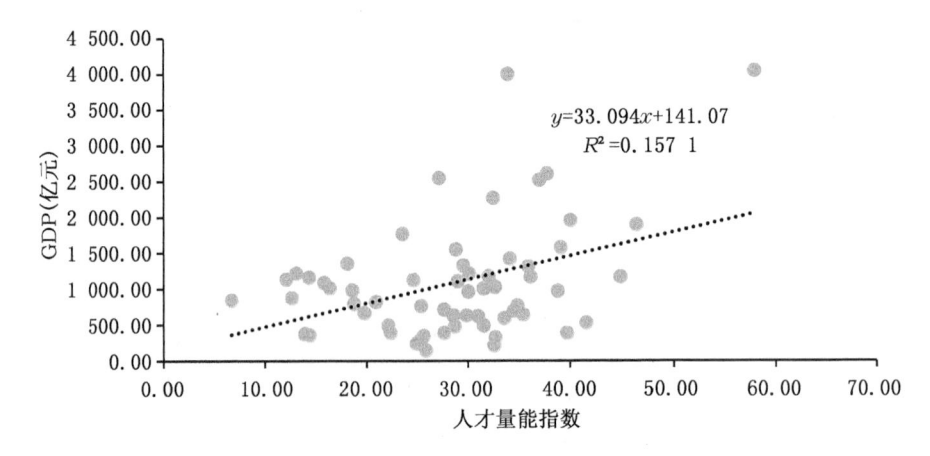

图 3-45　人才量能指数与 GDP 相关性

城市,人才结构相对较好(见图 3-46)。

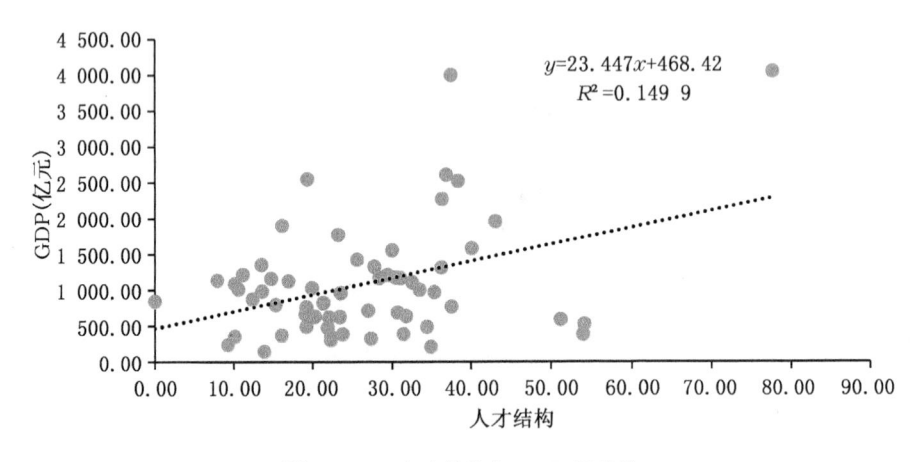

图 3-46　人才结构与 GDP 相关性

2. 人才规模与公共图书馆藏书量相关性分析

从人才规模与公共图书馆藏书量相关性分析得出,二者呈中等程度正相关关系,相关系数 $R=0.408$,线性相关函数为 $y=2.9406x-0.9846$。可以得出,公共图书馆藏书量越多的城市,人才规模相对而言也越大(见图 3-47)。

3. 人才流量与每万人博士后工作站相关性分析

从人才流量与每万人博士后工作站(含院士、研究机构)相关性分析得出,二者呈中等程度正相关关系,相关系数 $R=0.382$,线性相关函数为 $y=0.0329x+0.0881$。从图 3-48 可以看出,人才流量在 20 以内,博士后工作站

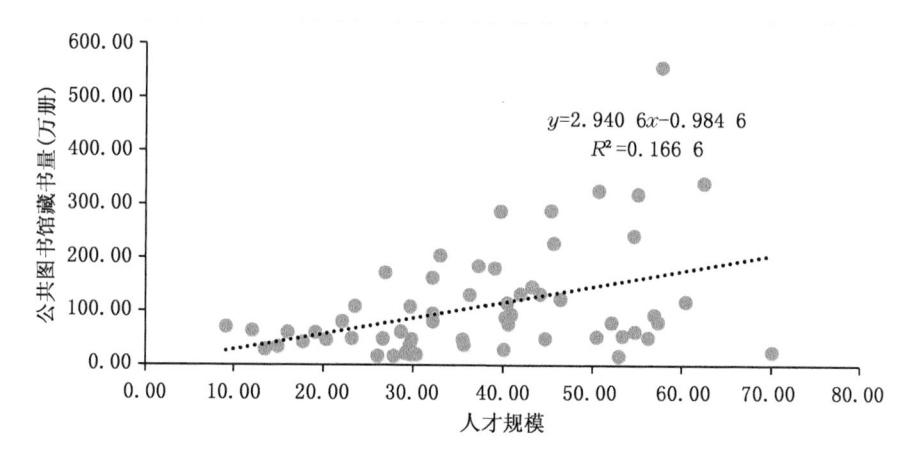

图 3—47　人才规模与公共图书馆藏书量相关性

数量较少也较为平均,在人才流量大于 20 之后,随着其增长博士后工作站也或多或少有所增加,这也与各个地区出台的人才政策存在一定关系。所在城市的博士后工作站及研究机构越多,高端人才流量也越大。

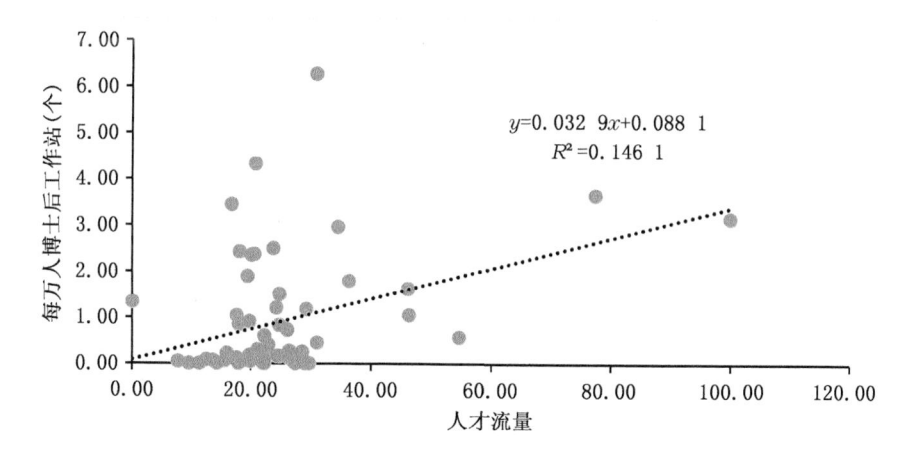

图 3—48　人才流量与每万人博士后工作站相关性

4. 人才量能指数、人才规模、人才结构与第二产业相关性分析

从人才量能指数与第二产业相关性分析得出,二者呈中等程度正相关关系,相关系数 $R=0.414$,线性相关函数为 $y=0.009\ 5x+23.38\ 2$。可以得出,第二产业越高,人才量能指数也较高(见图 3—49)。

从人才规模与第二产业相关性分析得出,二者呈中等程度正相关关系,相关系数 $R=0.353$,线性相关函数为 $y=0.011\ 9x+31.034$。可以得出,第二产业

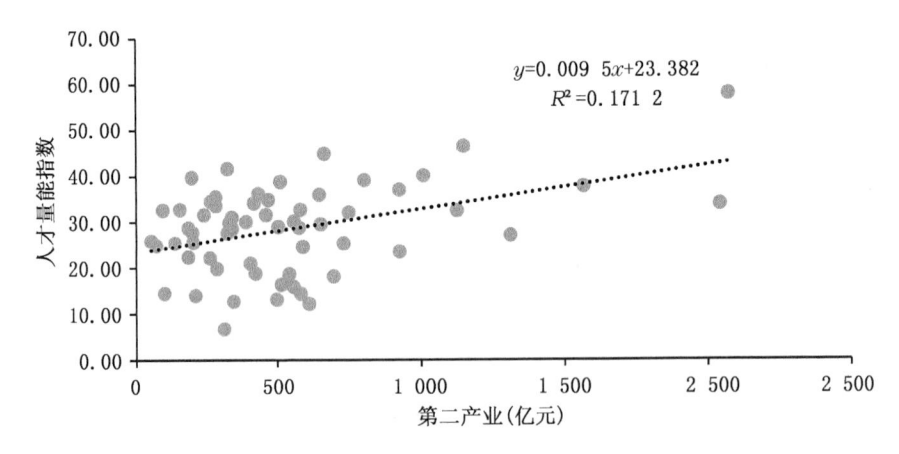

图 3—49　人才量能指数与第二产业相关性

越高,人才规模相对越大(见图 3—50)。

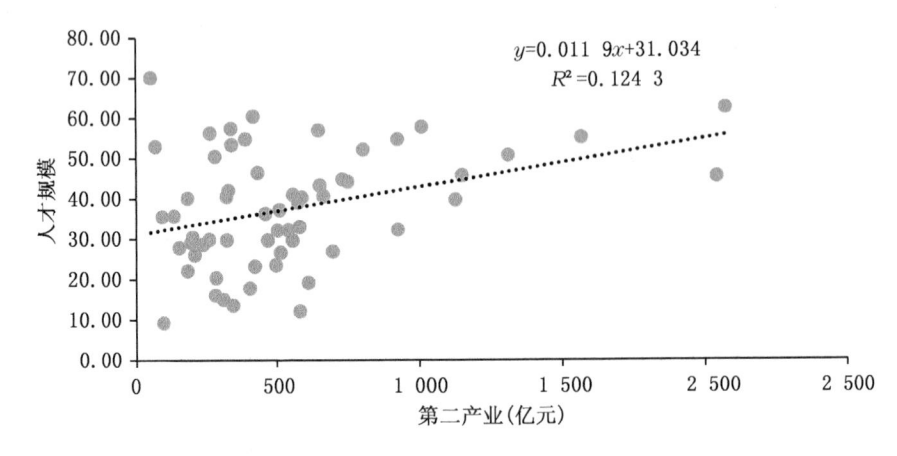

图 3—50　人才规模与第二产业相关性

从人才结构与第二产业相关性分析得出,二者呈中等程度正相关关系,相关系数 $R=0.38$,线性相关函数为 $y=0.012x+19.777$。可以得出,第二产业越高,人才结构相对较好(见图 3—51)。

5. 青年人占比相关性分析

(1)从青年人占比与第三产业比重相关性分析得出,二者呈弱相关关系,相关系数 $R=0.31$,线性相关函数为 $y=0.2514x+9.8323$(见图 3—52)。

从青年人占比与第二、三产业比重之和相关性分析得出,二者呈中等程度正相关关系,相关系数 $R=0.519$,线性相关函数为 $y=0.6475x-39.733$。综上

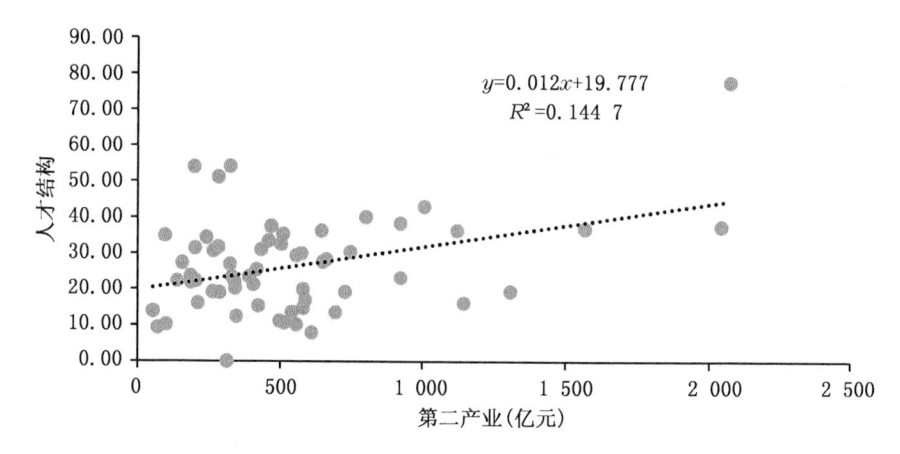

图 3-51 人才结构与第二产业相关性

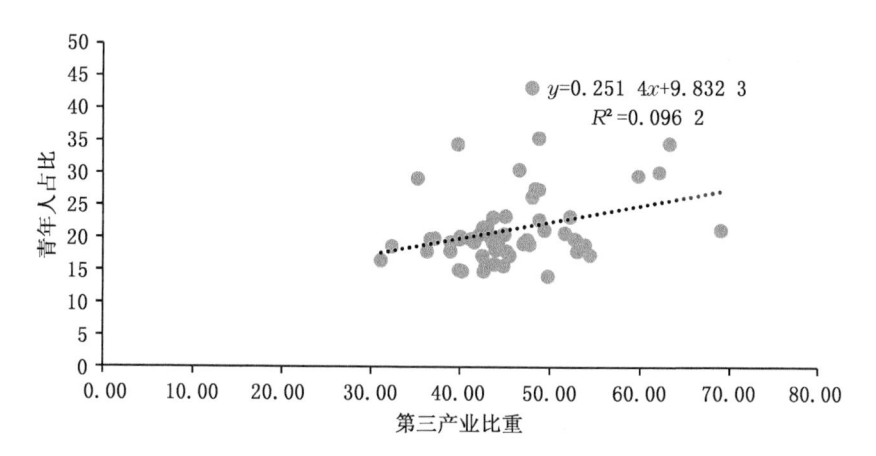

图 3-52 青年人占比与第三产业比重相关性

所述,第二产业比重的加入,极大地提高了青年人占比与第二、三产业比重的相关性,可以得出,第二产业中青年人占比很高。第二、三产业比重之和越大,青年人占比越高(见图 3-53)。

(2) 从青年人占比与 GDP 相关性分析得出,二者呈强正相关关系,相关系数 $R=0.654$,线性相关函数为 $y=92.137x-881.9$。因此可以得出,GDP 越高的城市,青年人占比越高;即青年劳动力越多,地区生产总值越多(见图 3-54)。

从青年人占比与全员劳动生产率相关性分析得出,二者呈中等程度正相关关系,相关系数 $R=0.529$,线性相关函数为 $y=6750.4x+27652$。可以得出,青年人占比越高,全员劳动生产率越高;即青年人越多,每一个从业人员在单位时间内的产品生产量越多(见图 3-55)。

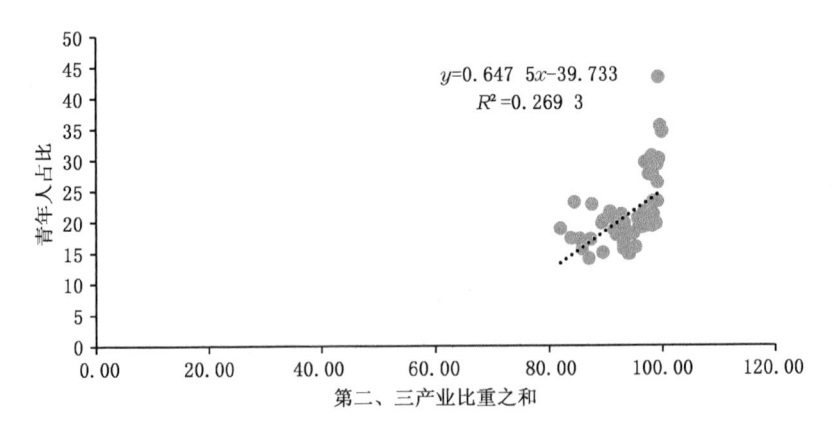

图 3—53 青年人占比与第二、三产业比重之和相关性

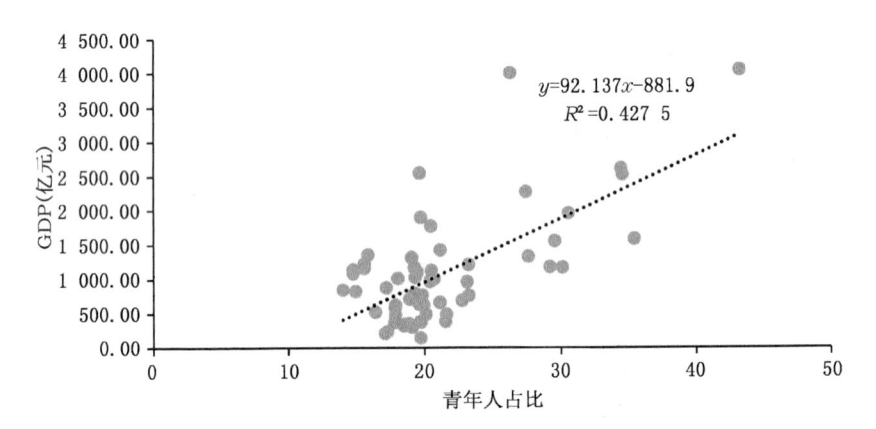

图 3—54 青年人占比与 GDP 相关性

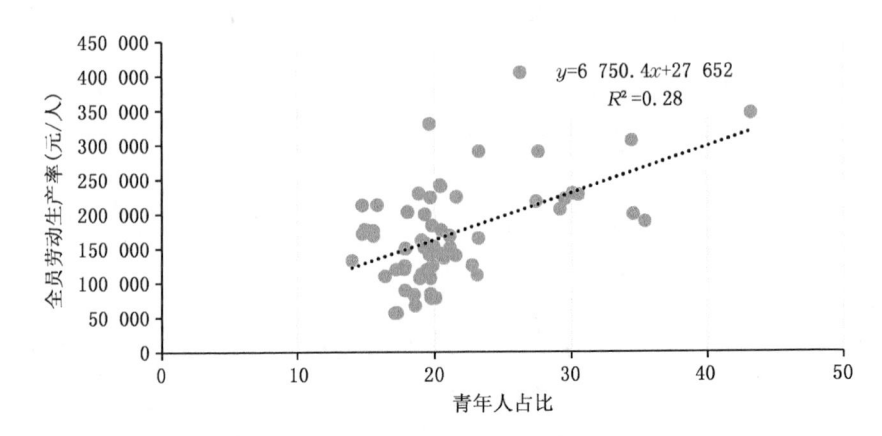

图 3—55 青年人占比与全员劳动生产率相关性

从青年人占比与发布人才相关政策信息条数相关性分析得出,二者呈中等程度正相关关系,相关系数 $R=0.482$,线性相关函数为 $y=61.564x-849.37$(见图3—56)。可以得出,政府的相关政策会对青年人产生影响,青年人属于城市间的活跃群体,政府出台更多的人才相关政策信息,吸引到的青年人也就越多,从而加重了青年人占比,进一步提高当地的全员劳动生产率和GDP。四者的相互关系如图3—57所示。

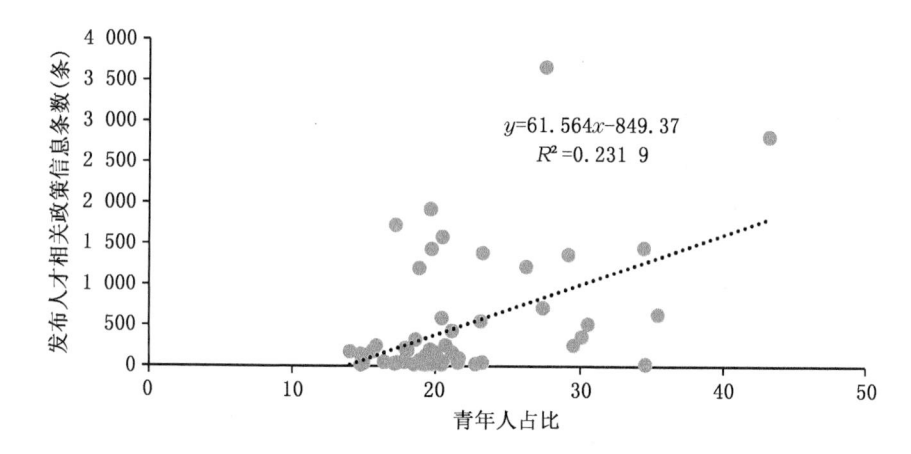

图3—56 青年人占比与发布政策信息条数相关性

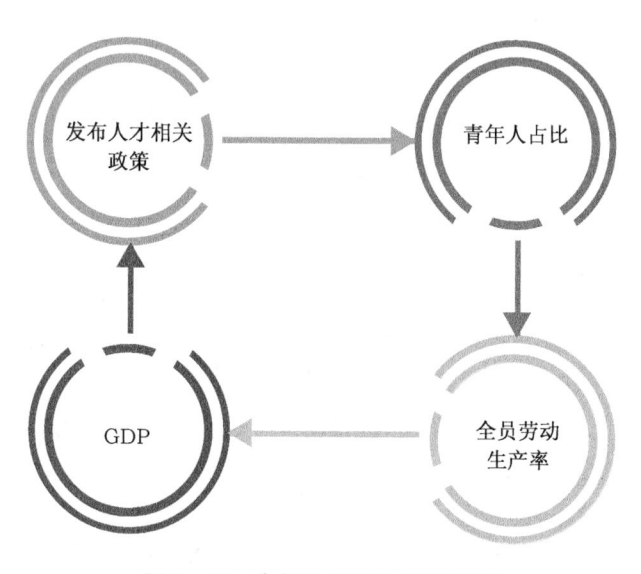

图3—57 青年人占比与GDP关系

(六)结论与政策建议

1. 通过数据排名与相关性分析,可以得出:

(1)GDP越高的城市,人才量能指数相对较高,人才结构相对较好。经济牵引使人才结构更好、人才量能更高。值得注意的是,一般认为人才大多在第三产业发挥作用,但研究发现,第二产业越高,人才量能指数相对较高、人才规模相对较大、人才结构相对较好;第二产业中青年人占比很高。

(2)政府的相关政策会对青年人产生影响。青年人属于城市间的活跃群体,政府出台更多的人才相关政策,吸引到的青年人也就越多,从而加重了青年人占比,进一步提高当地的全员劳动生产率,第二、三产业比重之和,以及GDP。

(3)公共图书馆藏书量越多的城市,人才规模越大。

(4)上海市在普通中学增加的高级职称占教师比重方面以0分垫底,说明上海市高级职称晋级比重最小、难度最大。

(5)城市的博士后工作站及研究机构越多,高端人才流量也越大。

2. 针对上述结论,提出以下几点政策建议:

(1)经济发展与人才建设相辅相成,人才始终是经济发展的重要战略资源。政府应当充分认识到经济发展与人才建设深层次的内部关联,只有切实提高人才资源配置质量和效率,才能进一步促进人才建设与地方经济转型升级深度融合,除此之外,更要关注到第二产业的人才建设。

(2)实行更加积极、开放、有效的人才政策。一个城市如果想要发展,必然离不开人才,尤其是青年人才,更好的人才政策才能提高一个城市对人才的吸引力。吸引人才真正的目的和意义是让人才在这个城市里施展才华、实现理想、发展产业、造福城市,同时也能安居乐业,这样才能实现人才与城市的完美融合,因此,政府部门应当深入思考、积极调研、吸纳专家意见,制定出能推动本市高质量全面发展的"因地引才"的人才政策。

(3)应加大公共文化设施的投入,打造爱读书、爱学习的城市氛围。政府应当进一步加大公共服务能力建设,优化城市人居环境,完善交通、医疗、教育等配套设施,增加优质公共服务供给,使之与引进人才规模相适应。

(4)上海市政府应鼓励高级职称的晋级。高级职称牵涉到每一位老师的切身利益,政府在制定政策和实施方面一定要照顾到每一位教师,让他们有机会享受到职称的福利,从而提升大家的幸福感,可以从以下四方面来着手解决:①增加指标是破解高级职称评审难的关键;②降低评审条件,让更多老师有机会评上;③起不到高级教师引领作用的高级教师可以降级聘用,不能评上就一劳永逸,没有危机感;④评审过程要更公开公平公正。

(5)城市应加大对研究机构的建设,来吸引更多的高端科研人才。政府应该完善科技发展的政策体系,创造有利于促进科技与经济紧密结合的政策环境,实现积极的财政扶持政策。加大科技信息基础设施建设和研发中心建设。

四、人才贡献指数排名与分析

(一)指标体系

人才贡献作为构成长三角中小城市人才活力指数的一个一级指标,是指人才对于城市发展所做的贡献,可以进一步分为创新和创业两个方面。其中,创新是指人才的创造性成果及其对于经济发展的贡献,包括每万人专利申请量、每万人专利授权量、每万人论文发表数、全员劳动生产率四个具体指标。创业是指人才在创业方面的活跃程度,包括注册新增企业数、民营企业数、实际利用外资三个具体指标(见表3—27)。

表3—27　　　　　　　　人才贡献指数指标体系

一级指标	二级指标	三级指标
人才贡献	人才创新	每万人专利申请量
		每万人专利授权量
		每万人论文发表数
		全员劳动生产率
	人才创业	注册新增企业数
		民营企业数
		实际利用外资

之所以选择创新和创业这两个方面作为长三角中小城市人才活力的二级指标,一方面是专家多次讨论的结果,另一方面也充分借鉴了前人关于人才活力评价研究的成果。

人才创新力这一指标,被直接包含在了李永华(2007),黄钟仪和夏忠(2011),刘军(2006),倪钰琳(2014),叶俊(2017)等所分别构建的人才活力评价模型中。创新,是人才活力最大的体现,是人类创造价值和财富的重要来源之一。创新是城市人才活力最大的精神力量,是能否体现人才活力的关键。创新又是竞争的保证,是人才活力的前提。技术创新是创新的重要体现,因此,人才的创新力最强烈地体现在城市每年获得的专利数量。黄钟仪和夏忠认为,人才活力关注心理的被激发状态。虽然我们无法描述作为个体的人的心理被激发状况,但作为一个地区整体的人的发展状态、创新程度等,却能体现人们的被激发状态。

人才创业力这一指标,被直接包含在了李永华(2007)、叶俊(2017)等所分别构建的人才活力评价模型中。李永华(2007)认为,人才的创业力是人才活力中最根本的力量,城市创业者数量和创业能力是人才活力的一个重要体现。在人才创业力较高的城市中,自主创业的人一定比较多,而且每年新开办的企业数量是比较多的。叶俊(2017)认为,人才创业力反映了一个城市人才的创业意识,敢于尝试的冒险精神。城市的创业人员数和创新企业数表现了城市人才活力的一种状态,是影响城市人才活力的主要因素。如果一个城市的创业人员和创业企业数量越多,就说明此地的人才活力越大。

此外,人才创业力还以间接的方式被包含在了刘军(2006),黄钟仪和夏忠(2011),倪钰琳(2014)等所构建的人才活力评价模型中。刘军(2006)所构造的人才创新因素,实际上包括了"创业精神指数"和"创新意识指数"两个指标,包括了创业和创新两个方面。黄钟仪和夏忠(2011)与倪钰琳(2014)虽然并没有在其评价模型中直接使用人才创业力这个概念,但这两个研究所构建的模型均包括人才风险担当力这个指标,认为人才风险担当力是评价一个城市人才活力的重要指标。风险担当力指的是一个国家的人才对风险的主动承担程度,也即是对不确定性的工作的倾向程度。一个活力充沛、风险担当力强的国家,会保持相当的经济增长水平。勇于承担风险的创业人员或第三产业从业人员,使城市产业扩张成为现实。可见,其所提出的人才风险担当力主要反映在人才对于创业风险的担当。这与我们所提出的人才创业指标在内涵上是相通的。从这两个研究对于人才风险担当力的具体衡量指标选择上也反映出了这一点。

综上,人才创新和人才创业作为体现城市人才活力的两个指标在学术界是有较大共识的,考虑到二者都反映了人才对于城市的贡献,我们把二者归结为人才贡献指数这样一个一级指标。

(二)指标说明

1. 每万人专利申请量

计算方法:每万人专利申请量 $=\dfrac{\text{专利申请量}}{\text{常住人口}}$。

指标单位:件/万人。

指标性质:正向。

数据周期:2019年。

数据来源:各级政府统计年鉴和统计公报,安徽省知识产权事业发展中心。

2. 每万人专利授权量

计算方法：每万人专利授权量＝$\dfrac{专利授权量}{常住人口}$。

指标单位：件/万人。

指标性质：正向。

数据周期：2019 年。

数据来源：各级政府统计年鉴和统计公报，安徽省知识产权事业发展中心。

3. 每万人论文发表数

计算方法：每万人论文发表数＝$\dfrac{论文发表数}{常住人口}$。

指标单位：篇/万人。

指标性质：正向。

数据周期：2019 年。

数据来源：中国知网学术期刊、会议、报纸、学术辑刊。

4. 全员劳动生产率

计算方法：[1]全员劳动生产率＝$\dfrac{GDP}{全部就业人员}$。

指标单位：元/人。

指标性质：正向。

数据周期：2019 年。

数据来源：各级政府统计年鉴和统计公报。

5. 注册新增企业数

计算方法：注册新增企业数＝全部注册新增数－注册新增个体户。

指标单位：户。

指标性质：正向。

数据周期：2019 年。

数据来源：企查查（全国企业信用查询系统，官方备案企业征信机构）。网址：https://www.qcc.com。

6. 民营企业数

计算方法：民营企业数＝全部在业（存续）企业数－国有企业、个体工商户、外商投资企业、港澳台商投资企业数。

---

[1] 国家统计局. 中华人民共和国 2020 年国民经济和社会发展统计公报[EB/OL].(2021－02－28)[2021－08－01]. http://www.stats.gov.cn/tjsj/zxfb/202102/t20210227_1814154.html.

指标单位：户。

指标性质：正向。

数据周期：2021年3月26日时点数据。

数据来源：企查查（全国企业信用查询系统，官方备案企业征信机构）。网址：https://www.qcc.com。

7. 实际利用外资

指标单位：万美元。

指标性质：正向。

数据周期：2019年。

数据来源：各级政府统计年鉴和统计公报。

(三) 指标权重

如前所述，一级指标和二级指标的权重已通过层次分析法实现，本章需要做的是人才贡献指数所属的7个三级指标的权重分配（见表3-28）。为减少信息冗余，采用相关分析的方法考察了7个三级指标之间的相关关系。结果发现，每万人专利申请量和每万人专利授权量之间的相关系数较高，注册新增企业数和民营企业数之间的相关系数较高，因此，在分配三级指标相对于二级指标的权重时，适当降低了每万人专利申请量、每万人专利授权量、注册新增企业数、民营企业数这4个指标的权重值。最终结果见表3-29。

表3-28　　　　　　　　人才贡献指数各级指标权重

一级指标	二级指标（权重）	三级指标（权重）
人才贡献	人才创新（0.558 2）	每万人专利申请量(0.2)
		每万人专利授权量(0.2)
		每万人论文发表数(0.3)
		全员劳动生产率(0.3)
	人才创业（0.441 8）	注册新增企业数(0.3)
		民营企业数(0.3)
		实际利用外资(0.4)

表 3—29　　　　　　　　人才贡献指数三级指标相关性

		每万人专利申请量	每万人专利授权量	每万人论文发表数	全员劳动生产率	注册新增企业数	民营企业数	实际利用外资
每万人专利申请量	皮尔逊相关性	1	0.943**	0.414**	0.560**	0.123	0.260*	0.306*
每万人专利授权量	皮尔逊相关性	0.943**	1	0.268*	0.495**	0.164	0.305*	0.280*
每万人论文发表数	皮尔逊相关性	0.414**	0.268*	1	0.697**	0.055	0.097	0.333**
全员劳动生产率	皮尔逊相关性	0.560**	0.495**	0.697**	1	0.294*	0.442**	0.621**
注册新增企业数	皮尔逊相关性	0.123	0.164	0.055	0.294*	1	0.947**	0.122
民营企业数	皮尔逊相关性	0.260*	0.305*	0.097	0.442**	0.947**	1	0.304*
实际利用外资	皮尔逊相关性	0.306*	0.280*	0.333**	0.621**	0.122	0.304*	1

** 在 0.01 级别（双尾），相关性显著。
* 在 0.05 级别（双尾），相关性显著。

（四）人才贡献指数排名与分析

1. 人才贡献指数

在本报告所考察的全部 60 个县级市（区）中，安徽省共 9 个，无一进入前 30 名。江苏省共 23 个，其中有 14 个进入前 30 名，占比 61%，分别是昆山市、江阴市、张家港市、吴江区、太仓市、常熟市、海安市、宜兴市、高邮市、平湖市、扬中市、靖江市、溧阳市、仪征市。上海市共 8 个，所有 8 个区全部进入前 30 名，占比 100%，依次是嘉定区、奉贤区、金山区、青浦区、崇明区、闵行区、宝山区、松江区。浙江省共 20 个，其中有 8 个进入前 30 名，占比 40%，分别是义乌市、平湖市、永康市、嘉善县、慈溪市、余姚市、海宁市、桐乡市。总体来看，在人才贡献指数上，上海表现最佳，其次是江苏和浙江，安徽省中小城市与上述相比差距较大（见表 3—30、图 3—58、图 3—59）。

表 3—30　　　　　　　　人才贡献指数前 30 名

省/市	地级市	县级市（区）	人才贡献指数	排名	人才创新指数	人才创业指数
江苏	苏州	昆山市	71.70	1	94.08	43.42
上海		嘉定区	56.32	2	53.94	59.34

续表

省/市	地级市	县级市（区）	人才贡献指数	排名	人才创新指数	人才创业指数
江苏	无锡	江阴市	55.85	3	67.76	40.82
上海		奉贤区	52.02	4	37.85	69.92
上海		金山区	46.97	5	54.44	37.53
江苏	苏州	张家港市	46.97	6	67.95	20.46
江苏	苏州	吴江区	45.75	7	61.04	26.42
江苏	苏州	太仓市	43.42	8	62.48	19.35
江苏	苏州	常熟市	41.55	9	54.86	24.72
上海		青浦区	40.54	10	38.06	43.68
上海		崇明区	39.30	11	29.42	51.78
浙江	金华	义乌市	38.61	12	39.68	37.27
上海		闵行区	35.19	13	31.06	40.41
江苏	南通	海安市	35.15	14	51.58	14.40
江苏	无锡	宜兴市	34.65	15	46.67	19.46
江苏	扬州	高邮市	34.45	16	57.21	5.69
浙江	嘉兴	平湖市	33.61	17	35.89	30.73
上海		宝山区	32.99	18	33.57	32.26
浙江	金华	永康市	31.47	19	52.34	5.11
上海		松江区	31.31	20	35.89	25.53
江苏	镇江	扬中市	30.26	21	51.41	3.53
浙江	嘉兴	嘉善县	29.15	22	34.16	22.81
浙江	宁波	慈溪市	28.18	23	41.59	11.24
江苏	泰州	靖江市	28.03	24	44.86	6.77
浙江	宁波	余姚市	27.26	25	36.61	15.43
浙江	嘉兴	海宁市	27.20	26	32.03	21.08
江苏	常州	溧阳市	26.84	27	38.47	12.15
浙江	嘉兴	桐乡市	26.15	28	29.41	22.03
江苏	南通	海门市	25.65	29	36.63	11.78
江苏	扬州	仪征市	24.70	30	37.46	8.57

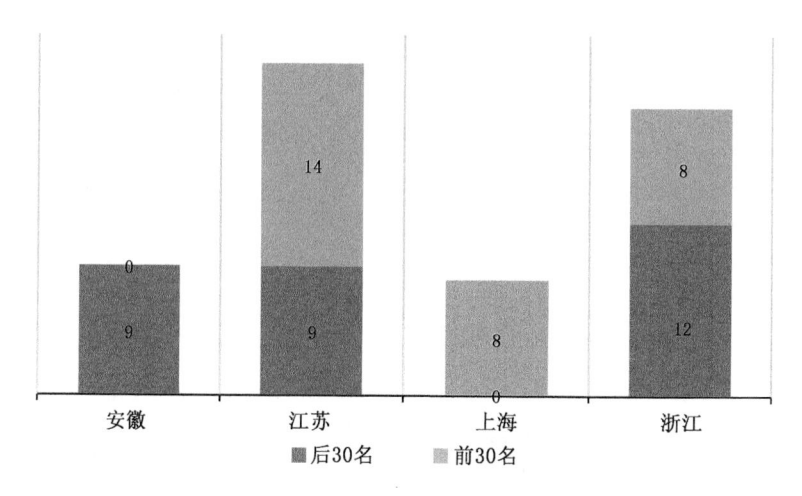

图 3-58　人才贡献指数前后 30 名分布

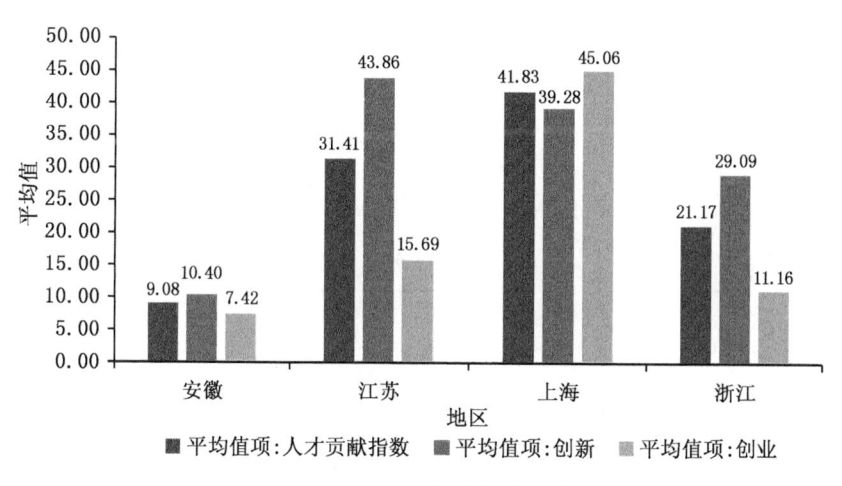

图 3-59　人才贡献指数均值

2. 人才创新指数与人才创业指数相关分析

人才创新和人才创业是构成人才贡献指数的两个二级指标,是长三角中小城市人才活力评价指标体系的有机组成部分。这里进一步进行人才创新指数与人才创业指数之间的相关分析,是想探究一下二者之间联系的紧密程度,即探究二者之间的相关关系。相关分析发现,人才创新指数与人才创业指数之间具有显著的相关关系,相关系数为 0.471。因此,长三角中小城市的人才创新力和人才创业力之间有可能存在相辅相成的关系,互相推动、互相作用(见表 3-31、图

3—60)。

表3—31 人才创新指数与人才创业指数相关性

		人才创新指数	人才创业指数
人才创新指数	皮尔逊相关性	1	0.471**
	Sig.(双尾)		0.000
	个案数	60	60
人才创业指数	皮尔逊相关性	0.471**	1
	Sig.(双尾)	0.000	
	个案数	60	60

** 在0.01级别(双尾),相关性显著。

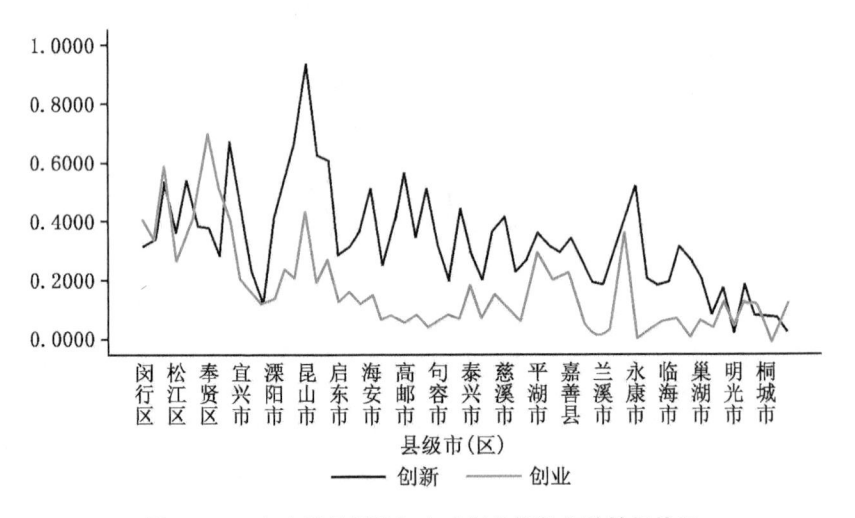

图3—60 人才创新指数与人才创业指数相关性折线图

3. 人才创新指数

在本报告所考察的全部60个县级市(区)中,安徽省共9个,无一进入前30名。江苏省共23个,其中有17个进入前30名,占比74%,分别是昆山市、张家港市、江阴市、太仓市、吴江区、高邮市、常熟市、海安市、扬中市、宜兴市、靖江市、溧阳市、仪征市、海门市、丹阳市、句容市、如皋市。上海市共8个,其中有6个进入前30名,占比75%,分别是金山区、嘉定区、青浦区、奉贤区、松江区、宝山区。浙江省共20个,其中有7个进入前30名,占比35%,分别是永康市、慈溪市、义乌市、余姚市、平湖市、嘉善县、海宁市。总体来看,在人才创新指数上,上海和江苏表现较佳,浙江省中小城市还有很大提升空间,安徽与上述相比差距较大(见表3－32、图3－61、图3－62)。

表3－32　　　　　　　　　　人才创新指数前30名

省/市	地级市	县级市（区）	人才创新指数	排名	每万人专利申请量	每万人专利授权量	每万人论文发表数	全员劳动生产率
江苏	苏州	昆山市	0.940 8	1	1.000 0	0.956 6	1.000 0	0.831 5
江苏	苏州	张家港市	0.679 5	2	0.463 0	0.389 2	0.908 4	0.788 4
江苏	无锡	江阴市	0.677 6	3	0.298 0	0.293 2	0.864 4	1.000 0
江苏	苏州	太仓市	0.624 8	4	0.627 1	0.479 8	0.674 6	0.670 2
江苏	苏州	吴江区	0.610 4	5	0.755 5	0.617 2	0.627 4	0.492 3
江苏	扬州	高邮市	0.572 1	6	0.816 5	0.717 4	0.536 0	0.348 3
江苏	苏州	常熟市	0.548 6	7	0.326 6	0.257 6	0.975 1	0.464 1
上海		金山区	0.544 4	8	0.441 3	0.570 6	0.468 0	0.672 1
上海		嘉定区	0.539 4	9	0.485 3	0.575 0	0.373 7	0.717 5
浙江	金华	永康市	0.523 4	10	0.760 3	1.000 0	0.373 8	0.197 5
江苏	南通	海安市	0.515 8	11	0.440 4	0.390 7	0.715 7	0.449 4
江苏	镇江	扬中市	0.514 1	12	0.554 1	0.518 5	0.515 4	0.483 2
江苏	无锡	宜兴市	0.466 7	13	0.310 5	0.322 8	0.606 1	0.527 5
江苏	泰州	靖江市	0.448 2	14	0.309 1	0.295 0	0.560 0	0.532 5
浙江	宁波	慈溪市	0.415 9	15	0.487 9	0.590 9	0.185 2	0.481 9
浙江	金华	义乌市	0.396 8	16	0.346 8	0.387 1	0.560 7	0.272 6
江苏	常州	溧阳市	0.384 7	17	0.148 1	0.132 5	0.673 7	0.421 2
上海		青浦区	0.380 6	18	0.310 1	0.378 5	0.311 9	0.497 4
上海		奉贤区	0.378 5	19	0.408 8	0.474 4	0.242 2	0.430 7
江苏	扬州	仪征市	0.374 6	20	0.239 6	0.301 0	0.476 3	0.412 1
江苏	南通	海门市	0.366 3	21	0.150 8	0.138 5	0.578 1	0.450 4
浙江	宁波	余姚市	0.366 1	22	0.406 9	0.499 9	0.341 0	0.275 0
浙江	嘉兴	平湖市	0.358 9	23	0.310 1	0.419 6	0.345 5	0.364 0
上海		松江区	0.358 9	24	0.414 5	0.488 7	0.214 5	0.380 1
江苏	镇江	丹阳市	0.342 8	25	0.309 9	0.288 1	0.399 4	0.344 7

续表

省/市	地级市	县级市（区）	人才创新指数	排名	每万人专利申请量	每万人专利授权量	每万人论文发表数	全员劳动生产率
浙江	嘉兴	嘉善县	0.341 6	26	0.430 5	0.522 0	0.224 7	0.279 0
上海		宝山区	0.335 7	27	0.180 3	0.201 1	0.390 2	0.474 4
江苏	镇江	句容市	0.324 1	28	0.107 5	0.172 3	0.572 2	0.321 7
浙江	嘉兴	海宁市	0.320 3	29	0.327 0	0.430 9	0.271 0	0.291 5
江苏	南通	如皋市	0.314 4	30	0.112 0	0.112 3	0.577 3	0.321 2

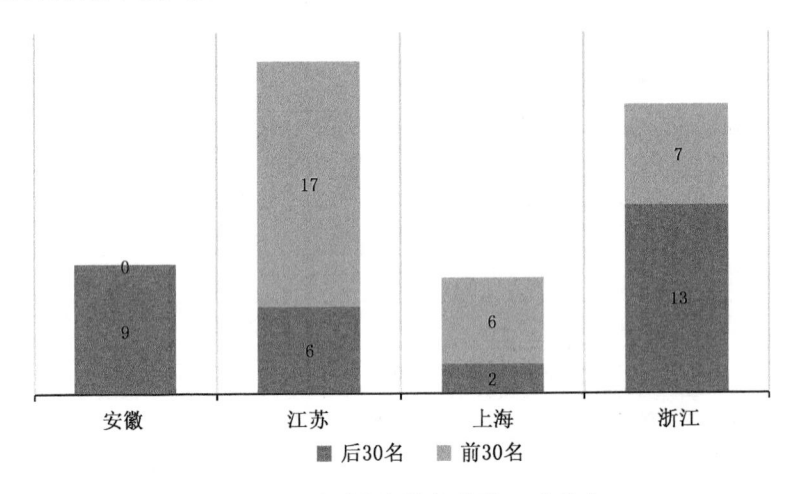

注：表中为标准化数据。

图 3－61　人才创新指数前后 30 名分布

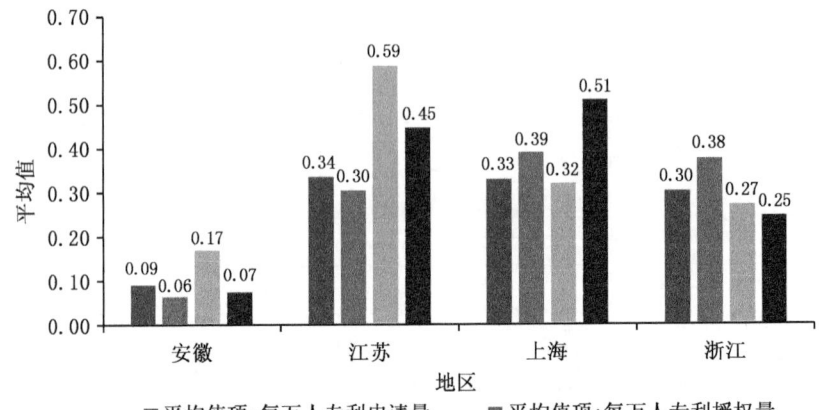

图 3－62　人才创新指数各指标均值

4. 人才创业指数

在本报告所考察的全部 60 个县级市（区）中，安徽省共 9 个，其中有 2 个进入前 30 名，占比 22%，分别是广德市、宁国市。江苏省共 23 个，其中有 14 个进入前 30 名，占比 61%，分别是：昆山市、江阴市、吴江区、常熟市、张家港市、宜兴市、太仓市、泰兴市、如皋市、新沂市、海安市、启东市、邳州市、溧阳市。上海市共 8 个，所有 8 个区全部进入前 30 名，占比 100%，依次是奉贤区、嘉定区、崇明区、青浦区、闵行区、金山区、宝山区、松江区。浙江省共 20 个，其中有 6 个进入前 30 名，占比 30%，分别是义乌市、平湖市、嘉善县、桐乡市、海宁市、余姚市。总体来看，在人才创业指数上，上海最佳，后面依次是江苏、浙江、安徽（见表 3-33、图 3-63、图 3-64）。

表 3-33　　　　　　　　　　人才创业指数前 30 名

省/市	地级市	县级市（区）	人才创业指数	排名	注册新增企业数	民营企业数	实际利用外资
上海		奉贤区	0.699 2	1	1.000 0	1.000 0	0.247 9
上海		嘉定区	0.593 4	2	0.207 5	0.437 1	1.000 0
上海		崇明区	0.517 8	3	0.835 8	0.616 0	0.205 6
上海		青浦区	0.436 8	4	0.186 4	0.316 9	0.714 5
江苏	苏州	昆山市	0.434 2	5	0.195 5	0.318 5	0.700 1
江苏	无锡	江阴市	0.408 2	6	0.093 7	0.158 2	0.831 5
上海		闵行区	0.404 1	7	0.167 2	0.310 6	0.652 1
上海		金山区	0.375 3	8	0.420 9	0.528 4	0.226 3
浙江	金华	义乌市	0.372 7	9	0.590 1	0.459 4	0.144 6
上海		宝山区	0.322 6	10	0.248 2	0.345 0	0.361 6
浙江	嘉兴	平湖市	0.307 3	11	0.019 5	0.034 2	0.728 1
江苏	苏州	吴江区	0.264 2	12	0.120 6	0.181 4	0.434 0
上海		松江区	0.255 3	13	0.201 9	0.337 6	0.233 5
江苏	苏州	常熟市	0.247 2	14	0.093 1	0.137 5	0.444 7
浙江	嘉兴	嘉善县	0.228 1	15	0.024 8	0.036 8	0.524 1
浙江	嘉兴	桐乡市	0.220 3	16	0.066 9	0.071 0	0.447 4
浙江	嘉兴	海宁市	0.210 8	17	0.037 8	0.057 4	0.455 7
江苏	苏州	张家港市	0.204 6	18	0.076 1	0.131 9	0.355 4

续表

省/市	地级市	县级市（区）	人才创业指数	排名	注册新增企业数	民营企业数	实际利用外资
江苏	无锡	宜兴市	0.194 6	19	0.076 4	0.121 1	0.338 4
江苏	苏州	太仓市	0.193 5	20	0.042 5	0.078 5	0.392 9
江苏	泰州	泰兴市	0.170 5	21	0.055 9	0.066 1	0.334 9
江苏	南通	如皋市	0.158 6	22	0.044 2	0.066 6	0.313 4
江苏	徐州	新沂市	0.157 0	23	0.053 2	0.065 3	0.303 6
浙江	宁波	余姚市	0.154 3	24	0.057 4	0.087 2	0.277 3
江苏	南通	海安市	0.144 0	25	0.035 8	0.064 4	0.284 8
安徽	宣城	广德市	0.130 4	26	0.014 4	0.015 5	0.303 7
江苏	南通	启东市	0.128 7	27	0.026 3	0.040 7	0.271 4
安徽	宣城	宁国市	0.126 7	28	0.009 4	0.012 4	0.300 4
江苏	徐州	邳州市	0.125 8	29	0.053 1	0.049 6	0.237 5
江苏	常州	溧阳市	0.121 5	30	0.019 1	0.028 8	0.267 9

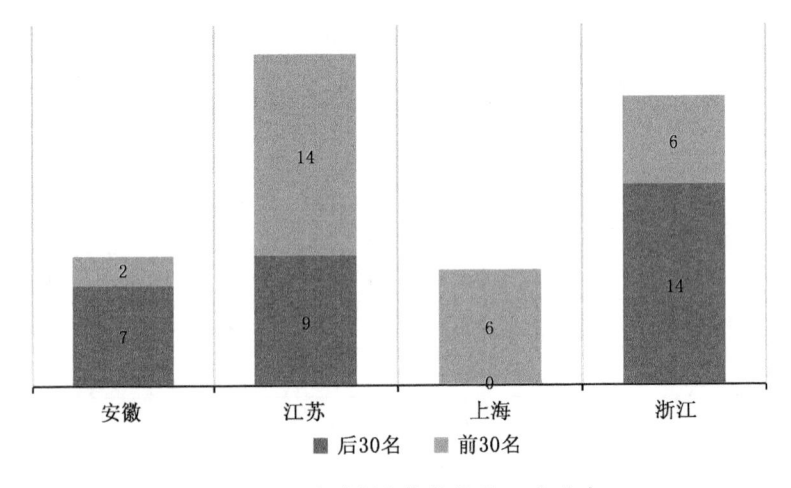

注：表中为标准化数据。

图 3-63　人才创业指数前后 30 名分布

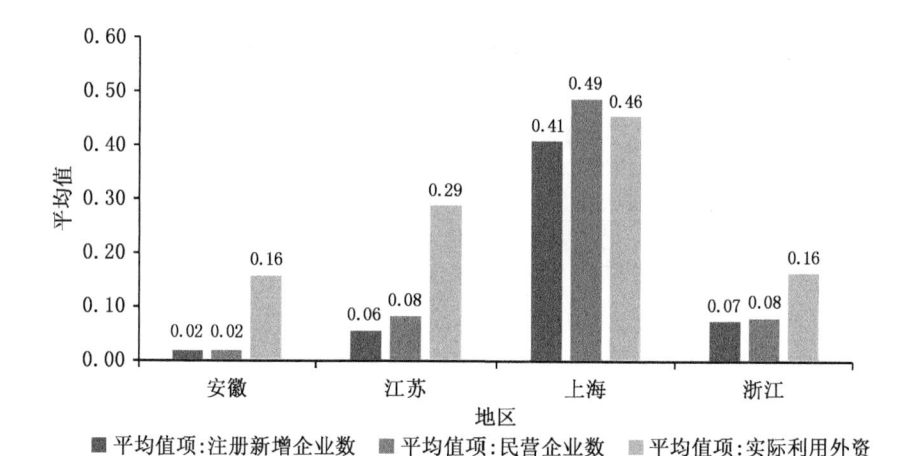

图 3-64 人才创业指数各指标均值

(五)人才创新指数各指标排名与分析

下面以人才创新指数各指标标准化后的值为依据排名,并对排名结果进行了分析。

1. 每万人专利申请量

在本报告所考察的全部 60 个县级市(区)中,安徽省共 9 个,无一进入前 30 名。江苏省共 23 个,其中有 12 个进入前 30 名,占比 52%,分别是昆山市、高邮市、吴江区、太仓市、扬中市、张家港市、海安市、常熟市、宜兴市、丹阳市、靖江市、江阴市。其中昆山市排名第一。上海市共 8 个,其中有 6 个进入前 30 名,占比 75%,分别是嘉定区、金山区、松江区、奉贤区、闵行区、青浦区。浙江省共 20 个,其中有 12 个进入前 30 名,占比 60%,分别是永康市、慈溪市、嘉善县、余姚市、义乌市、玉环市、海宁市、乐清市、平湖市、龙泉市、桐乡市、瑞安市。总体来看,在每万人专利申请量这个指标上,上海、浙江、江苏较好,安徽差距较大(见表 3-34、图 3-65)。

表 3-34　　　　　　每万人专利申请量指标前 30 名

省/市	地级市	县级市(区)	每万人专利申请量	排名
江苏	苏州	昆山市	1.000 0	1
江苏	扬州	高邮市	0.816 5	2
浙江	金华	永康市	0.760 3	3
江苏	苏州	吴江区	0.755 5	4

续表

省/市	地级市	县级市(区)	每万人专利申请量	排名
江苏	苏州	太仓市	0.627 1	5
江苏	镇江	扬中市	0.554 1	6
浙江	宁波	慈溪市	0.487 9	7
上海		嘉定区	0.485 3	8
江苏	苏州	张家港市	0.463 0	9
上海		金山区	0.441 3	10
江苏	南通	海安市	0.440 4	11
浙江	嘉兴	嘉善县	0.430 5	12
上海		松江区	0.414 5	13
上海		奉贤区	0.408 8	14
浙江	宁波	余姚市	0.406 9	15
浙江	金华	义乌市	0.346 8	16
浙江	台州	玉环市	0.345 9	17
上海		闵行区	0.340 5	18
浙江	嘉兴	海宁市	0.327 0	19
江苏	苏州	常熟市	0.326 6	20
浙江	温州	乐清市	0.314 2	21
浙江	嘉兴	平湖市	0.310 8	22
江苏	无锡	宜兴市	0.310 5	23
上海		青浦区	0.310 3	24
江苏	镇江	丹阳市	0.309 9	25
江苏	泰州	靖江市	0.309 0	26
浙江	丽水	龙泉市	0.308 7	27
江苏	无锡	江阴市	0.298 0	28
浙江	嘉兴	桐乡市	0.297 2	29
浙江	温州	瑞安市	0.272 8	30

注:表中为标准化数据。

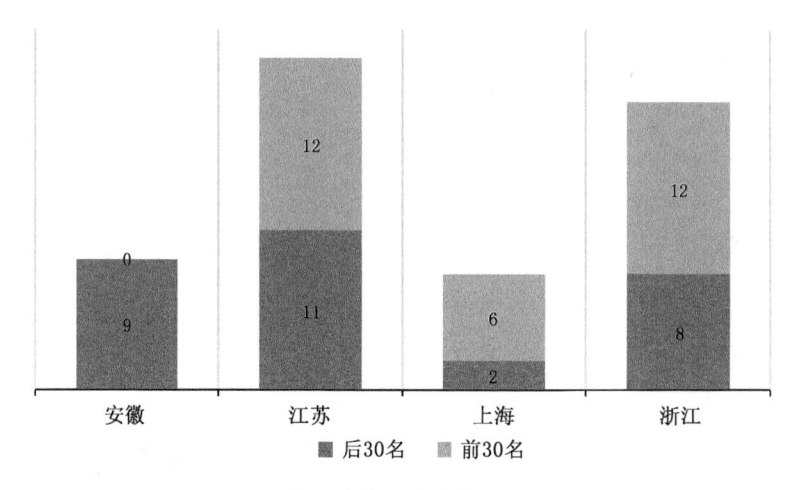

图3—65 每万人专利申请量前后30名分布

2. 每万人专利授权量

在本报告所考察的全部60个县级市(区)中,安徽省共9个,无一进入前30名。江苏省共23个,其中有12个进入前30名,占比52%,分别是:昆山市、高邮市、吴江区、扬中市、太仓市、海安市、张家港市、宜兴市、仪征市、靖江市、江阴市、丹阳市。上海市共8个,其中有6个进入前30名,占比75%,分别是嘉定区、金山区、松江区、奉贤区、青浦区、闵行区。浙江省共20个,其中有12个进入前30名,占比60%,分别是永康市、慈溪市、嘉善县、余姚市、玉环市、乐清市、海宁市、龙泉市、平湖市、义乌市、桐乡市、瑞安市。其中永康市占据了榜单第一名。总体来看,在每万人专利授权量这个指标上,上海、浙江、江苏较好,安徽差距较大(见表3—35、图3—66)。

表3—35 每万人专利授权量指标前30名

省/市	地级市	县级市(区)	每万人专利授权量	排名
浙江	金华	永康市	1.000 0	1
江苏	苏州	昆山市	0.956 6	2
江苏	扬州	高邮市	0.717 4	3
江苏	苏州	吴江区	0.617 2	4
浙江	宁波	慈溪市	0.590 9	5
上海		嘉定区	0.575 0	6

续表

省/市	地级市	县级市（区）	每万人专利授权量	排名
上海		金山区	0.570 6	7
浙江	嘉兴	嘉善县	0.522 0	8
江苏	镇江	扬中市	0.518 5	9
浙江	宁波	余姚市	0.499 9	10
上海		松江区	0.488 0	11
浙江	台州	玉环市	0.484 3	12
江苏	苏州	太仓市	0.479 8	13
上海		奉贤区	0.474 4	14
浙江	温州	乐清市	0.434 5	15
浙江	嘉兴	海宁市	0.430 9	16
浙江	丽水	龙泉市	0.419 6	17
浙江	嘉兴	平湖市	0.419 6	18
江苏	南通	海安市	0.390 7	19
江苏	苏州	张家港市	0.389 2	20
浙江	金华	义乌市	0.387 1	21
浙江	嘉兴	桐乡市	0.381 1	22
上海		青浦区	0.378 8	23
上海		闵行区	0.374 9	24
浙江	温州	瑞安市	0.358 4	25
江苏	无锡	宜兴市	0.322 8	26
江苏	扬州	仪征市	0.301 0	27
江苏	泰州	靖江市	0.295 0	28
江苏	无锡	江阴市	0.293 2	29
江苏	镇江	丹阳市	0.288 1	30

注：表中为标准化数据。

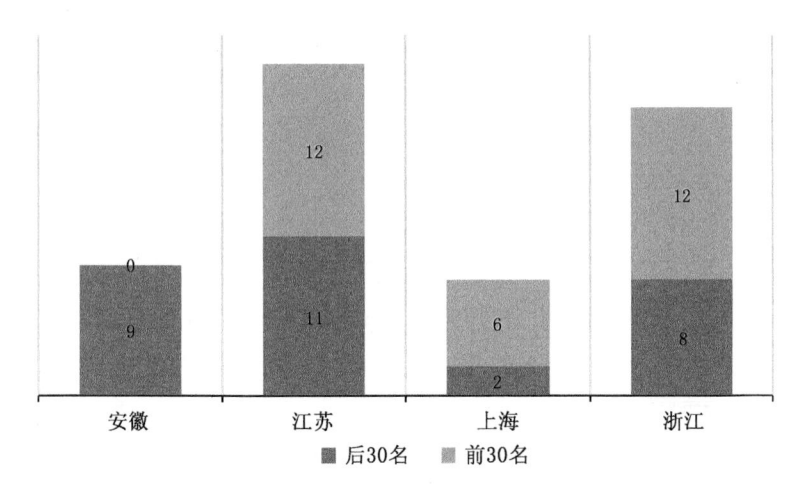

图 3—66　每万人专利授权量前后 30 名分布

3. 每万人论文发表数

在本报告所考察的全部 60 个县级市（区）中，安徽省共 9 个，其中有 1 个进入前 30 名，占比 11%，为巢湖市。江苏省共 23 个，其中有 21 个进入前 30 名，占比 91%，分别是昆山市、常熟市、张家港市、江阴市、海安市、太仓市、溧阳市、吴江区、宜兴市、海门市、如皋市、句容市、靖江市、高邮市、扬中市、仪征市、泰兴市、东台市、启东市、新沂市、丹阳市。上海市共 8 个，其中有 4 个进入前 30 名，占比 50%，分别是金山区、崇明区、宝山区、嘉定区。浙江省共 20 个，其中有 4 个进入前 30 名，占比 20%，分别是义乌市、永康市、东阳市、江山市。总体来看，在每万人论文发表数这个指标上，江苏省中小城市具有绝对领先地位，与其他地区拉开了差距。后面依次是上海、浙江、安徽。可见，相比较而言，江苏省中小城市的人才更愿意多发表论文（见表 3—36、图 3—67）。

表 3—36　　　　　　　　每万人论文发表数指标前 30 名

省/市	地级市	县级市（区）	每万人论文发表数	排名
江苏	苏州	昆山市	1.000 0	1
江苏	苏州	常熟市	0.975 1	2
江苏	苏州	张家港市	0.908 4	3
江苏	无锡	江阴市	0.864 4	4
江苏	南通	海安市	0.715 7	5

续表

省/市	地级市	县级市（区）	每万人论文发表数	排名
江苏	苏州	太仓市	0.6746	6
江苏	常州	溧阳市	0.6737	7
江苏	苏州	吴江区	0.6274	8
江苏	无锡	宜兴市	0.6061	9
安徽	合肥	巢湖市	0.5966	10
江苏	南通	海门市	0.5781	11
江苏	南通	如皋市	0.5773	12
江苏	镇江	句容市	0.5722	13
浙江	金华	义乌市	0.5607	14
江苏	泰州	靖江市	0.5600	15
江苏	扬州	高邮市	0.5360	16
江苏	镇江	扬中市	0.5154	17
江苏	扬州	仪征市	0.4763	18
江苏	泰州	泰兴市	0.4707	19
江苏	盐城	东台市	0.4692	20
上海		金山区	0.4680	21
江苏	南通	启东市	0.4517	22
江苏	徐州	新沂市	0.4128	23
上海		崇明区	0.4092	24
江苏	镇江	丹阳市	0.3994	25
上海		宝山区	0.3902	26
浙江	金华	永康市	0.3738	27
上海		嘉定区	0.3737	28
浙江	金华	东阳市	0.3693	29
浙江	衢州	江山市	0.3641	30

注：表中为标准化数据。

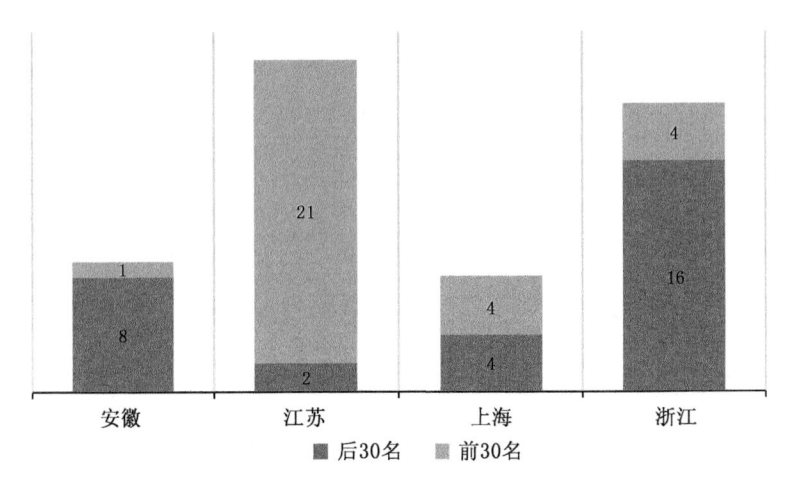

图 3—67　每万人论文发表数前后 30 名分布

4. 全员劳动生产率

在本报告所考察的全部 60 个县级市(区)中,安徽省共 9 个,无一进入前 30 名。江苏省共 23 个,其中有 19 个进入前 30 名,占比 83%,分别是江阴市、昆山市、张家港市、太仓市、靖江市、宜兴市、吴江区、扬中市、常熟市、海门市、海安市、溧阳市、仪征市、高邮市、丹阳市、启东市、泰兴市、句容市、如皋市。上海市共 8 个,8 个区全部进入前 30 名,占比 100%,按照得分高低依次是嘉定区、金山区、崇明区、青浦区、宝山区、奉贤区、闵行区、松江区。浙江省共 20 个,其中有 3 个进入前 30 名,占比 15%,分别是慈溪市、平湖市、乐清市。总体来看,在全员劳动生产率这个指标上,上海市独占鳌头。江苏省中小城市表现也较好,浙江和安徽有待提高(见表 3—37、图 3—68)。

表 3—37　　　　　　　全员劳动生产率指标前 30 名

省/市	地级市	县级市(区)	全员劳动生产率	排名
江苏	无锡	江阴市	1.000 0	1
江苏	苏州	昆山市	0.831 5	2
江苏	苏州	张家港市	0.788 4	3
上海		嘉定区	0.717 5	4
上海		金山区	0.672 1	5
江苏	苏州	太仓市	0.670 2	6

续表

省/市	地级市	县级市(区)	全员劳动生产率	排名
江苏	泰州	靖江市	0.532 5	7
江苏	无锡	宜兴市	0.527 5	8
上海		崇明区	0.498 0	9
上海		青浦区	0.497 4	10
江苏	苏州	吴江区	0.492 3	11
江苏	镇江	扬中市	0.483 2	12
浙江	宁波	慈溪市	0.481 9	13
上海		宝山区	0.474 4	14
江苏	苏州	常熟市	0.464 1	15
江苏	南通	海门市	0.450 4	16
江苏	南通	海安市	0.449 4	17
上海		奉贤区	0.430 7	18
江苏	常州	溧阳市	0.421 2	19
江苏	扬州	仪征市	0.412 1	20
上海		闵行区	0.411 4	21
上海		松江区	0.380 1	22
浙江	嘉兴	平湖市	0.364 0	23
江苏	扬州	高邮市	0.348 3	24
江苏	镇江	丹阳市	0.344 7	25
江苏	南通	启东市	0.343 1	26
江苏	泰州	泰兴市	0.330 6	27
江苏	镇江	句容市	0.321 7	28
江苏	南通	如皋市	0.321 2	29
浙江	温州	乐清市	0.311 9	30

注:表中为标准化数据。

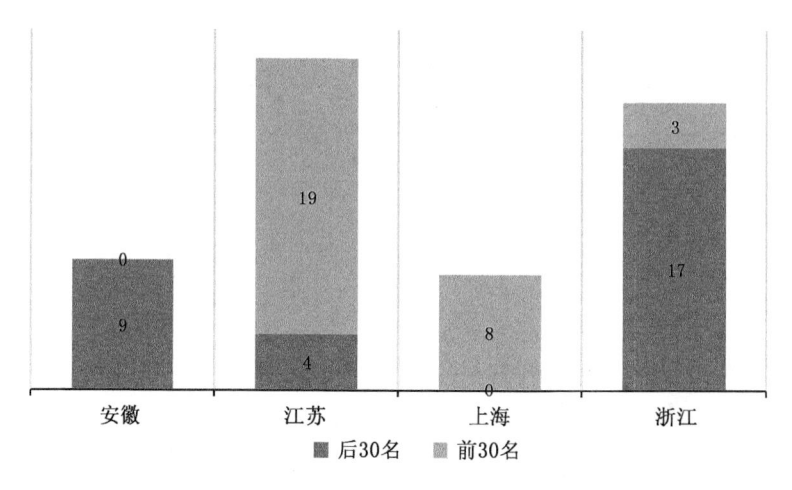

图 3-68　全员劳动生产率前后 30 名分布

(六)人才创业指数各指标排名与分析

1. 注册新增企业数

在本报告所考察的全部 60 个县级市(区)中,安徽省共 9 个,无一进入前 30 名。江苏省共 23 个,其中有 10 个进入前 30 名,占比 43%,分别是昆山市、吴江区、江阴市、常熟市、宜兴市、张家港市、泰兴市、新沂市、邳州市、东台市。上海市共 8 个,8 个区全部进入前 30 名,占比 100%,按照得分高低依次是奉贤区、崇明区、金山区、宝山区、嘉定区、松江区、青浦区、闵行区。浙江省共 20 个,其中有 12 个进入前 30 名,占比 60%,分别是义乌市、乐清市、诸暨市、慈溪市、永康市、桐乡市、建德市、温岭市、东阳市、余姚市、瑞安市、临海市。总体来看,在注册新增企业数这个指标上,上海市非中心城区表现最佳,其次是浙江省中小城市,再次是江苏省中小城市,安徽省中小城市与上述相比差距较大。长三角中小城市之间注册新增企业数离散程度较大(见表 3-38、图 3-69、图 3-70)。

表 3-38　　　　　　　注册新增企业数指标前 30 名

省/市	地级市	县级市(区)	注册新增企业数	排名
上海		奉贤区	1.000 0	1
上海		崇明区	0.835 8	2
浙江	金华	义乌市	0.590 1	3
上海		金山区	0.420 9	4

续表

省/市	地级市	县级市(区)	注册新增企业数	排名
上海		宝山区	0.248 2	5
上海		嘉定区	0.207 5	6
上海		松江区	0.201 9	7
江苏	苏州	昆山市	0.195 5	8
上海		青浦区	0.186 4	9
上海		闵行区	0.167 2	10
江苏	苏州	吴江区	0.120 6	11
浙江	温州	乐清市	0.099 1	12
江苏	无锡	江阴市	0.093 7	13
江苏	苏州	常熟市	0.093 2	14
浙江	绍兴	诸暨市	0.083 9	15
浙江	宁波	慈溪市	0.080 0	16
江苏	无锡	宜兴市	0.076 4	17
江苏	苏州	张家港市	0.076 1	18
浙江	金华	永康市	0.074 8	19
浙江	嘉兴	桐乡市	0.066 9	20
浙江	杭州	建德市	0.060 6	21
浙江	台州	温岭市	0.058 4	22
浙江	金华	东阳市	0.057 9	23
浙江	宁波	余姚市	0.057 4	24
江苏	泰州	泰兴市	0.055 9	25
浙江	温州	瑞安市	0.055 1	26
江苏	徐州	新沂市	0.053 2	27
江苏	徐州	邳州市	0.053 1	28
江苏	盐城	东台市	0.051 3	29
浙江	台州	临海市	0.049 2	30

注:表中为标准化数据。

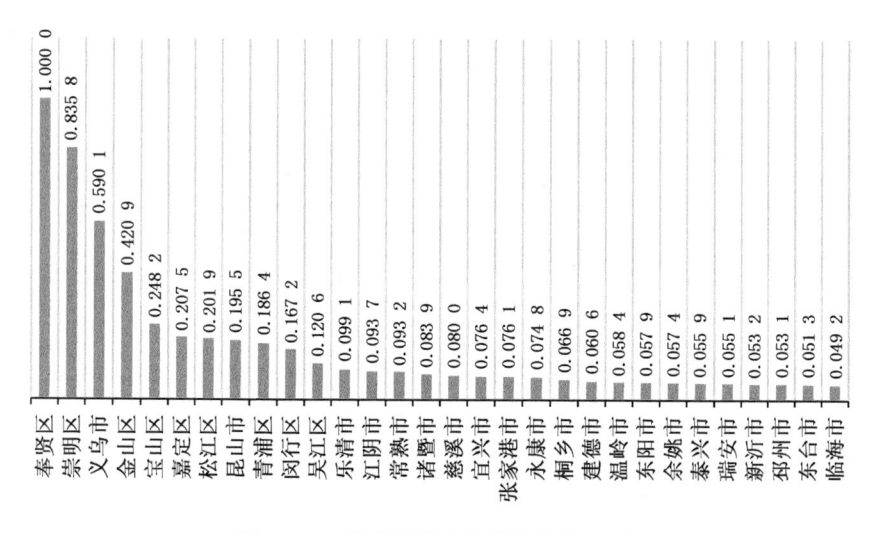

图 3—69　注册新增企业数指标前 30 名

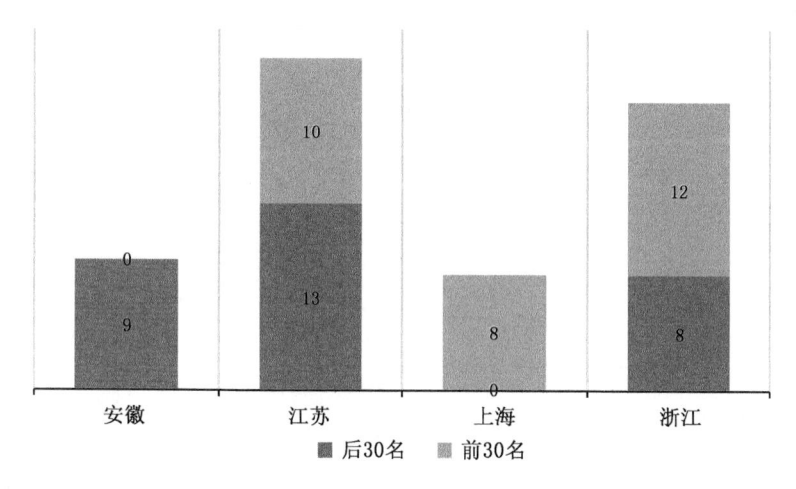

图 3—70　注册新增企业数前后 30 名分布

2. 民营企业数

在本报告所考察的全部 60 个县级市(区)中，安徽省共 9 个，无一进入前 30 名。江苏省共 23 个，其中有 12 个进入前 30 名，占比 52%，分别是昆山市、吴江区、江阴市、常熟市、张家港市、宜兴市、太仓市、如皋市、泰兴市、新沂市、海安市、丹阳市。上海市共 8 个，8 个区全部进入前 30 名，占比 100%，按照得分高低依次是奉贤区、崇明区、金山区、嘉定区、宝山区、松江区、青浦区、闵行区。浙江省共 20 个，其中有 10 个进入前 30 名，占比 50%，分别是义乌市、乐清市、慈溪市、诸暨市、永康市、余姚市、温岭市、瑞安市、桐乡市、临海市。总体来看，在民营企业数这个指标上,上海市非中心城区表现最佳,其次是浙江省和江苏省,其中小城市大体相当,安徽省中小城市与上述相比差距较大。长三角中小城市之间民营企业数离散程度较大(见表3－39、图3－71、图3－72)。

表3－39　　　　　　　　　民营企业数指标前30名

省/市	地级市	县级市(区)	民营企业数	排名
上海		奉贤区	1.000 0	1
上海		崇明区	0.616 0	2
上海		金山区	0.528 4	3
浙江	金华	义乌市	0.459 4	4
上海		嘉定区	0.437 1	5
上海		宝山区	0.345 0	6
上海		松江区	0.337 6	7
江苏	苏州	昆山市	0.318 5	8
上海		青浦区	0.316 9	9
上海		闵行区	0.310 6	10
江苏	苏州	吴江区	0.181 4	11
江苏	无锡	江阴市	0.158 2	12
江苏	苏州	常熟市	0.137 9	13
浙江	温州	乐清市	0.132 4	14
江苏	苏州	张家港市	0.131 9	15
江苏	无锡	宜兴市	0.121 1	16
浙江	宁波	慈溪市	0.116 0	17
浙江	绍兴	诸暨市	0.099 7	18
浙江	金华	永康市	0.094 0	19
浙江	宁波	余姚市	0.087 2	20
浙江	台州	温岭市	0.081 3	21
江苏	苏州	太仓市	0.078 5	22
浙江	温州	瑞安市	0.073 7	23
浙江	嘉兴	桐乡市	0.071 0	24
江苏	南通	如皋市	0.066 6	25

续表

省/市	地级市	县级市（区）	民营企业数	排名
江苏	泰州	泰兴市	0.066 1	26
江苏	徐州	新沂市	0.065 3	27
江苏	南通	海安市	0.064 4	28
江苏	镇江	丹阳市	0.063 5	29
浙江	台州	临海市	0.059 5	30

注：表中为标准化数据。

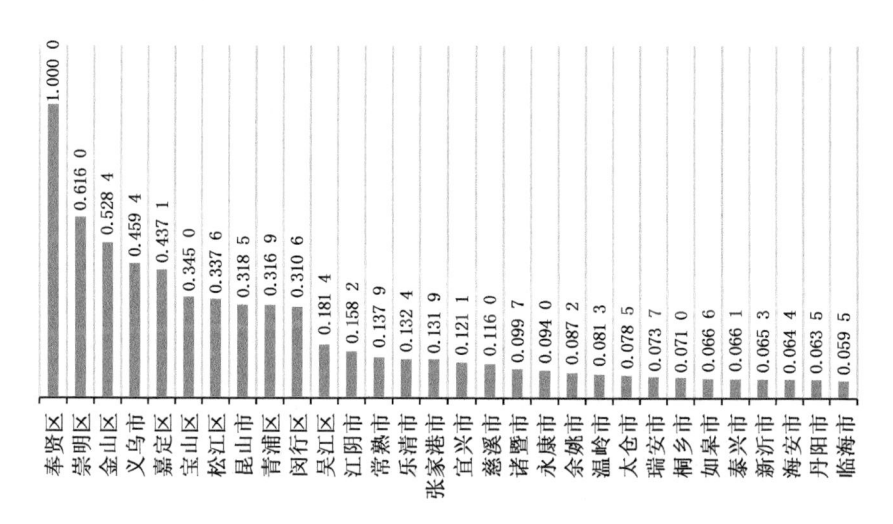

图 3—71　民营企业数指标前 30 名

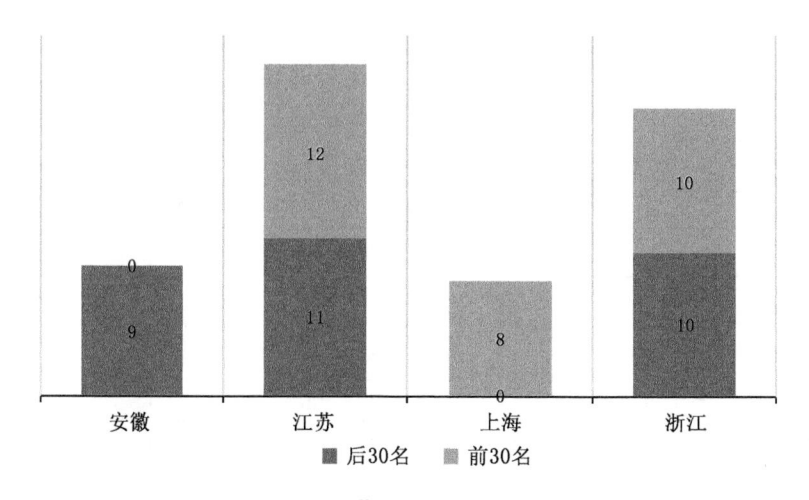

图 3—72　民营企业数前后 30 名分布

3. 实际利用外资

在本报告所考察的全部60个县级市(区)中,安徽省共9个,其中有4个进入前30名,占比44%,分别是广德市、宁国市、无为市、天长市。江苏省共23个,其中有15个进入前30名,占比65%,分别是江阴市、昆山市、常熟市、吴江区、太仓市、张家港市、宜兴市、泰兴市、如皋市、新沂市、海安市、启东市、溧阳市、海门市、邳州市。上海市共8个,其中有6个进入前30名,占比75%,分别是嘉定区、青浦区、闵行区、宝山区、奉贤区、松江区。浙江省共20个,其中有5个进入前30名,占比25%,分别是平湖市、嘉善县、海宁市、桐乡市、余姚市。总体来看,在实际利用外资这个指标上,上海市非中心城区最佳,后面依次是江苏、安徽、浙江(见表3—40、图3—73)。

表3—40　　　　　　　　　实际利用外资指标前30名

省/市	地级市	县级市(区)	实际利用外资	排名
上海		嘉定区	1.000 0	1
江苏	无锡	江阴市	0.831 5	2
浙江	嘉兴	平湖市	0.728 1	3
上海		青浦区	0.714 5	4
江苏	苏州	昆山市	0.700 1	5
上海		闵行区	0.652 0	6
浙江	嘉兴	嘉善县	0.524 1	7
浙江	嘉兴	海宁市	0.455 7	8
浙江	嘉兴	桐乡市	0.447 4	9
江苏	苏州	常熟市	0.444 7	10
江苏	苏州	吴江区	0.434 0	11
江苏	苏州	太仓市	0.392 9	12
上海		宝山区	0.361 6	13
江苏	苏州	张家港市	0.355 4	14
江苏	无锡	宜兴市	0.338 4	15
江苏	泰州	泰兴市	0.334 9	16
江苏	南通	如皋市	0.313 4	17
安徽	宣城	广德市	0.303 7	18

续表

省/市	地级市	县级市(区)	实际利用外资	排名
江苏	徐州	新沂市	0.303 6	19
安徽	宣城	宁国市	0.300 4	20
江苏	南通	海安市	0.284 8	21
浙江	宁波	余姚市	0.277 3	22
江苏	南通	启东市	0.271 4	23
江苏	常州	溧阳市	0.267 9	24
安徽	芜湖	无为市	0.255 8	25
上海		奉贤区	0.247 9	26
安徽	滁州	天长市	0.240 8	27
江苏	南通	海门市	0.240 2	28
江苏	徐州	邳州市	0.237 5	29
上海		松江区	0.233 5	30

注：表中为标准化数据。

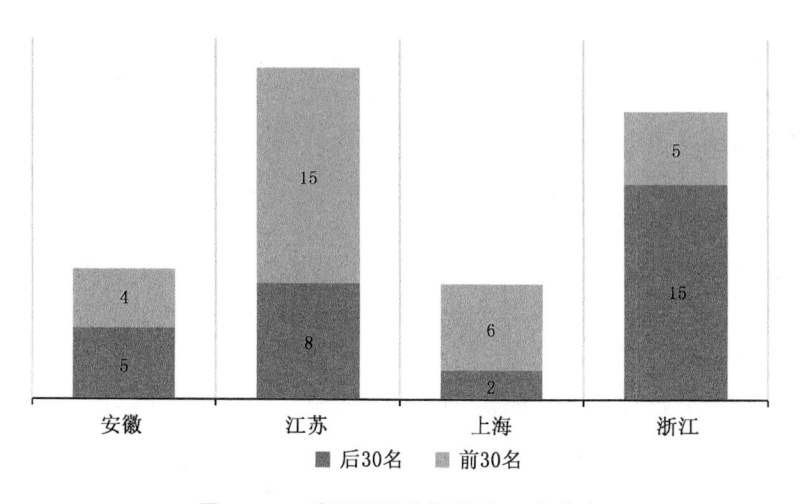

图3—73 实际利用外资前后30名分布

(七)结论与建议

1. 主要结论

人才创新指数与人才创业指数之间具有显著的相关关系，相关系数为

0.471。长三角中小城市的人才创新力和人才创业力之间存在相辅相成的关系,互相推动、互相作用。

就所考察的60个中小城市来看,三省一市中,结合排名与平均值,人才贡献指数从高到低依次是上海、江苏、浙江、安徽。

上海在人才创业方面表现最佳,在人才创新方面弱于江苏。在人才创新的4项指标中,上海有两个指标平均值在三省一市中最高,分别是全员劳动生产率和每万人专利授权量。每万人专利申请量与江苏、浙江相差无几。每万人论文发表数与江苏有较大落差。在人才创业的3个指标中,上海展现出了压倒性的优势,反映了上海近年来在大众创业、万众创新方面的成效。

江苏在人才创新方面拔得头筹,但在人才创业方面弱于上海。在人才创新的4项指标中,江苏在每万人论文发表数上遥遥领先,可以看出江苏省的人才更愿意发表论文。全员劳动生产率指标表现也不错,仅次于上海。每万人专利申请量最多,但是每万人专利授权量略少于上海和浙江。可以看出江苏申请专利的积极性较高,但质量还有进一步提升的空间。在人才创业的3个指标中,江苏在注册新增企业数和民营企业数上与浙江相差无几,但与上海差距较大。

浙江整体上在人才创新和创业方面弱于上海和江苏。但也有表现较好的方面。在人才创新的4项指标中,每万人专利申请量和每万人专利授权量都不错。每万人论文发表数要低于江苏和上海。值得警惕的是全员劳动生产率,与上海和江苏的差距较大。在人才创业的3个指标中,浙江在注册新增企业数和民营企业数上与江苏相差无几,但与上海差距较大。在实际利用外资方面与上海和江苏差距较大,与安徽持平。这反映出浙江的人才在创业过程中,较多依赖内资而较少借助外资。

安徽在创新和创业方面均较弱。在人才创新的4项指标中,每项指标均落后于上海、江苏和浙江。在人才创业的3个指标中,实际利用外资指标与浙江持平,但注册新增企业数和民营企业数这两个指标与其他三省市差距较大。这反映出安徽省中小城市人才在创新创业方面还没有充分迸发出活力。

2. 建议

人才对于城市的贡献集中体现在创新和创业两个方面,而这两个方面又存在相辅相成的关系,互相影响、互相促进。因此,长三角中小城市应当关注创新和创业的协同发展,将更多的创新成果运用到创业之中,在创业中产生更多的创新成果,形成一个螺旋式上升的良性循环。

虽然上海市非中心城区在长三角三省一市中小城市中人才贡献指数排名第一,但我们仍然建议,鉴于上海市非中心城区专利申请的质量较高,如果能采取鼓励措施,创造良好环境,进一步提升专利申请量,无疑将促进更多创新成果的出现。加大物质激励和精神激励,形成鼓励人才发表研究成果,进行同行交流的社会氛围,提升发表论文数量和质量。另外,也应该明确,作为上海这个全球化城市的一部分,上海的 8 个非中心城区站位应该更高,视野应该更广,绝不能沾沾自喜,除了在长三角城市群内比较之外,还应该向全国乃至全球的先进城市看齐。

江苏省中小城市拥有较好的经济基础,其人才对于城市的贡献总体表现不错。建议江苏省中小城市进一步提升创新的质量,争取更多的专利授权量。另外在人才创业方面,部分省内中小城市与先进城市差距较大,拉低了整体水平,建议这部分城市多向上海及省内先进城市学习,为人才创业提供方便,提升人才创业意愿,提升注册新增企业数和民营企业数。

浙江省中小城市人才创新原创能力也较强,但似乎在创新成果的转化方面不尽理想,建议浙江省中小城市重视创新成果的转化,为科研成果转化提供相应的激励机制。鼓励人才发表研究成果,进行同行交流,提升发表论文数量和质量。鼓励科研成果在生产中的应用,提升全员劳动生产率。在人才创业方面,同样存在部分省内中小城市与先进城市差距较大的问题,这部分城市应采取有力政策和措施,激发人才创业活力。同时,在创业过程中,浙江省中小城市可以适当提升外资使用比例,目前还有较大提升空间。

安徽省中小城市则需要从创新和创业两个方面全面发力,优化人才创新环境,提高专利申请和授权量,促进科研成果转化和应用,提高全员劳动生产率。同时鼓励人才创业,鼓励民间资本进入市场,激发人才创业活力。

参考文献

[1]李永华. 基于城市经济成长性的城市人才活力研究[D]. 上海:上海交通大学,2007.

[2]黄钟仪,夏忠. 中国各地区人才活力评价[M]. 重庆:重庆大学出版社,2011.

[3]刘军. 城市人才活力评价与实证研究——以深圳为例[J]. 中国人力资源开发,2006(1):4—9,45.

[4]倪钰琳. 人才活力与人力资本对中国经济增长影响的对比研究[D]. 重庆:重庆工商大学,2014.

[5]叶俊. 城市人才活力综合评价模型研究[D]. 深圳:深圳大学,2017.

分报告篇

第四章

上海市非中心城区人才活力

　　上海作为中华人民共和国省级行政区、直辖市、国家中心城市、超大城市,是国务院批复确定的中国国际经济、金融、贸易、航运、科技创新中心。建成区面积1 237.85平方千米,常住人口2 428.14万人,城镇人口2 139.19万人,城镇化率88.10%。上海地处中国东部、长江入海口、东临东中国海,位于东经120°52′—122°12′,北纬30°40′—31°53′之间。2020年,上海地区生产总值38 700.58亿元,同比增长1.7%。截至2020年6月,上海全市共有16个区,共有107个街道、106个镇、2个乡。上海在中国国家现代化建设过程中,具有桥头堡、领头羊作用。按照中央要求,上海正在全力推进科技创新、实施创新驱动发展战略。上海在该方面已经位于全国前列,走在世界前列,加快向具有全球影响力的科技创新中心迈进。纳入本报告研究范畴的是上海八个非中心城区,包括闵行区、宝山区、奉贤区、嘉定区、青浦区、松江区、金山区、崇明区。上海八个非中心城区GDP为11 710.56亿元,占上海GDP总额30.69%,固定资产投入为3 704.03亿元,占上海总资产投入46.23%,几乎占据上海半壁江山。激发上海非中心城区的人才活力,对上海全力推进科技创新、实施创新驱动发展战略,具有重大意义。在人才驱动型创新时代,创新驱动的本质就是人才驱动,关注和探讨人才活力是人才生态支撑和驱动全球科技创新中心的建设问题。研究人才活力指数能够了解上海各区在构建全球科技创新中心的人才活力状况,聚集培育的高层次人才状况,能有力地支撑上海打造成国内大循环的中心节点和国际国内双循环的战略链接。

一、上海非中心城区人才活力指数排名与分析

1. 上海非中心城区在长三角地区的表现

　　通过上述人才活力指数模型,分别从人才环境指数、人才量能指数、人才贡献指数三个维度评估了长三角中小城市的人才活力指数。数据显示,在60个中小城市研究对象范围内,上海八个非中心城区人才活力指数表现突出,人才吸引力强。闵行区、嘉定区的人才活力指数排名进入前10名,青浦区、奉贤区进入前

15名。在人才环境指数方面,闵行区、嘉定区进入前10名,宝山区、崇明区进入前20名。在人才量能指数方面,嘉定区、松江区、闵行区进入前10名,青浦区进入前15名。在人才贡献指数方面,嘉定区、金山区、奉贤区进入前10名,崇明区、闵行区进入前15名。总之,上海非中心城区的人才活力指数、人才环境指数、人才贡献指数排名第一,人才量能指数排名第二,整体表现较好(见表4—1)。

表4—1　　　　　　　　上海八个非中心城区人才活力指数

省	县级市(区)	人才活力指数	在中小城市中排名	人才环境指数	在中小城市中排名	人才量能指数	在中小城市中排名	人才贡献指数	在中小城市中排名
上海	闵行区	41.98	4	48.54	3	36.97	10	35.19	13
上海	宝山区	33.76	18	37.41	13	28.78	32	32.99	18
上海	嘉定区	43.28	3	40.66	9	37.74	9	56.32	2
上海	松江区	33.05	19	29.92	28	39.08	7	31.31	20
上海	金山区	32.68	21	30.64	24	25.34	41	46.97	5
上海	青浦区	35.58	14	32.85	20	36.11	11	40.54	10
上海	奉贤区	35.41	15	29.63	31	32.05	23	52.02	4
上海	崇明区	29.32	24	34.31	16	14.43	54	39.30	11

经过对三省一市的中小城市/区的人才活力指数对比分析(见图4—1),发现上海海纳百川的宽大胸襟造就了近代以来的荣光,也一波又一波地汇集了八方英才。数据显示,上海的人才活力指数、人才环境指数、人才贡献指数在三省一市中均名列第一,尤其是人才贡献指数表现尤其突出,人才量能指数排名第二。这与上海出台的一系列人才引进政策,吸引各类人才的人才环境有着密切的关系。近十几年来,上海一直以"海纳百川,追求卓越,开明睿智,大气谦和"的城市精神接纳越来越多的海内外优秀人才,比如"万名海外留学人才集聚工程""人才新政20条""人才新政30条""人才高峰方案"等一系列人才引进举措。同样,上海非中心城区的人才活力激发,同样也是这些创新人才引进举措的成果,有效助力上海成为国内,乃至国际的"人才高地"。

自改革开放以来,上海迅速成为引进外国专家的最主要城市,尤其是1992年浦东开发开放以后,上海成为中国面向世界对外开放的重要门户,以开放促改革,以改革促发展,实现了城市繁荣与区域复兴,拓展了新的城市功能,也使得各类国际人才对上海的未来充满期望。大批出国留学人才将上海视为回国发展的最优先目的地,越来越多的高鼻子、蓝眼睛人才开始涌向这片热土,并且催生了"洋打工"这个时尚的新词汇。事实上,上海迄今已多次蝉联"外籍人才眼中最具

三省一市人才状况分析(均值)

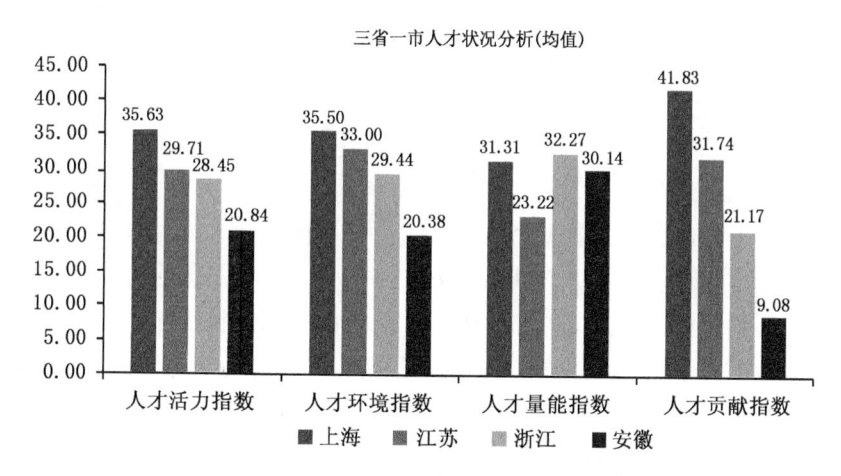

图4—1 长三角中小城市人才活力指数对比分析

魅力的中国城市"称号。

2. 上海非中心城区对比分析

上海非中心城市区域的人才活力指数平均得分为35.63,其中嘉定区排名第一,得分最高,为43.28,闵行区排名第二,得分为41.98,远高于其他6个城区的分值。在人才环境指数方面,排名前二的是闵行区、嘉定区,得分分别为48.54、40.66。排名第三的是宝山区,人才环境指数得分为37.41。从人才环境指数看,闵行区得分远超其他区,闵行区表现出最具有吸引人才的软硬件环境。在人才贡献指数方面,排名第一的是嘉定区,得分为56.32,排名第二的是奉贤区,得分为52.02。金山区排名第三,得分为46.97(见表4—2)。

表4—2　　　　上海非中心城区人才活力指数对比分析

省	县级市(区)	人才活力指数	排名	人才环境指数	排名	人才量能指数	排名	人才贡献指数	排名
上海	嘉定区	43.28	1	40.66	2	37.74	2	56.32	1
上海	闵行区	41.98	2	48.54	1	36.97	3	35.19	6
上海	青浦区	35.58	3	32.85	5	36.11	4	40.54	4
上海	奉贤区	35.41	4	29.63	8	32.05	5	52.02	2
上海	宝山区	33.76	5	37.41	3	28.78	6	32.99	7
上海	松江区	33.05	6	29.92	7	39.08	1	31.31	8
上海	金山区	32.68	7	30.64	6	25.34	7	46.97	3
上海	崇明区	29.32	8	34.31	4	14.43	8	39.30	5

数据显示,嘉定区的人才活力指数、人才环境指数、人才量能指数、人才贡献指数都名列前二,表明嘉定区人才活力得到了充分激发。嘉定区2019年GDP高达2 608.10亿元,在八个非中心城区排名第一。嘉定区的实际利用外资额达111 962万美元,远高于其他七个城区。可以说,嘉定区在其经济水平高的基础上,还充分利用外额投入资金,充分发掘和蓄留国内外优秀人才,导致其人才活力指数等四个维度的表现都非常良好。人才活力指数排名第二的闵行区的人才环境指数、人才量能指数、人才贡献指数均排名前三。数据显示,闵行区的人才活力指数得到很好的激发,闵行区的人才活力指数高的原因与闵行经济发展水平有着直接的关系。闵行区2019年国民经济生产总值高达2 520.82亿元,在8个非中心城区名列第二。闵行区固定资产投入高达668.91亿元,远高于其他7个区,并且第三产业占GDP比重最高,为63.3%,是八个非中心城区转型发展程度最高的区域。总之,上海非中心城区的人才活力指数前三分别为嘉定区、闵行区、青浦区;崇明相对靠后(见图4-2)。

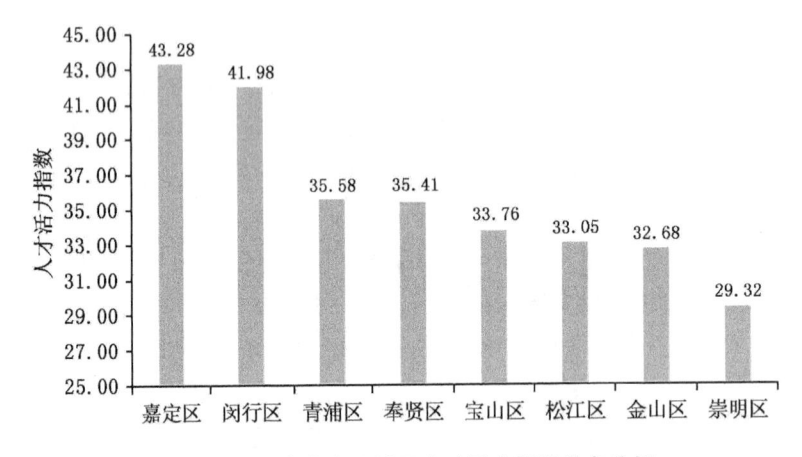

图4-2 上海非中心城区人才活力指数排名分析

二、上海人才引进政策现状与问题

1. 上海人才引进政策现状

人才是上海建设全球科技创新中心的重要资源,人才的现状与未来决定了全球科技创新中心的进程。上海要紧紧围绕建设"五个中心""四大品牌""三大新任务"以及卓越的全球城市和社会主义现代化国际大都市,优化完善人才政策体系,持续改善人才服务环境,提升人力资源配置市场化、国际化水平。近年来,上海先行先试的一系列海外引才引智创新举措,造就了留学回国人才、外国专家和"洋打工"这批国际人才队伍的壮大。这些优秀人才的集聚不光是国内改革开放大趋势、大机遇的产物,更是上海先行先试的一系列海外引才引智举措的产物。

(1)第一轮"万名海外留学人才集聚工程"

从20世纪90年代开始,面对市场经济蓬勃发展的新潮,以及"人才断层"造成的发展瓶颈,上海出台了引进留学人才的政策措施。21世纪以来,上海在率先求变、转型发展中迈出了新步伐,特别是加入WTO之后,主动将国际竞争压力转化为顺势而为的动力。中共上海市委组织部、市人事局于2003年8月16日决定实施第一轮"万名海外留学人才集聚工程"计划,同时发布了《关于本市实施"万名海外留学人才集聚工程"的意见》。第一轮"万名海外留学人才集聚工程"计划在三年内集聚万名海外留学人才来沪工作,并且为海外留学人员提供一万个中高层管理岗位和专业技术。该计划明确要求各相关单位要敢于、善于引进和使用海外留学人才,要勇于打破在使用海外留学人才中的观念束缚,要做到对现有人才队伍做一次全面分析,要做到能用、敢用、会用海外留学人才,找出缺陷和问题,并制定出优化本单位人才队伍结构的具体对策。

(2)第二轮"万名海外留学人才集聚工程"

2005年12月1日,中共上海市委组织部、市人事局正式启动了第二轮"万名海外留学人才集聚工程"。第二轮集聚工程截至2007年2月,提前9个月完成了预定目标,总共引进5 217名留学人才。第二轮集聚工程引进的留学人才不同于第一轮集聚工程引进的人才,主要体现在:①留沪工作的留学人才逐月增多,留学人士回国热情高涨。②留学人员仍以发达国家为主,主要来自美国、日本、英国等。博士学历比例增高。③留学人才择业方向有所变化,有明显转向外资机构、民营企业和自主创业等体制外单位的趋势。总而言之,第二轮集聚工程不仅提升了上海国际化人才的水平,也较大幅度增强了上海市海外人才队伍的实力。

(3)人才20条

2015年7月,上海市出台了《关于深化人才工作体制机制改革促进人才创新创业的实施意见》,简称"人才新政20条",建立更加灵活的人才管理制度、形成具有竞争力的人才集聚制度,总体优化了人才创新创业环境。例如,放宽外籍高层次人才永久居留受理条件,拓展申请渠道,监护办理程序。同时,在国内人才引进方面,也突破了以往重技能、重职称、重学历的传统评价方式,加大了对创新创业人才的激励力度,充分发挥户籍政策在人才引进中的导向和激励作用。

(4)人才30条

在《关于深化人才工作体制机制改革促进人才创新创业的实施意见》的基础上,上海市委、市政府于2016年发布了《关于进一步深化人才发展体制机制改革加快推进具有全球影响力的科技创新中心建设的实施意见》(人才"30条")。人才"30条"是人才"20条"的"优化版、升级版、加强版",是在2015年人才"20条"的基础上,着重在人才发展体制、机制方面进行了再突破、再完善、再创新。人才"30条"的主要目标是要在人才发展机制、体制等关键环节和重要领域具有重大突破,基本形成与上海建设全球国际金融、经济、航运、贸易、科创中心相匹配的、能够高效运作、开放包容、科学规范的人才发展治理体系。

(5)《上海市人才高峰行动方案》

2018年3月,上海市在"人才20条""人才30条""双自联动18条"等基础上,正式出台了《上海市人才高峰行动方案》,上海市立足全球引进和集聚高层次人才的工作走上了快车道,包括留学回国人才在内的大批顶尖国际人才涌向上海的各条战线。《上海市人才高峰行动方案》采取了量身定制、一人一策的办法,并明确了具体的高峰人才集聚的关键领域,包括航空航天、光子科学与技术、人工智能与脑科学、量子科学、智能制造与高端装备、生命科学与生物医药等。

2. 上海人才引进政策问题

现在,人才队伍建设问题是上海加快构建具有国际影响的国际大都市的关键。经调查发现,上海总体的问题是人才总量不够,尤其是技术技能型层人才队伍不够,结构还不合理。最突出的问题主要体现在以下几个方面:

(1)注重尖端人才,缺乏技术技能型人才队伍建设。上海目前的人才引进政策,大多是针对国际顶尖人才,比如院士、千人杰出青年等,更加注重人才"金字塔"的顶尖层次人才的引进。对于金字塔的中、低层人才的引进重视度不够,相关政策不够友好,导致很多"金字塔"中低层次的技术技能型人才的流出,比如相关人才流到上海周边的昆山、太仓、嘉兴等城市。

(2)房价虚高,收入与房价不匹配,导致人们幸福指数降低,一定程度抑制人才的涌入。

(3)技能技术型人才稀缺,人才结构失衡。高等教育与上海发展人才需求存在一定的脱节现象。

(4)人才政策的科学性、配套性、针对性不强,很多引进人才关系的问题(家属落户、医疗保险、子女上学、住房等问题)并没有很好落实。

三、提升上海市非中心城区人才活力的对策建议

1. 完善人才结构,注重尖端人才引进的同时,加大匹配相应的技术技能型

人才队伍建设。上海大多数人才引进政策都是针对国际顶尖人才,比如院士、千人杰出青年等,更加注重人才"金字塔"的顶尖层次人才的引进。在此基础上加大"金字塔"的技术技能型人才的引进。

2. 明确国际大都市建设的人才需求

充分利用政府、高校、企业、科研院所等多方力量,完善各类人才信息库,深入开展人才需求分析,深入开展新兴战略性产业的人才需求预测,构建产业人才信息发布平台。具体举措:(1)全局开展战略性新兴产业人才开发计划,加大人才分类指导和人才统筹规划,加大专业技术、技能、经营管理人才引进力度。(2)抓好人才引进,做好人才引进后的评估工作。

3. 匹配房价,提高人才工资待遇

上海房价居高不下,依据房价收入比,闵行区位居第一位,高达0.74,表明闵行区居民对房价的超负荷承载。上海人民的工资,与上海的房价不匹配。现在江浙地区的工资水平已经与上海无异,甚至赶超上海的工资,但是其房价远低于上海,导致人才"望沪止步",不敢来上海。因此,上海应思考如何留住、吸引人才,让人才来到上海能够安得了家,住得起房,这样人才才能把更多的精力和时间投入上海的建设、管理和服务中。

第五章

江苏省中小城市人才活力

江苏,简称"苏",是中华人民共和国省级行政区。省会南京,位于中国大陆东部沿海,江苏界于北纬30°45′—35°20′,东经116°18′—121°57′之间,北接山东,东濒黄海,东南与浙江和上海毗邻,西接安徽,江苏省总面积10.72万平方千米。

江苏省近年来持续推进人才制度创新,大力破除人才发展的体制机制障碍,坚持在改革中释放红利,为"强富美高"新江苏建设提供了强大的人才支撑和智力支持。五年来,江苏省先后制定出台人才人事制度改革政策67项,系统构建了人才人事制度的"四梁八柱"。截至2020年底,全省专业技术人才总量和高技能人才总量分别达到884.2万人和455.1万人,稳居全国首位。本部分通过对江苏省人才活力指数的研究,深入分析江苏省人才活力状况、梳理其有效的人才政策,进一步对全省人才建设提供切实可行的对策建议。

一、江苏省中小城市人才活力指数排名与分析

(一)江苏省中小城市人才活力在长三角中的表现

数据显示,江苏省23个中小城市人才活力指数均值为29.72,低于上海5.91个点,高于安徽省8.88个点,与浙江省只相差1.27个点,在整个长三角地区排名第二。江苏省23个中小城市人才环境指数均值为32.94,仅低于上海2.56个点,高于安徽省12.56个点,与浙江省相差3.5个点,在整个长三角地区排名第二。江苏省23个中小城市人才量能指数均值为23.60,低于浙江省8.67个点,低于上海7.71个点,低于安徽省6.54个点,在整个长三角地区排名第四。江苏省23个中小城市人才贡献指数均值为31.41,低于上海10.42个点,高于浙江省10.24个点,高于安徽省22.33个点,在整个长三角地区排名第二。

江苏省在人才活力指数、人才环境指数、人才贡献指数方面表现良好,均排名第二,但是在人才量能指数方面表现最差,处于垫底位置(见表5—1、图5—1)。

表 5—1 三省一市人才活力指数

省/市	人才活力指数	人才环境指数	人才量能指数	人才贡献指数
上海	35.63	35.50	31.31	41.83
江苏	29.72	32.94	23.60	31.41
浙江	28.45	29.44	32.27	21.17
安徽	20.84	20.38	30.14	9.08

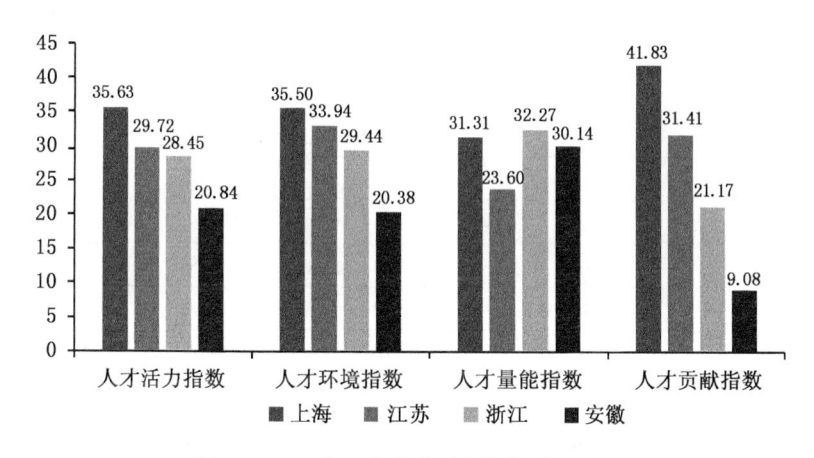

图 5—1 三省一市人才活力指数对比分析

江苏省 23 个中小城市的人才活力指数显示,进入长三角 60 个中小城市的前 30 名有 9 个,分别为昆山市、江阴市、张家港市、常熟市、吴江区、太仓市、宜兴市、高邮市、扬中市。昆山市和江阴市排名第一和第二,并且前 10 名中有 6 个在江苏省。可见,江苏省个别城市在整个长三角地区表现非常突出,整个江苏省内部之间的差距较大(见表 5—2、图 5—2)。

表 5—2 江苏省中小城市人才活力指数在长三角中的排名

省	地级市	县级市(区)	人才活力指数	排名
江苏	苏州	昆山市	62.93	1
江苏	无锡	江阴市	48.82	2
江苏	苏州	张家港市	40.92	5
江苏	苏州	常熟市	39.07	7
江苏	苏州	吴江区	38.14	8
江苏	苏州	太仓市	37.30	9

续表

省	地级市	县级市（区）	人才活力指数	排名
江苏	无锡	宜兴市	34.11	17
江苏	扬州	高邮市	29.80	23
江苏	镇江	扬中市	26.95	28
江苏	南通	海安市	25.80	30
江苏	南通	海门市	25.20	33
江苏	镇江	句容市	24.94	34
江苏	泰州	靖江市	24.66	35
江苏	徐州	新沂市	24.38	36
江苏	镇江	丹阳市	24.23	37
江苏	扬州	仪征市	23.92	39
江苏	南通	如皋市	23.69	40
江苏	泰州	泰兴市	23.29	43
江苏	常州	溧阳市	23.17	44
江苏	徐州	邳州市	22.64	45
江苏	南通	启东市	21.53	46
江苏	泰州	兴化市	21.08	49
江苏	盐城	东台市	17.08	60

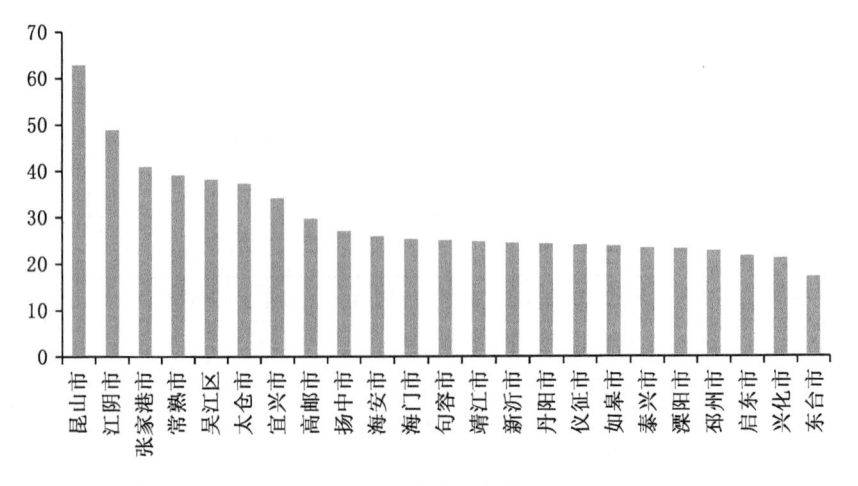

图 5－2 人才活力指数

江苏省23个中小城市的人才环境指数显示,进入长三角60个中小城市的前30名有13个,分别为昆山市、江阴市、张家港市、常熟市、宜兴市、太仓市、高邮市、吴江区、句容市、海安市、如皋市、兴化市、海门市。昆山市和江阴市排名第一和第二,并且前10名中有6个在江苏省。江苏省的大部分城市在长三角地区处于中上游的位置(见表5-3、图5-3)。

表5-3　　　江苏省中小城市人才环境指数在长三角中的排名

省	地级市	县级市(区)	人才环境指数	排名
江苏	苏州	昆山市	62.01	1
江苏	无锡	江阴市	55.25	2
江苏	苏州	张家港市	47.10	4
江苏	苏州	常熟市	42.21	6
江苏	无锡	宜兴市	40.82	8
江苏	苏州	太仓市	39.49	10
江苏	扬州	高邮市	33.42	18
江苏	苏州	吴江区	33.24	19
江苏	镇江	句容市	30.34	25
江苏	南通	海安市	30.32	26
江苏	南通	如皋市	30.25	27
江苏	泰州	兴化市	29.74	29
江苏	南通	海门市	29.67	30
江苏	镇江	扬中市	28.54	33
江苏	泰州	泰兴市	27.72	34
江苏	泰州	靖江市	27.02	36
江苏	扬州	仪征市	26.94	37
江苏	南通	启东市	26.13	38
江苏	常州	溧阳市	25.87	39
江苏	镇江	丹阳市	24.79	42
江苏	盐城	东台市	23.98	43
江苏	徐州	邳州市	22.91	47
江苏	徐州	新沂市	19.84	52

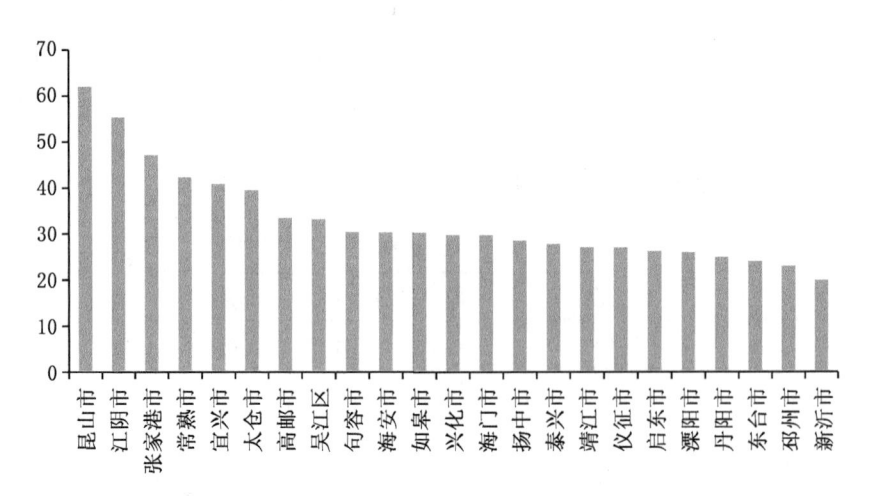

图 5-3　人才环境指数

江苏省 23 个中小城市的人才量能指数显示,进入长三角 60 个中小城市的前 30 名有 7 个,分别为昆山市、吴江区、新沂市、江阴市、常熟市、邳州市、太仓市。除了昆山市排名第一,并且前 10 名中仅有 2 个在江苏省。江苏省的大部分城市在长三角地区处于中下游的位置(见表 5-4、图 5-4)。

表 5-4　　江苏省中小城市人才量能指数在长三角中的排名

省	地级市	县级市(区)	人才量能指数	排名
江苏	苏州	昆山市	57.93	1
江苏	苏州	吴江区	40.03	5
江苏	徐州	新沂市	34.45	15
江苏	无锡	江阴市	33.91	17
江苏	苏州	常熟市	32.48	22
江苏	徐州	邳州市	30.02	28
江苏	苏州	太仓市	29.50	30
江苏	苏州	张家港市	27.10	37
江苏	镇江	丹阳市	24.57	43
江苏	无锡	宜兴市	23.50	44
浙江	杭州	建德市	22.33	45

续表

省	地级市	县级市(区)	人才量能指数	排名
江苏	镇江	扬中市	22.11	46
江苏	扬州	高邮市	20.91	47
江苏	镇江	句容市	19.78	48
江苏	扬州	仪征市	18.75	49
江苏	泰州	靖江市	18.60	50
江苏	南通	海门市	18.09	51
江苏	常州	溧阳市	16.38	52
江苏	泰州	泰兴市	15.84	53
江苏	南通	启东市	14.34	55
江苏	南通	如皋市	13.07	57
江苏	泰州	兴化市	12.65	58
江苏	南通	海安市	12.10	59
江苏	盐城	东台市	6.64	60

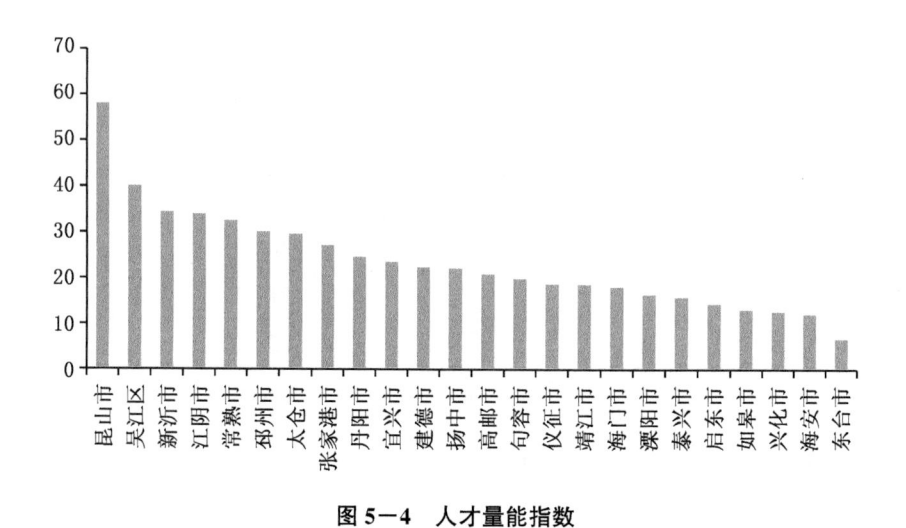

图 5—4 人才量能指数

江苏省 23 个中小城市的人才贡献指数显示，进入长三角 60 个中小城市前 30 名的有 14 个，分别为昆山市、江阴市、张家港市、吴江区、太仓市、常熟市、海安市、宜兴市、高邮市、扬中市、靖江市、溧阳市、海门市、仪征市。昆山市和江阴市排名第一和第三,并且前10名中有6个在江苏省。江苏省的大部分城市在长三角地区处于中上游的位置(见表5-5、图5-5)。

表5-5　　　　　江苏省中小城市人才贡献指数在长三角中的排名

省	地级市	县级市(区)	人才贡献指数	排名
江苏	苏州	昆山市	71.70	1
江苏	无锡	江阴市	55.85	3
江苏	苏州	张家港市	46.97	6
江苏	苏州	吴江区	45.75	7
江苏	苏州	太仓市	43.42	8
江苏	苏州	常熟市	41.55	9
江苏	南通	海安市	35.15	14
江苏	无锡	宜兴市	34.65	15
江苏	扬州	高邮市	34.45	16
江苏	镇江	扬中市	30.26	21
江苏	泰州	靖江市	28.03	24
江苏	常州	溧阳市	26.84	27
江苏	南通	海门市	25.65	29
江苏	扬州	仪征市	24.70	30
江苏	南通	如皋市	24.56	31
江苏	泰州	泰兴市	24.24	32
江苏	镇江	丹阳市	22.59	33
江苏	南通	启东市	21.81	34
江苏	镇江	句容市	20.76	36
江苏	徐州	新沂市	20.03	37
江苏	盐城	东台市	16.99	41
江苏	泰州	兴化市	14.59	47
江苏	徐州	邳州市	11.99	51

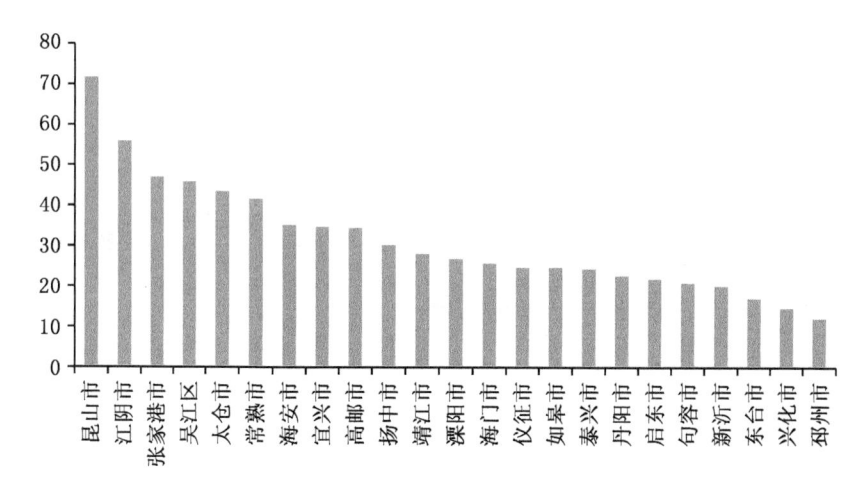

图 5—5　人才贡献指数

综上所述,江苏省在人才活力指数、人才环境指数、人才贡献指数方面表现较好。大部分城市处于整个长三角地区的中上游位置,尤其昆山市和江阴市表现最为突出,三项都占据第一、第二的位置。但是在人才量能指数方面,江苏省表现稍弱,除了昆山市仍独占鳌头之外,其他大部分城市处于长三角中下游位置。因此,江苏省人才量能方面还有待提升,其规模有待扩大,结构需要优化,同时应不断增强人才吸引力,来加大人才的流入量。

(二)江苏省中小城市人才活力对比分析

1. 江苏省中小城市人才活力指数排名与分析

江苏省中小城市人才活力指数排名前8位的城市依次是昆山市、江阴市、张家港市、常熟市、吴江区、太仓市、宜兴市、高邮市。从地级市区域来看,人才活力指数排名前8位的城市中,苏州市共有5个城市入围,即昆山市、张家港市、常熟市、吴江区、太仓市;无锡市共有2个城市入围,即江阴市、宜兴市;扬州市只有高邮市入围;其他地级市没有城市入围(见表5—6、图5—6)。

表 5—6　　　　　　江苏省中小城市人才活力指数排名

排名	地级市	县级市(区)	人才活力指数
1	苏州	昆山市	62.93
2	无锡	江阴市	48.82
3	苏州	张家港市	40.92
4	苏州	常熟市	39.07

续表

排名	地级市	县级市(区)	人才活力指数
5	苏州	吴江区	38.14
6	苏州	太仓市	37.30
7	无锡	宜兴市	34.11
8	扬州	高邮市	29.80
9	镇江	扬中市	26.95
10	南通	海安市	25.80
11	南通	海门市	25.20
12	镇江	句容市	24.94
13	泰州	靖江市	24.66
14	徐州	新沂市	24.38
15	镇江	丹阳市	24.23
16	扬州	仪征市	23.92
17	南通	如皋市	23.69
18	泰州	泰兴市	23.29
19	常州	溧阳市	23.17
20	徐州	邳州市	22.64
21	南通	启东市	21.53
22	泰州	兴化市	21.08
23	盐城	东台市	17.08

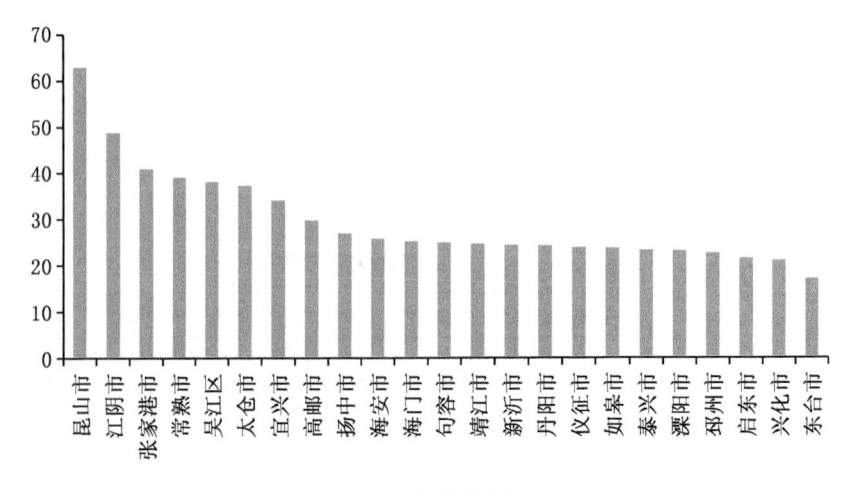

图 5-6 人才活力指数

从江苏省中小城市人才活力指数分析来看,23个城市人才活力指数平均值为29.72,有8个城市的人才活力指数高于平均值。人才活力得分最高的是昆山市,为62.93;人才活力得分最低的是东台市,为17.08,两者相差45.85。总体来看,江苏省中小城市人才活力还是存在一定差距,整体约2/3的城市人才活力指数低于平均值,折射出大部分城市还是缺乏人才活力,尾部城市与头部城市差距较为明显。

2. 江苏省中小城市人才环境指数排名与分析

(1)江苏省中小城市人才环境指数排名

在城市人才环境指数方面,排名前8位的城市依次是昆山市、江阴市、张家港市、常熟市、宜兴市、太仓市、高邮市、吴江区。从地级市区域来看,人才环境指数排名前8位的城市中,苏州市共有5个城市入围,即昆山市、张家港市、常熟市、太仓市、吴江区;无锡市共有2个城市入围,即江阴市、宜兴市;扬州市只有高邮市入围;其他地级市没有城市入围(见表5—7、图5—7)。

表5—7　　　　　　　　江苏省中小城市人才环境指数排名

排名	地级市	县级市(区)	人才环境指数
1	苏州	昆山市	62.01
2	无锡	江阴市	55.25
3	苏州	张家港市	47.10
4	苏州	常熟市	42.21
5	无锡	宜兴市	40.82
6	苏州	太仓市	39.49
7	扬州	高邮市	33.42
8	苏州	吴江区	33.24
9	镇江	句容市	30.34
10	南通	海安市	30.32
11	南通	如皋市	30.25
12	泰州	兴化市	29.74
13	南通	海门市	29.67
14	镇江	扬中市	28.54
15	泰州	泰兴市	27.72

续表

排名	地级市	县级市(区)	人才环境指数
16	泰州	靖江市	27.02
17	扬州	仪征市	26.94
18	南通	启东市	26.13
19	常州	溧阳市	25.87
20	镇江	丹阳市	24.79
21	盐城	东台市	23.98
22	徐州	邳州市	22.91
23	徐州	新沂市	19.84

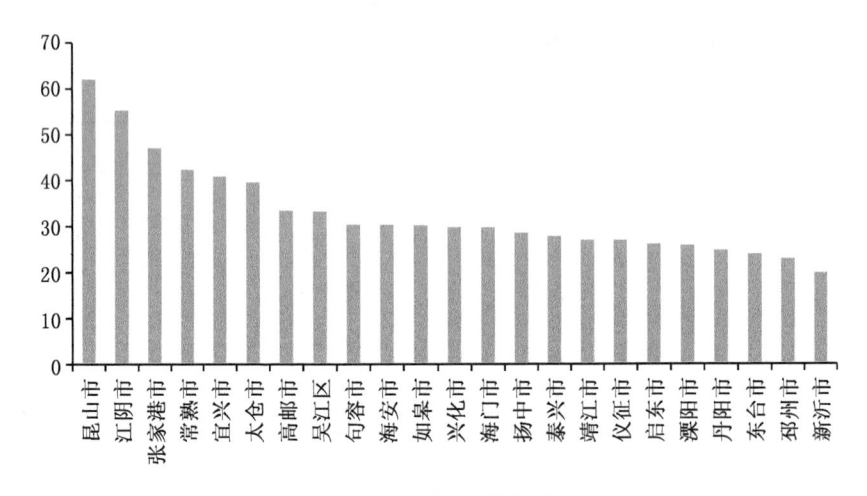

图 5—7 人才环境指数排名

从江苏省中小城市人才环境指数分析来看,23 个城市人才环境指数平均值为 32.94,有 8 个城市的人才环境指数高于平均值。人才环境指数得分最高的是昆山市,为 62.01;人才环境指数得分最低的是新沂市,为 19.84,两者相差 42.17。总体来看,江苏省中小城市人才环境差距较为明显,作为中国百强县的昆山、江阴、张家港等江苏工业强县,在人才环境建设中远远将其他城市甩在身后,但也揭示了其他城市在人才环境方面存在很多问题和困境。

(2)人才环境核心指标排名与分析

①经济环境

在经济环境排名方面,排名前 8 位的城市依次是江阴市、昆山市、常熟市、张家港市、泰兴市、仪征市、宜兴市、海安市。从地级市区域来看,经济环境排名前8位的城市中,苏州市共有3个城市入围,即昆山市、常熟市、张家港市;无锡市共有2个城市入围,即江阴市、宜兴市;泰州市只有泰兴市入围;扬州市只有仪征市入围;南通市只有海安市入围;其他地级市没有城市入围(见图5—8)。

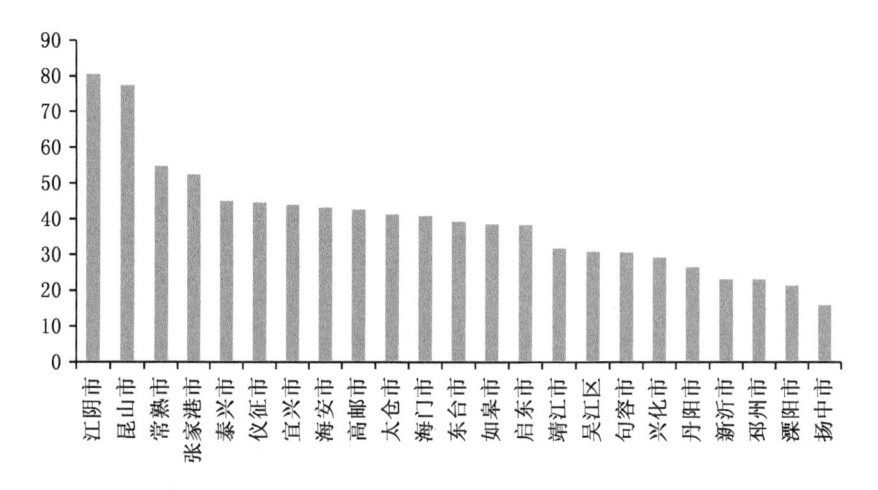

图 5—8 经济环境

从江苏省中小城市经济环境分析来看,23个城市经济环境平均值为39.82,有11个城市经济环境数值高于平均值。经济环境得分最高的是江阴市,为80.51;经济环境得分最低的是扬中市,为15.93,两者相差64.58。毫无疑问,江阴、昆山等再次成为榜单前两位,并且和后面的城市拉开了不小的差距;整体来看,江苏省中小城市经济环境发展水平差距明显。

②社会环境

在社会环境排名方面,排名前8位的城市依次是昆山市、张家港市、江阴市、吴江区、常熟市、如皋市、海门市、太仓市。从地级市区域来看,社会环境排名前8位的城市中,苏州市共有5个城市入围,即昆山市、张家港市、吴江区、常熟市、太仓市;无锡市只有江阴市入围;南通市共有2个城市入围,即如皋市、海门市;其他地级市没有城市入围。

从江苏省中小城市社会环境分析来看,23个城市社会环境平均值为45.95,有9个城市社会环境数值高于平均值。社会环境得分最高的是昆山市,为69.15;社会环境得分最低的是东台市,为31.06,两者相差38.09。社会环境中,虽然昆山仍然是第一,但是整体差距并没有断崖式地下跌;从整体排名来看,环境指数差距不明显(见图5—9)。

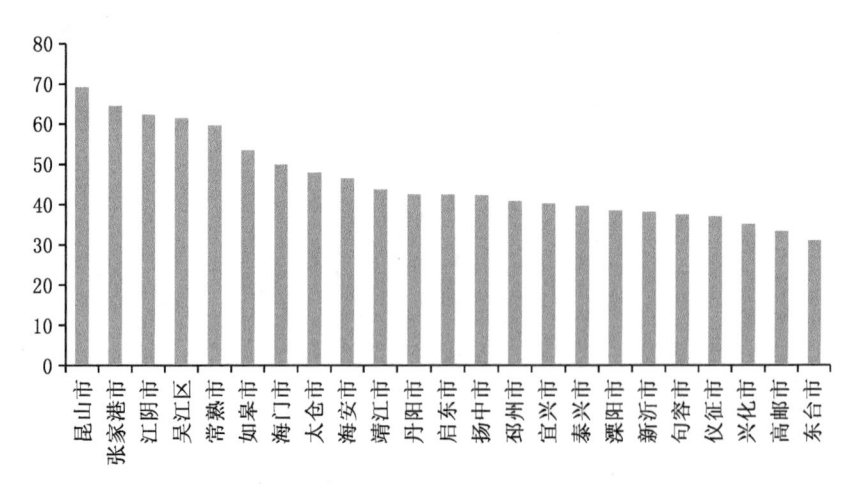

图5-9 社会环境排名

③政策环境

在政策环境排名方面,排名前8位的城市依次是昆山市、宜兴市、太仓市、张家港市、扬中市、江阴市、兴化市、高邮市。从地级市区域来看,政策环境排名前8位的城市中,苏州市共有3个城市入围,即昆山市、太仓市、张家港市;无锡市共有2个城市入围,即宜兴市、江阴市;镇江市只有扬中市入围;泰州市只有兴化市入围;扬州市只有高邮市入围;其他地级市没有城市入围(见图5—10)。

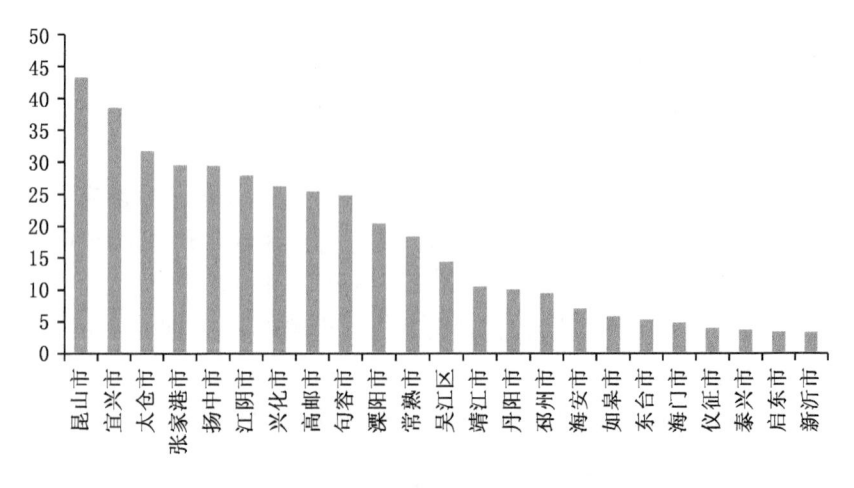

图5-10 政策环境排名

从江苏省中小城市政策环境分析来看,23个城市政策环境平均值为17.27,

有11个城市政策环境数值高于平均值。政策环境得分最高的是昆山市,为43.27;政策环境得分最低的是新沂市,为3.31,两者相差39.96。总体来看,江苏省中小城市政策环境发展水平整体差距不大;前三名为第一梯队,差距不明显;第4名到第14名为第二梯队,基本徘徊在10到20多,15名到23名为第三梯队,指数值在10以下;三个梯队之间平缓降级。

3. 江苏省中小城市人才量能指数排名与分析

(1)江苏省中小城市人才量能指数排名

在城市人才量能指数方面,排名前8位的城市依次是昆山市、吴江区、新沂市、江阴市、常熟市、邳州市、太仓市、张家港市。从地级市区域来看,人才量能指数排名前8位的城市中,苏州市共有5个城市入围,即昆山市、吴江区、常熟市、太仓市、张家港市;徐州市共有2个城市入围,即新沂市、邳州市;无锡市只有江阴市入围;其他地级市没有城市入围(见表5-8、图5-11)。

表5-8　　　　　　　江苏省中小城市人才量能指数排名

排名	地级市	县级市(区)	量能指数
1	苏州	昆山市	57.93
2	苏州	吴江区	40.03
3	徐州	新沂市	34.45
4	无锡	江阴市	33.91
5	苏州	常熟市	32.48
6	徐州	邳州市	30.02
7	苏州	太仓市	29.50
8	苏州	张家港市	27.10
9	镇江	丹阳市	24.57
10	无锡	宜兴市	23.50
11	镇江	扬中市	22.11
12	扬州	高邮市	20.91
13	镇江	句容市	19.78
14	扬州	仪征市	18.75
15	泰州	靖江市	18.60
16	南通	海门市	18.09

续表

排名	地级市	县级市（区）	量能指数
17	常州	溧阳市	16.38
18	泰州	泰兴市	15.84
19	南通	启东市	14.34
20	南通	如皋市	13.07
21	泰州	兴化市	12.65
22	南通	海安市	12.10
23	盐城	东台市	6.64

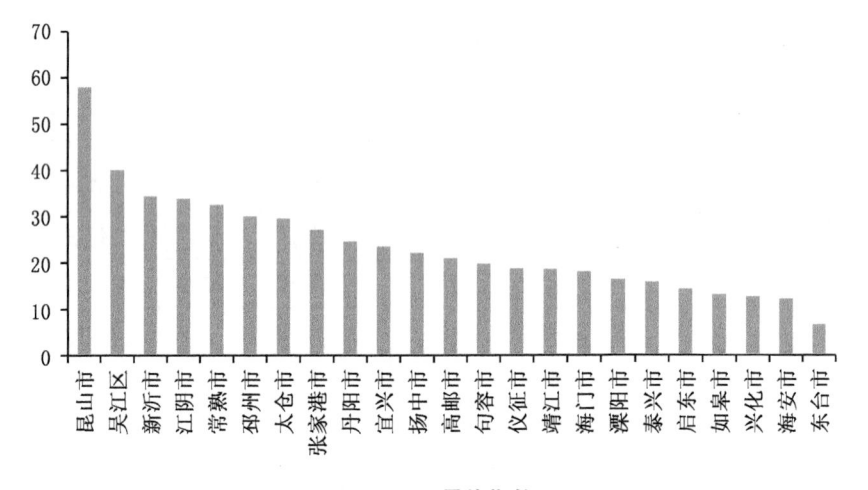

图 5－11 量能指数

从江苏省中小城市人才量能指数分析来看，23 个城市人才量能指数平均值为 23.60，有 9 个城市的人才量能指数高于平均值。人才量能指数得分最高的是昆山市，为 57.93；人才量能指数得分最低的是东台市，为 6.64，两者相差 51.29。总体来看，江苏省中小城市人才量能总体差距较为明显；昆山无可厚非再次占据榜首，除了东台市是唯一一个低于 10 的城市，其余城市的差距并没有出现骤降。

(2)人才量能核心指标排名与分析

①人才规模

在人才规模排名方面，排名前 8 位的城市依次是昆山市、吴江区、新沂市、邳州市、张家港市、江阴市、太仓市、丹阳市。从地级市区域来看，人才规模排名前

8位的城市中,苏州市共有4个城市入围,即昆山市、吴江区、张家港市、太仓市;徐州市共有2个城市入围,即新沂市、邳州市;无锡市只有江阴市入围;镇江市只有丹阳市入围;其他地级市没有城市入围(见图5-12)。

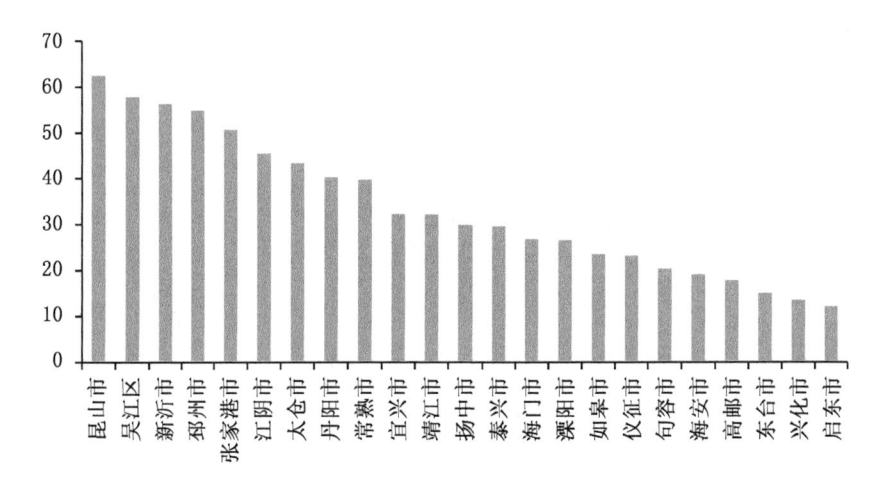

图5-12 人才规模排名

从江苏省中小城市人才规模分析来看,23个城市人才规模平均值为33.56,有9个城市人才规模数值高于平均值。人才规模得分最高的是昆山市,为62.42;人才规模得分最低的是启东市,为12.04,两者相差50.38。我们可以发现,昆山市和启东市都是邻接上海的城市,但是它们的人才规模相差甚远;整体来看,江苏省中小城市人才规模差距明显,头部城市与尾部城市相差较大。

②人才结构

在人才结构排名方面,排名前8位的城市依次是昆山市、吴江区、江阴市、常熟市、新沂市、太仓市、邳州市、宜兴市。从地级市区域来看,人才结构排名前8位的城市中,苏州市共有4个城市入围,即昆山市、吴江区、常熟市、太仓市;无锡市共有2个城市入围,即江阴市、宜兴市;徐州市共有2个城市入围,即新沂市、邳州市;其他地级市没有城市入围(见图5-13)。

从江苏省中小城市人才结构分析来看,23个城市人才结构平均值为21.93,有8个城市人才结构数值高于平均值。人才结构得分最高的是昆山市,为77.6;人才结构得分最低的是东台市,为0,两者相差77.6。总体来看,昆山市以绝对优势遥遥领先,从第三名的江阴市开始,指数平缓下降,只有海安市和东台市在10以下,处于垫底位置。

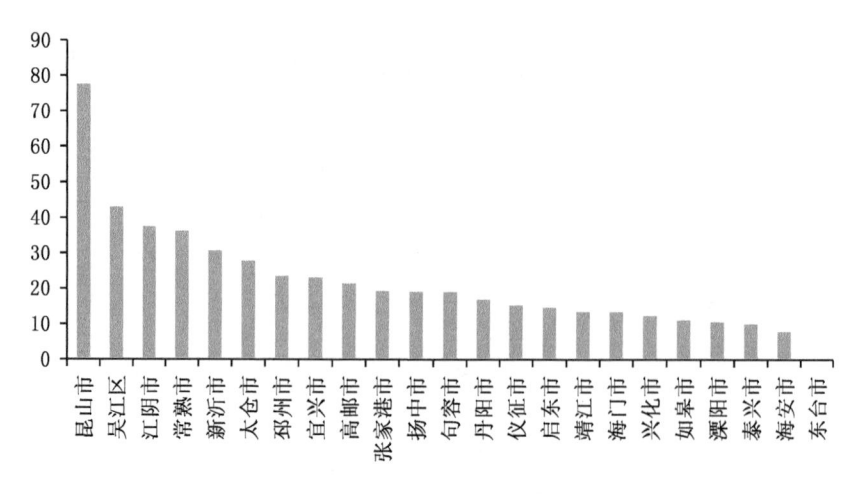

图 5-13 人才结构排名

③人才流量

在人才流量排名方面,排名前8位的城市依次是丹阳市、高邮市、新沂市、太仓市、仪征市、张家港市、扬中市、邳州市。从地级市区域来看,人才流量排名前8位的城市中,镇江市共有2个城市入围,即丹阳市、扬中市;扬州市共有2个城市入围,即高邮市、仪征市;徐州市共有2个城市入围,即新沂市、邳州市;苏州市共有2个城市入围,即太仓市、张家港市;其他地级市没有城市入围(见图5-14)。

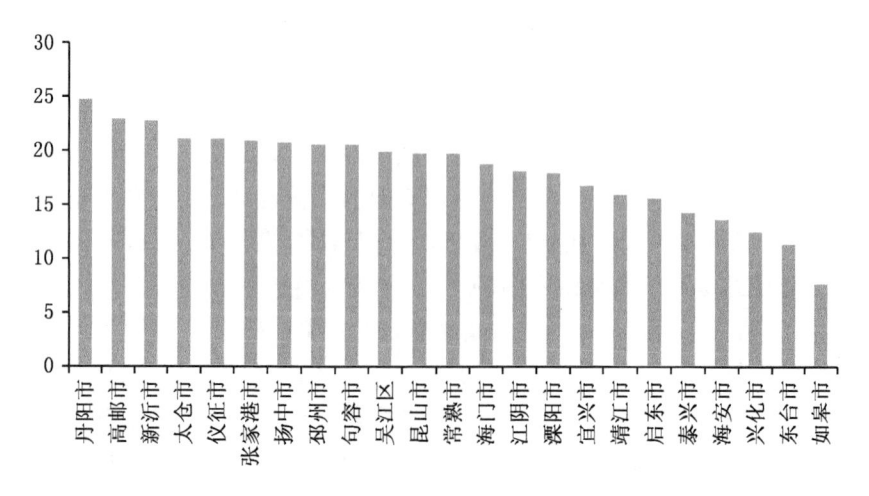

图 5-14 人才流量排名

从江苏省中小城市人才流量分析来看,23个城市人才流量平均值为18.12,有13个城市人才流量数值高于平均值。人才流量得分最高的是丹阳市,为24.71;人才流量得分最低的是如皋市,为7.63,两者相差17.08。总体来看,江苏省中小城市人才流量总体差距不大,基本处于10到20多之间,只有垫底的如皋市在10以下;人才流量整体上波动相对较小,平缓是主要态势。

4. 江苏省中小城市人才贡献指数排名与分析

(1)江苏省中小城市人才贡献指数排名

在城市人才贡献指数方面,排名前8位的城市依次是昆山市、江阴市、张家港市、吴江区、太仓市、常熟市、海安市、宜兴市。从地级市区域来看,人才贡献指数排名前8位的城市中,苏州市共有5个城市入围,即昆山市、张家港市、吴江区、太仓市、常熟市;无锡市共有2个城市入围,即江阴市、宜兴市;南通市只有海安市入围;其他地级市没有城市入围(见表5－9、图5－15)。

表5－9　　　　　　　　江苏省中小城市人才贡献指数排名

排名	地级市	县级市(区)	人才贡献指数
1	苏州	昆山市	71.70
2	无锡	江阴市	55.85
3	苏州	张家港市	46.97
4	苏州	吴江区	45.75
5	苏州	太仓市	43.42
6	苏州	常熟市	41.55
7	南通	海安市	35.15
8	无锡	宜兴市	34.65
9	扬州	高邮市	34.45
10	镇江	扬中市	30.26
11	泰州	靖江市	28.03
12	常州	溧阳市	26.84
13	南通	海门市	25.65
14	扬州	仪征市	24.70
15	南通	如皋市	24.56
16	泰州	泰兴市	24.24
17	镇江	丹阳市	22.59
18	南通	启东市	21.81
19	镇江	句容市	20.76

续表

排名	地级市	县级市（区）	人才贡献指数
20	徐州	新沂市	20.03
21	盐城	东台市	16.99
22	泰州	兴化市	14.59
23	徐州	邳州市	11.99

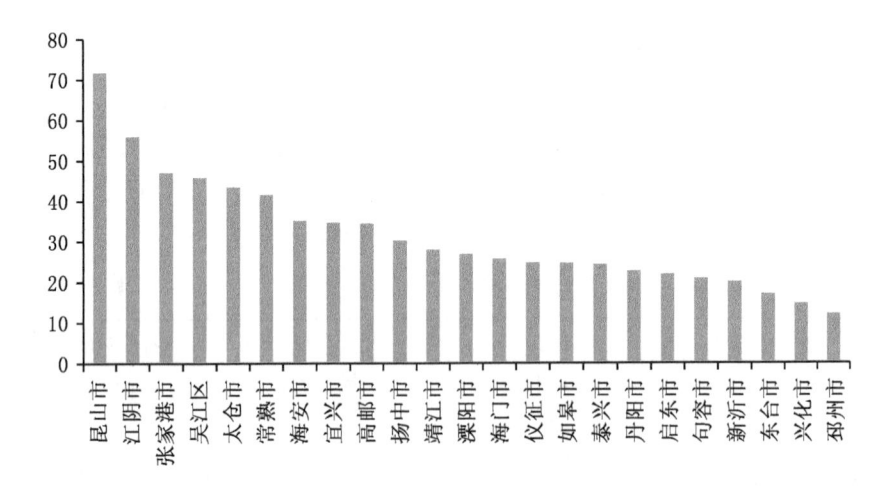

图5－15 人才贡献指数排名

从江苏省中小城市人才贡献指数分析来看，23个城市人才贡献指数平均值为31.41，有9个城市的人才贡献指数高于平均值。人才贡献指数得分最高的是昆山市，为71.7；人才贡献指数得分最低的是邳州市，为11.99，两者相差59.71。总体来看，江苏省中小城市人才贡献总体差距较为明显；同时，昆山市遥遥领先，从第7名的海安市开始，数值开始小幅下降；头部城市与尾部城市在人才贡献方面具有明显差距。

（2）人才贡献核心指标排名与分析

①人才创新

在人才创新排名方面，排名前8位的城市依次是昆山市、张家港市、江阴市、太仓市、吴江区、高邮市、常熟市、海安市。从地级市区域来看，人才创新排名前8位的城市中，苏州市共有5个城市入围，即昆山市、张家港市、太仓市、吴江区、常熟市；无锡市只有江阴市入围；扬州市只有高邮市入围；南通市只有海安市入围；其他地级市没有城市入围（见图5－16）。

从江苏省中小城市人才创新分析来看，23个城市人才创新平均值为43.86，

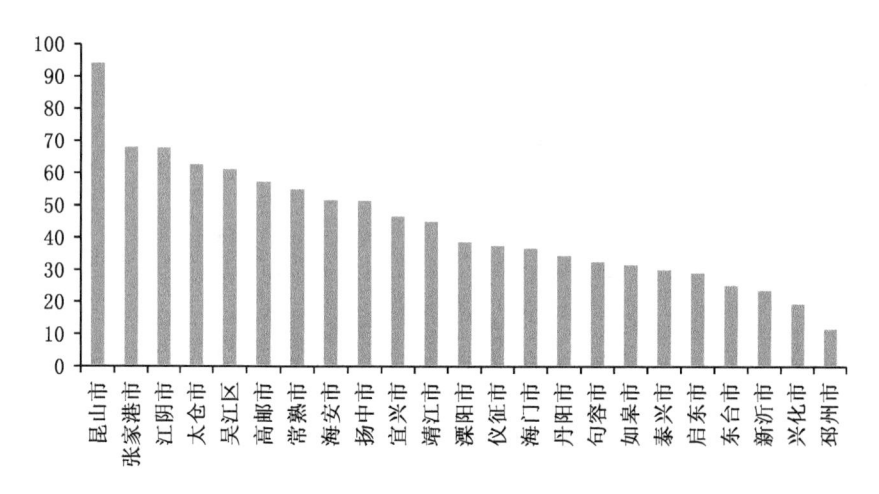

图 5—16 人才创新排名

有 11 个城市人才创新数值高于平均值。人才创新得分最高的是昆山市,为 94.08;人才创新得分最低的是邳州市,为 11.53,两者相差 82.55。总体来看,江苏省中小城市人才创新水平总体差距很大,昆山市以高于第二名张家港市 26.13 独占鳌头,头部城市与尾部城市差距极为明显。

②人才创业

在人才创业排名方面,排名前 8 位的城市依次是昆山市、江阴市、吴江区、常熟市、张家港市、宜兴市、太仓市、泰兴市。从地级市区域来看,人才创业排名前 8 位的城市中,苏州市共有 5 个城市入围,即昆山市、吴江区、常熟市、张家港市、太仓市;无锡市共有 2 个城市入围,即江阴市、宜兴市;泰州市只有泰兴市入围;其他地级市没有城市入围(见图 5—17)。

从江苏省中小城市人才创业分析来看,23 个城市人才创业平均值为 15.69,有 10 个城市人才创业数值高于平均值。人才创业得分最高的是昆山市,为 43.42;人才创业得分最低的是扬中市,为 3.53,两者相差 39.89。总体来看,江苏省中小城市人才创业发展水平总体差距不大,昆山市和江阴市在人才创业中优势明显,从第三名的吴江区开始,呈现平缓下降态势,其他城市表现稍差,致使平均数并不理想。

综上所述,江苏省中小城市人才活力和人才环境方面,2/3 的城市低于平均值,说明大部分中小城市人才活力还有待激发,人才环境有待提升,应该向头部城市昆山市、江阴市和张家港市吸取政策经验。其中,最值得注意的是政策环境差距极其明显,呈现断崖式下跌态势,大部分城市应该积极改变和提升政策环

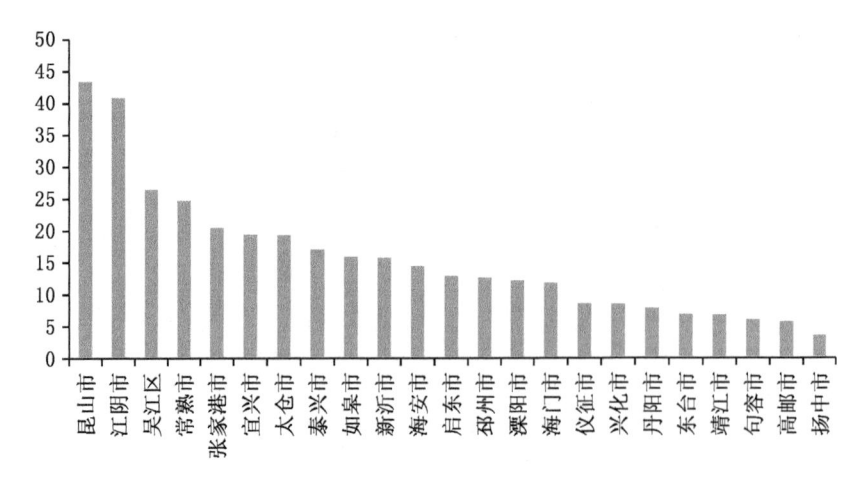

图 5-17 人才创业排名

境,从而达到整体提升的目的。江苏省人才量能和人才贡献方面差距最为明显,仅有39%的城市高于平均值。说明江苏省人才体量有待扩大,人才输出的贡献力量有待加强。其中,人才结构和人才创业相差最为突出,因此,江苏省中小城市人才结构亟待优化,人才创业需要积极鼓励。

二、江苏省中小城市人才活力的问题

人才是实现民族振兴、赢得国际竞争主动、奠定区域协调发展的战略资源,也是促进区域技术创新、产业协同、城市共融、制度创新的重要驱动力。通过对江苏省中小城市人才活力的分析,不难发现,还有一些问题亟待解决:

(一)人才分布和人才竞争的不平衡性

江苏省区域内人才分布非均衡性的特点还是比较明显。据《2019年人才前景趋势大数据报告》显示,全国各城市中高端人才净流入率排名前20位城市中,除了上海以外,长三角的杭州、宁波、嘉兴、无锡、常州、苏州六城市位列其中,其他城市则榜上无名。江苏省各地的人才分布呈现明显的不平衡性,资源不够协同和集中,城市间人才吸引力差异大。同时,人才的使用和开发存在不充分现象,一部分人才的创造性和积极性并未充分发挥出来。因此,江苏省各中小城市只有转变观念,从"零和博弈"的人才竞争转变为均衡的人才共享,充分挖掘区域内人才的价值创造和潜力发挥,才能做到人尽其才、各得其用。

(二)人才共享政策协调亟待完善

有关人才的政策在江苏省跨行政区域的衔接上依然存在壁垒。虽然在推进江苏省城市发展中签订了不少框架协议,但是在具体实施过程中,由于受局部利益驱动,地方政府对于可能对本地区经济社会不利的人才政策缓慢执行甚至不执行,甚至影响江苏省区域人才共享的实施。

(三)人才共享信息平台有待整合

构建人才供需信息平台是实现人才共享的基础。江苏省很多城市虽然一直在尝试区域内人才信息平台建设,但是,现有的人才信息平台和信息资源仍然零散而不系统,在一定程度上制约了人才共享的纵深推进。

三、提升江苏省中小城市人才活力的对策建议

针对上述江苏省在人才活力方面存在的问题,需要精准破解。

(一)强化整体思维,发挥各自比较优势

通过不断地出台优惠政策改变人才的非均衡性发展趋势。政府部门应该积极调研,倾听人才心声,制定更好的优惠政策鼓励人才开荒拓土。制定区域人才规划,强化分工合作,发展好的要发挥带头作用,各个城市要各展所长,实现人才错位共享,避免无序竞争,提升整体实力。毋庸置疑,江苏省是人才集聚地和创新策源地。在未来发展中,只有利用各地人才比较优势,打破行政局限,通过区域人才共享,才能更好地促进江苏省一体化发展。

(二)相互认可,互惠互利

建立统一的人才保障机制和共享平台。每个城市间可以进行社会保障体系乃至专业技术认证层面的进一步合作。打破地方保护主义的壁垒,对于社会保障体系和专业技能认可进行优化。不再以一刀切的方式全盘否定其他城市的认可内容。让人才流动的成本降低,方可鼓励人才走出去,请进来。从长远来看,可以让人才以低成本找到更加适合自己的生活和工作环境,也能让不同城市招揽到适用人才,可谓是一个双赢局面。

(三)利用大数据,整合人才共享信息平台

首先,要整合江苏省人才共享信息平台,打造专业型、多元化、综合性的人才信息资源库。其次,要构建以人才供求为核心的信息交换和发布机制。最后,通过资源平台、大型数据库平台、项目载体等实现人才信息共享共用、人才资源交流合作,从而达到激发人才创新活力的目的。

第六章

浙江省中小城市人才活力

浙江省位于中国东南沿海、长江三角洲南翼,地跨北纬27°02′—31°11′,东经118°01′—123°10′。东临东海,南接福建,西与江西、安徽相连,北与上海、江苏为邻。浙江东西和南北的直线距离均为450千米左右,陆域面积10.55万平方千米,为中国的1.1%,是中国面积较小的省份之一。2020年,浙江实现生产总值64 613亿元,比上年增长3.6%,占全国生产总值(1 015 986亿元)6.36%。全省入围本研究范畴的中小城市有20个,分别是建德市、余姚市、慈溪市、瑞安市、乐清市、平湖市、海宁市、桐乡市、嘉善县、诸暨市、嵊州市、兰溪市、东阳市、义乌市、永康市、江山市、温岭市、临海市、玉环市、龙泉市。浙江省20个中小城市的GDP总值为16 906.21亿元,占浙江全省27.11%,固定资产投入为7 892.53亿元,占浙江全省(36 702.88亿元)21.50%,第三产业占GDP比重均值为46.18%,低于全省平均水平(58.9%)。因此,充分激活浙江省中小城市的人才活力,持续增强中小城市转型发展对支持长三角一体化高质量发展国家战略具有重大作用。

一、浙江省中小城市人才活力指数排名与分析

1. 浙江省中小城市在长三角中的表现

2019年,浙江省20个中小城市常住人口总量为1 828.66万人,是浙江省城市常住人口总量5 850万人的31.26%。浙江省的20个中小城市在浙江省参与一体化高质量发展建设中占有重要地位。数据显示,20个浙江省中小城市人才活力指数均值为28.45,高于安徽省中小城市7.61,低于上海8.08,与江苏相当,只差1.26。浙江省20个中小城市在人才活力指数、人才环境指数和人才贡献指数方面排名第三,低于上海,略低于江苏,远高于安徽。在人才量能指数方面,浙江省表现最好,三省一市中排名第一(见表6—1)。

表 6—1　　　　　　　三省一市中小城市人才活力指数分析

省/市	人才活力指数	人才环境指数	人才量能指数	人才贡献指数
上海	35.63	35.5	31.31	41.48
江苏	29.71	33.00	23.22	31.74
浙江	28.45	29.44	32.27	21.17
安徽	20.84	20.38	30.14	9.08

浙江省 20 个中小城市的人才活力指数显示,进入长三角 60 个中小型城市前 30 名的有 11 个,分别为慈溪市、嘉善县、义乌市、平湖市、桐乡市、余姚市、海宁市、诸暨市、瑞安市、乐清市、东阳市。慈溪市在人才活力指数方面排名第 6,在人才量能指数方面,排名第 2。嘉善县在人才环境指数排名第 5。余姚市在人才量能指数排名第 3。这些城市在整个长三角中小城市中表现突出,人才活力激发得较好。这与这些城市的经济发展水平、城市地理位置有着密切关系。总体来说,浙江省的大部分中小城市由于地理位置的原因,人才活力还有待进一步激发。

2. 浙江省中小城市对比分析

在浙江省内的排名显示,人才活力指数排名前 10 的是慈溪市、嘉善县、义乌市、平湖市、桐乡市、余姚市、海宁市、诸暨市、瑞安市、乐清市。慈溪市第 1,得分为 40.33,嘉善县第 2,得分为 36.83,义乌排名第 3,得分为 36.79。人才活力指数的得分高低与城市经济发展水平有关。2019 年名列第 1 的慈溪市 GDP 总量为 1 898.4 亿元,在浙江省 20 个中小城市里面也是名列第 1,名列第 3 的义乌市 GDP 为 1 421.14 亿元,在 20 个浙江省中小城市里名列第 2(见表 6—2)。

表 6—2　　　　　　　浙江省中小城市在长三角中排名分析

省	地级市	县级市(区)	人才活力指数	在长三角排名	人才环境指数	在长三角排名	人才量能指数	在长三角排名	人才贡献指数	在长三角排名
浙江	宁波	慈溪市	40.33	6	42.18	7	46.41	2	28.18	23
浙江	嘉兴	嘉善县	36.83	10	45.13	5	29.84	29	29.15	22
浙江	金华	义乌市	36.79	11	37.69	12	34.1	16	38.61	12
浙江	嘉兴	平湖市	35.66	12	37.19	14	34.83	14	33.61	17
浙江	嘉兴	桐乡市	35.6	13	38.05	11	38.78	8	26.15	28
浙江	宁波	余姚市	34.67	16	31.52	23	44.88	3	27.26	25
浙江	嘉兴	海宁市	32.95	20	35.91	15	32.66	20	27.2	26

续表

省	地级市	县级市（区）	人才活力指数	在长三角排名	人才环境指数	在长三角排名	人才量能指数	在长三角排名	人才贡献指数	在长三角排名
浙江	绍兴	诸暨市	30.36	22	32.46	21	35.9	12	18.42	39
浙江	温州	瑞安市	29.15	25	33.83	17	31.54	25	16.12	42
浙江	温州	乐清市	28.49	26	32.14	22	30.11	27	18.7	38
浙江	金华	东阳市	28.21	27	28.67	32	35.43	13	17.37	40
浙江	金华	永康市	25.55	31	20.75	50	28.52	34	31.47	19
浙江	台州	玉环市	25.42	32	23.96	45	30.98	26	20.85	35
浙江	绍兴	嵊州市	23.98	38	23.6	46	33.57	18	11.64	53
浙江	台州	温岭市	23.35	42	24.69	43	28.97	31	12.85	50
浙江	台州	临海市	21.47	47	21.51	49	27.61	36	12.99	49
浙江	杭州	建德市	20.64	51	22.39	48	22.33	45	14.71	46
浙江	丽水	龙泉市	20.5	52	19.47	55	25.83	38	15.33	44
浙江	金华	兰溪市	20.43	53	20.32	51	27.65	35	10.81	54
浙江	衢州	江山市	18.57	57	17.29	57	25.4	40	11.91	52

此外，浙江省中小城市在人才环境指数排名前10的为嘉善县、慈溪市、桐乡市、义乌市、平湖市、海宁市、瑞安市、诸暨市、余姚市、桐乡市。在人才量能指数排名前10的为慈溪市、余姚市、桐乡市、诸暨市、东阳市、平湖市、义乌市、嵊州市、海宁市、瑞安市。在人才贡献指数方面，排名前10的为义乌市、平湖市、永康市、嘉善县、慈溪市、余姚市、海宁市、桐乡市、玉环市、乐清市。

从浙江省的20个中小城市来看，宁波市、嘉兴市的县级市表现较好，在人才活力指数得分排名靠前（见表6-3和图6-1）。金华市的县级市义乌表现最好，排名第3。人才活力指数、人才环境指数、人才贡献指数高的区域不仅与经济发展水平高有关，还和城市地理位置有关。主要分布在近上海大都市圈的这些中小城市表现较好，人才活力得到较好激发。

表6-3　　　　　　　　浙江省20个中小城市排名分析

省	地级市	县级市（区）	人才活力指数	浙江省内排名	人才环境指数	浙江省内排名	人才量能指数	浙江省内排名	人才贡献指数	浙江省内排名
浙江	宁波	慈溪市	40.33	1	42.18	2	46.41	1	28.18	5
浙江	嘉兴	嘉善县	36.83	2	45.13	1	29.84	13	29.15	4
浙江	金华	义乌市	36.79	3	37.69	4	34.10	7	38.61	1

续表

省	地级市	县级市（区）	人才活力指数	浙江省内排名	人才环境指数	浙江省内排名	人才量能指数	浙江省内排名	人才贡献指数	浙江省内排名
浙江	嘉兴	平湖市	35.66	4	37.19	5	34.83	6	33.61	2
浙江	嘉兴	桐乡市	35.60	5	38.05	3	38.78	3	26.15	8
浙江	宁波	余姚市	34.67	6	31.52	10	44.88	2	27.26	6
浙江	嘉兴	海宁市	32.95	7	35.91	6	32.66	9	27.20	7
浙江	绍兴	诸暨市	30.36	8	32.46	8	35.90	4	18.42	11
浙江	温州	瑞安市	29.15	9	33.83	7	31.54	10	16.12	13
浙江	温州	乐清市	28.49	10	32.14	9	30.11	12	18.70	10
浙江	金华	东阳市	28.21	11	28.67	11	35.43	5	17.37	12
浙江	金华	永康市	25.55	12	20.75	17	28.52	15	31.47	3
浙江	台州	玉环市	25.42	13	23.96	13	30.98	11	20.85	9
浙江	绍兴	嵊州市	23.98	14	23.60	14	33.57	8	11.64	19
浙江	台州	温岭市	23.35	15	24.69	12	28.97	14	12.85	17
浙江	台州	临海市	21.47	16	21.51	16	27.61	17	12.99	16
浙江	杭州	建德市	20.64	17	22.39	15	22.33	20	14.71	15
浙江	丽水	龙泉市	20.50	18	19.47	19	25.83	18	15.33	14
浙江	金华	兰溪市	20.43	19	20.32	18	27.65	16	10.81	20
浙江	衢州	江山市	18.57	20	17.29	20	25.40	19	11.91	18

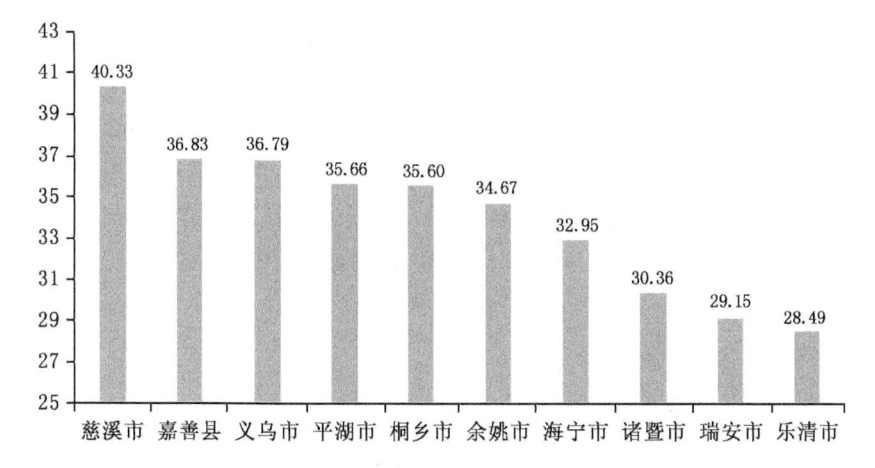

图6—1 浙江省人才活力指数前10名

二、浙江省人才引进政策现状与问题

浙江省的中小城市不同于上海非中心城区,大部分都是较为偏僻的小城市,所以浙江的中小城市在人才引进政策方面应当区别于上海,更应该对人才引进政策进行有效跟踪,探索人才政策的效果,有利于中小城市对人才引进政策的完善,使人才能"引进来",更能"留下来""用起来"。因此,在调研的基础上,发现浙江中小城市目前主要的人才引进政策现状与问题如下:

1. 人才政策重引进轻后续跟踪,跟踪意识淡薄。对大部分中小城市来说,当前的人才抢夺大战形势依然严峻,必须出台更具有吸引力的人才引进政策才能引进高层次人才的形势没有变化。各个城市为了吸引人才,人才优惠政策可谓是层出不穷,但是大部分都是重引进,轻后续跟踪。

2. 人才政策之间的衔接性不够。由于人才政策出台频发,周期短,导致人才政策之间的衔接性不够。虽然在短时间内疯狂地引进人才能够在一定程度上为中小城市发展提供有利的人才支撑和保障,但由于政策出台周期短,每个人才政策都相互独立,没有衔接性,甚至缺乏对上一个人才政策的需求回馈,使得人才结构不够完善。

三、提升浙江省中小城市人才活力的对策建议

由于浙江省中小城市特有的地理区域特征,因此浙江省大部分中小城市在提升城市人才活力的对策应注重以下几点:

1. 政府部门要加强宣传职能。在做好服务、提升管理的基础上,延伸推介、宣传功能,让人才了解、知道城市文化、城市精神、城市发展状况、城市特征,以吸引更多的人才。

2. 人才引进与后续跟踪并举。完善人才政策管理配套机制,强化人才政策跟踪管理意识。人才政策的出台不光要具有可执行性,同时也要有延续性,以避免形成资源浪费,还没有制定出符合自身城市发展的人才政策。前一个人才政策的出台应当为后一个人才政策提供翔实数据基础,使得人才政策间具有紧密的衔接性。

第七章

安徽省中小城市人才活力

在2019年中共中央、国务院印发的《长江三角洲区域一体化发展规划纲要》中,安徽省和苏浙沪一起被纳入规划范围。相较而言,安徽省在三省一市中属后发省份,在不少方面还有一定的提升空间,但安徽省也有自身的独特优势是其他省份无法取代的。比如其地理区位是联通我国东部沿海和中原的必经之路,其丰富的人口规模和大量的可耕用地等。对此,安徽对自身的定位和发展目标有较为清晰的认识,近年来根据自身发展需求,制定了很多针对性的创新举措。其中,人才政策尤为引人注目,这是关系安徽省未来发展的核心要素之一。不仅从省的层面,各中小城市也都相继出台了引才用才的人才政策。对此,我们将安徽人才活力和人才工作进行专门分析。

我们通过数据搜集与分析,对安徽省9个中小城市的人才活力进行指标对比,在总指标、人才环境、人才量能、人才贡献四个方面分别比对。在此基础上,我们发现了一些有意义的数据和现象,并因此分析了安徽省的人才政策、融入长三角一体化的过程中提升人才活力,并在最后提出为提升安徽省人才活力指数而在具体举措上如何行动的建议。

一、安徽省中小城市人才活力指数排名与分析

(一)与江浙沪之间的比较

安徽总体排名较为靠后,排名最靠前的是桐城,在所有中小城市中,排名第29名,其他排名稍靠前的是天长市(第41名)、巢湖市(第48名)、广德市(第50名)(见表7-1)。由此可见,安徽省在人才活力上与江浙沪有较为明显的差距,大多处于后半段的位置,还有较大的提高空间。

表7-1　　　　　　　安徽省各中小城市人才活力指数与位次

地级市	县级市(区)	人才活力指数	人才环境指数	人才量能指数	人才贡献指数	位次
安庆	桐城市	25.99	27.14	39.71	4.81	29

续表

地级市	县级市（区）	人才活力指数	人才环境指数	人才量能指数	人才贡献指数	位次
滁州	天长市	23.53	16.02	41.59	14.45	41
合肥	巢湖市	21.25	19.50	28.69	14.71	48
宣城	广德市	21.00	18.45	32.71	10.29	50
安庆	潜山市	20.37	19.80	32.58	4.84	54
滁州	明光市	20.25	25.03	24.88	3.98	55
宣城	宁国市	19.79	25.64	13.94	15.61	56
芜湖	无为市	18.12	15.03	31.55	6.16	58
阜阳	界首市	17.30	16.85	25.60	6.90	59

从图7-1可以清晰地看出，安徽省不仅人才活力总指数落后于江浙沪，而且在其他几方面，尤其是人才贡献指数上差距更大。相对表现较好的是人才量能指数在三省一市中位次较好。可见安徽人才的规模与数量的供给不错，但在创新创业的贡献上差距明显，人才环境与江浙沪存在不小差距。这两个方面的缺陷导致安徽省内各中小城市的人才活力总指数处于后来者的位置。

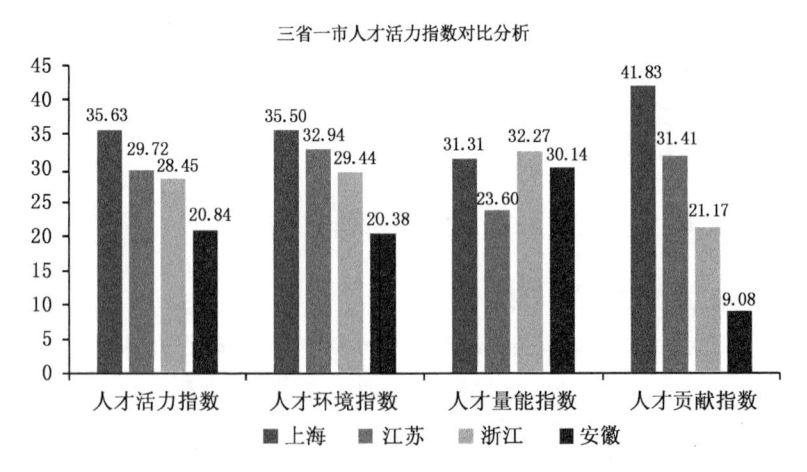

图7-1 安徽省在长三角中小城市人才活力指数的位次情况

(二)省内中小城市的人才活力指数

安徽九个县级市，桐城居首。从趋势看，以巢湖为地理中心，基本都位于安徽省东部，临近江苏、浙江。合肥的中心效应不甚明显。在安徽西部仅有界首市

(见表 7-2)。

表 7-2　　安徽省各中小城市人才活力指数

地级市	县级市(区)	人才活力指数
安庆	桐城市	25.99
滁州	天长市	23.53
合肥	巢湖市	21.25
宣城	广德市	21.00
安庆	潜山市	20.37
滁州	明光市	20.25
宣城	宁国市	19.79
芜湖	无为市	18.12
阜阳	界首市	17.30

(三)人才环境指数

环境指数排第一的仍是桐城,第 2 为宁国,虽然总排名在第 7,但在人才环境上有较好的表现,其次是明光,在总排名中靠后,但在环境方面表现不错。而天长市在总排名上从第 2 跌至第 8。无为市则在总排名中靠后,人才环境方面也最后,可见人才环境的落后也导致总排名的落后(见表 7-3)。

表 7-3　　安徽省各中小城市人才环境指数

地级市	县级市	人才环境指数	经济环境	社会环境	政策环境	位次
安庆	桐城市	27.14	27.39	30.40	24.51	35
宣城	宁国市	25.64	25.94	35.83	17.82	40
滁州	明光市	25.03	29.73	30.46	16.88	41
安庆	潜山市	19.80	18.02	36.34	9.07	53
合肥	巢湖市	19.50	23.41	37.35	2.81	54
宣城	广德市	18.45	15.05	31.32	11.87	56
阜阳	界首市	16.85	7.41	37.11	10.05	58
滁州	天长市	16.02	11.11	36.66	4.99	59
芜湖	无为市	15.03	10.81	37.08	2.35	60

(四)人才量能指数

人才量能排第一的是天长市,而在总排名和人才环境上都表现不佳,但在人才的保有量上有非常亮眼的表现。其次是桐城。靠后的广德、潜山也有不错的表现,而在人才环境和总排名中有不佳表现的无为市,则冲到中段的第5名。排名最后的是明光市和宁国市,也因此导致总排名的表现不佳(见表7—4)。

表7—4　　　　　　　　安徽省各中小城市人才量能指数

地级市	县级市	量能指数	规模	结构	流量	位次
滁州	天长市	41.59	29.69	54.13	29.68	4
安庆	桐城市	39.71	29.12	53.96	23.71	6
宣城	广德市	32.71	27.79	27.32	46.27	19
安庆	潜山市	32.58	35.51	34.92	26.04	21
芜湖	无为市	31.55	28.61	34.41	29.02	24
合肥	巢湖市	28.69	40.09	21.86	31.01	33
阜阳	界首市	25.60	30.36	22.29	27.36	39
滁州	明光市	24.88	52.96	9.26	28.52	42
宣城	宁国市	13.94	26.00	16.09	0.00	56

(五)人才贡献指数

人才贡献指数排名第一的是宁国市,在总排名倒数第2、人才量能排名最后,但在人才贡献上表现亮眼。虽然贡献指数偏高,但由于量能、环境排名第2,可见良好的人才发展环境,对宁国人才的贡献指数具有较大的正向帮助作用。天长市的人才贡献第3,也对总排名起到了正面支撑。巢湖市的人才贡献排名第二,也帮助其在总排名表现较佳。而在量能和环境中表现较好的桐城市则跌落谷底,排名第8。明光市排名最后,与人才量能一起拖累了总排名的表现(见表7—5)。

表7—5　　　　　　　　安徽省各中小城市人才贡献指数

地级市	县级市	人才贡献指数	创新	创业	位次
宣城	宁国市	15.61	17.93	12.67	43
合肥	巢湖市	14.71	21.32	6.36	45
滁州	天长市	14.45	16.84	11.42	48

续表

地级市	县级市	人才贡献指数	创新	创业	位次
宣城	广德市	10.29	8.12	13.04	55
阜阳	界首市	6.90	9.12	4.09	56
芜湖	无为市	6.16	1.99	11.42	57
安庆	潜山市	4.84	7.37	1.65	58
安庆	桐城市	4.81	7.24	1.75	59
滁州	明光市	3.98	3.65	4.40	60

二、安徽省中小城市人才活力的问题

安徽省中小城市人才活力与其社会经济发展的状况是密不可分的。与江浙沪相比，安徽的经济发展水平和质量还存在一定差距。经济作为影响人才活力发挥的首要因素，必然会形成人才流动的不合理。在之前的相当长一段时间内，安徽的人才流失问题较为突出，尤其是向江浙沪流动。但是随着经济社会的长足进步，安徽省目前的人才条件与环境得到了很大的改善，加之各级政府的重视和政策引导，目前安徽各中小城市的人才队伍逐渐形成自身特色，人才活力也得到一定程度的释放和激发。下面我们从成绩与问题对安徽省人才工作来做一梳理。

安徽省在人才工作上的成绩与问题具体如下：

(一)安徽人才工作的成绩与问题

1. 取得的成绩

(1)高度重视人才工作，注重人才政策的时效性和系统性

安徽省历来重视人才工作，各个层面的政府部门出台了多种人才政策文件。据不完全统计，近几年出台了一系列政策，如《中共安徽省委印发〈关于深化人才发展体制机制改革的实施意见〉的通知》(皖发〔2016〕45号)、《安徽省人民政府关于印发支持"三重一创"建设若干政策的通知》(皖政〔2017〕51号)、《安徽省人民政府关于印发支持科技创新若干政策的通知》(皖政〔2017〕52号)、《关于印发〈安徽省关于建立引进海外高层次人才和急需紧缺人才职称评审绿色通道的指导意见〉的通知》(皖人社发〔2020〕18号)。除了省级层面出台的一系列政策文件，省也要求各地区、各中小城市及重要行业和领域，根据各自条件和需求，制定了相应的人才发展规划和相关落实计划，这充分显示了安徽省对于人才工作的

重视。同时还重视这些政策文件的具体落实,出台了相应的实施意见与细则,多点发力,积极推进人才强省战略,充分调动人才的积极性和创造性。

(2)抓住引才重点,注重提高人才的薪资待遇

以前安徽与江浙沪在人才引进上的竞争劣势主要是薪酬待遇,江浙沪凭借自身雄厚的人均经济实力,在薪酬待遇方面提供了更为丰厚的条件,这也导致安徽省中小城市人才的大量流失。为了弥补这一问题带来的缺陷,安徽省近些年大幅度地提高了人才的薪酬待遇。而且这种薪酬待遇的提升不是仅对部分人才群体,相反,而是对整个人才队伍普遍性的薪酬提升。当然,高级科技人才是各省市都争抢的重点,安徽对高精尖人才、高层次人才也非常重视,对于此类人才的引进政策也十分优厚,首先就是从薪酬待遇上,对这类人才设立重金,为他们在安徽的安家和工作提供极为诱人的条件。

(3)提升人才整体素质,注重高层次人才和海外留学人才的引进

随着全球经济一体化的深入发展,不仅我国东部沿海的国际化程度达到了很高的程度和能级,在内地的各省份对于国际化发展道路也越来越重视。安徽也不例外,也将发展之路瞄准外向型经济,尤其是在"一带一路"的带动下,对外交流与创新发展的路径比过去更加宽阔。安徽仅仅抓住这一历史发展机遇,将国际交流与海外发展作为重要目标之一。为了更好服务于这一工作目标,首先需要的就是国际人才,只有拥有一定数量的国际人才,才能更好推进安徽向国际发展的工作目标。近年安徽加大了海外留学人才的引进力度,出台了《安徽省关于建立引进海外高层次人才和急需紧缺人才职称评审绿色通道的指导意见》等专门的海外留学人才引进政策。通过一系列的工作,安徽近年的海外留学人才越来越多,逐渐成为安徽创新驱动发展的一支重要人才力量。

(4)立足本省实际,注重基层人才的锻炼培养

相较于江浙沪,安徽省农业人口仍然众多,农业地区的范围与区域仍然庞大。这就决定了安徽省中小城市人才的特点不同于江浙沪,有很多农村地区的基层人才。不管是农村地区的管理人才,还是从事第一产业以及与第一产业密切相关的第三产业发展,都需要大量的基层人才。没有这些基层人才发挥积极正向的作用,就无法支撑起高层次人才的创新发展,也会对整个人才梯队的完善造成不利的影响。对此安徽有比较明确的发展目标,专门制定了基层人才的政策,有计划地引导大学生向农村流动,为其提供良好的发展环境和待遇,在实现基层工作发展的基础上,让人才也有广阔的发展空间。

2. 存在的问题

(1)重视人才引进,留才、用才稍显不足

如前文所述，近年来安徽省加大了人才引进的力度，尤其是对高层次人才，更是下了大力气，开始大手笔引进。这些人才引进的政策和扶持工作，确实在一定范围内招引了不少优秀的高层次人才。这些举措为特定行业、产业和企业带来了持续的创新性人才，为安徽省优势产业发展提供了发展动能。但是，安徽省对于人才的引进所带来的后续工作并没有很好地解决，一方面，各地各城在人才的无序竞争，造成了一定的内部消耗（即所谓的"内卷"），形成了一定资金和人才的浪费。另一方面，相同相近的行业企业会重复引进功能雷同的人才，对人才的合理高效利用并不有利。

安徽省在人才引进达到一定阶段后，留才、用才也应给予充分的重视。为此，安徽省要为人才的聪明才智发挥提供良好的工作环境和生活条件，而不能将人才引进来之后就"束之高阁"。相反，还需更大的力气来留住人才，以激发他们创新工作，从而为安徽在区域发展竞争中占得先机。因此，安徽省引才、留才和用才三者都要重视，缺一不可。

(2) 强调人才"增量"，"存量"人才政策偏弱

与江苏和上海相比，安徽省内的高等院校和科研院所并不存在优势，但是与内地很多省份相比，仍然有比较大的优势。安徽省在我国的高等教育版图中也是重要组成部分，既有像中国科学技术大学这种研究性综合性大学，同时又有不少当地培养应用型人才的地方院校，而且各种职业院校的体系也较为完备。较大的人口基数保证了职业院校生源的充足，也为各种技术技能人才培养提供了条件。因此，安徽教育系统为本省的发展提供了数量庞大、素质优秀的人才队伍。但是，这些人才在省内就业之后，对他们的利用并没有很好地实现，尤其是职后培训方面。这就要求安徽省的人才工作不仅应瞄准外来引进的人才，同时还要重视对自身存量人才的挖掘，使本土人才也能有广阔的发展空间。这样就会出现不仅"外来的和尚好念经"，也会有"内部的和尚也好念经"。

(3) 强调引进高层次人才，人才结构有待优化完备

目前在全国人才工作中出现了一个普遍现象，就是此起彼伏的"抢人大战"，创新型人才、高层次人才成为你争我夺的"香饽饽"。在此背景下，安徽省也不甘落后，加入了争抢人才的队伍。社会经济发展需要高层次人才的创新性工作作为引领，在特定领域形成拳头竞争优势，管理者希望借此以点带面，从而实现整个区域的社会经济发展。这种思路从上至下都有广泛影响，也成为各级政府人才工作的主导思路之一。但是，如果只重视高层次人才工作，那对于整个人才队伍、人才梯队的建设都是不利的，甚至会导致出现人才浪费的局面。事实上，高层次要引进，技术技能人才也需要引进，而且我国对于工匠人才、劳模技师也非

常重视,强调在各行各业都要有工匠精神。因此,为更好构建合理的人才结构,安徽省在各级各类人才的工作中,都予以通盘考虑,制定科学周全的人才管理政策。

(4)对新形势把握欠全面,人才政策出台需更及时

正如上文谈到的人才管理政策,对于安徽人才工作的重要性毋庸置疑。人才工作做得好的地方,薪酬待遇只是一方面,甚至有的地方对人才的薪酬待遇并不占优势,但仍能吸引大量各级各类人才的积极涌入。在这其中发挥作用的,就是人才政策的优势。有的地方制定了非常具有人文关怀的、富有人情味的人才政策,使得身在其中的各种人才都能人尽其用、人尽其才,工作得愉快,生活得开心。因此,这就对管理者提出了更高的要求,对人才政策的水平和质量也提出了新的更高要求。

除了制度本身的优劣,人才政策的及时性在当前形势下也至关重要。科学技术发展日新月异,技术进步的速度往往超出了人们的想象。这种科技领域的进步也必然会反映到社会生活领域,对相应的人才工作提出了新的挑战。对此,政府管理者必须能及时觉察到这种时刻发生着的变化,并将这种变化转变为人才政策。对于这一点,安徽省人才工作在政策制定上可以向江浙沪等做法好的中小城市学习,他们的人才政策更新速度快,更符合市场变化和人才需求。

三、提升安徽省中小城市人才活力的对策建议

通过以上我们对安徽人才现状与问题的分析发现,安徽人才工作的基础是好的,外部的环境和条件越来越好,这为我们更好地开展人才工作提供了难得的发展机遇。对此,我们必须直面问题,针对现存问题,开展具体工作。

(一)因地制宜,盘活人才存量,留住、利用好现有人才

安徽的未来发展需要人才支持是显而易见的。一支结构完备、梯队合理、作风优良的人才队伍是社会主义事业发展的重要依托。安徽省正面临着千载难逢的发展机遇,国家赋予了重要的政治任务和历史使命,必须在长三角一体化进程中更快融入,为长三角区域发展贡献自己的力量。在某些方面,安徽省可能与江浙沪还有一定差距,对此需有清晰的认识。但也不应为此妄自菲薄,每个省份都有各自的长处和劣势,须扬长避短。相较而言,安徽省的人才量能,即人才规模与数量并不存在很大劣势。对此,安徽省需发挥好这些存量人才的聪明才智,给他们提供更好的工作条件和生活环境,而不必在与其他省市的人才抢夺大战中过多地消耗内力。

对安徽省内自身的人才存量,一方面,合理利用现有的高等院校和科研院所

的资源,加强人才的职后培训与技能提升,增强已有人才的内涵建设;另一方面,对于存量人才的留用,制定灵活的用人政策,既有流动的活动区间,又要保证人才在现有岗位发光发热。鼓励创新,不惧失败、试错。除了政策留人,安徽省各级政府和管理者还要打好"感情牌",现有的人才存量相当大部分是本省本土人才,对家乡有着浓浓的爱乡情节,对此应好好利用。在制度留人、薪酬留人的基础上,做到从感情上留人,对现有人才给予更多的人文关怀和生活照顾。

对存量人才的管理也需进一步完善,加强人才评价制度的科学化、体系化建设,使人才在好的评价体系下大胆创新,加强培训,为人才提供更广阔的发展空间,激发存量各级各类人才的活力。

(二)因需制宜,优化人才结构,建立具有自身特点的人才梯队

人才是有梯队的,从前面我们对人才类型的划分就可以看出。在一个合理的人才队伍中,要有科学合理的搭配:既要有研究型、学术型的科学家,也要有设计、规划的工程型人才,如工程师,同时还有能将工程师理念具体化和转换的中间型人才,即技术型人才,最后还要有能在一线胜任操作的技能型、操作型人才。这种人才梯队对于安徽省社会经济发展同样不可或缺,也应有这四类人才在各自领域开展工作。

对于研究型、学术型的科学家,安徽省要利用好顶尖的研究型综合大学和科研院所的现有资源,打造高层次人才核心团队,在专门科技领域有"独门绝技",以点带面,引领安徽省高科技的创新发展。

对于设计、规划的工程型人才,安徽省也有广阔的用武之地,近年的大型工程陆续开工,这为工程师人才提供了施展才能的广阔空间。对此要利用各种设计研究院、工程师团体与协会的力量,引进与培养相结合。

对于技术和技能人才,就需要充分利用职业院校的人才培养,也包括企事业单位自身的人才培训机制。当前安徽省现代职教体系建设卓有成效,相当部分职业院校在全国都有广泛影响和良好声誉。从本科层次职业教育到高职、中职,体系完备,横向融合,上下贯通。这为安徽技术技能人才的供给提供了很好的教育基础。

总之,安徽省各地要因需制宜,不能各自为政,找到自身的产业优势和历史条件,优化人才结构,在不同的人才类型中合理搭配,形成既富有地方特色又满足产业发展的人才队伍。

(三)因时制宜,把握发展环境,制定适应新形势的人才政策

当前我国处于大发展的重要关口,经过数十载的披荆斩棘,中国的国民经济

和社会发展引得世界惊叹。安徽省处于千载难逢的发展机遇期,党和国家对安徽省也提出了新的更大的政治任务和历史使命。目前国家将安徽省纳入长三角一体化的发展框架下,就是希望安徽能更好地借鉴和学习江浙沪三省一市在经济建设、科技创新等领域的先进经验,从东部沿海向内陆省份更好辐射。当然,安徽省也有自身优势,对于长三角一体化进程的顺利开展也起着举足轻重的作用。因此,安徽应好好抓住长三角一体化这一国家发展战略,补齐短板,发挥长处,在取长补短中共同进步,为长三角一体化、进而为国家区域经济更健康、更全面的发展做出自己的独特贡献。

当然,安徽省人才工作与江浙沪的人才工作所面临的问题和现状是不同的,不能简单将安徽与其他省市直接对比和竞争,而是要错位竞争,错位发展。这就需要安徽上下形成统一共识,各地市通力合作,找到自身的优势和长处,扬长避短,在与江浙沪的协同发展中,形成良性竞争,从而共同进步、协同发展。

总而言之,安徽省的人才工作存在自身的问题,也有独特的优势。政府管理者需紧跟时代形势,及时调整工作思路,一方面制定新的人才管理政策,另一方面也应修订、甚至废除不利于人才工作的规章制度。这就对工作制度和政策制定提出了时效性的要求。在具体的工作实践中,既要重视人才引进,尤其是高层次创新型人才的引进,又要重视现有的存量人才,两手都要抓,两手都要硬。为各级各类人才营造良好的发展环境,在人尽其才的同时,为安徽省取得更大的发展做出贡献,圆满完成国家交给的使命与任务。

典型案例篇

案例一

上海市青浦区人才活力

习近平总书记在首届中国国际进口博览会上宣布支持长江三角洲区域一体化发展上升为国家战略之后,国家发展改革委网站于2019年11月19日对外发布《长三角生态绿色一体化发展示范区总体方案》(下称《方案》)。根据《方案》明确"一体化示范区"范围包括上海市青浦区、江苏省苏州市吴江区、浙江省嘉兴市嘉善县(以下简称"两区一县"),面积约2 300平方千米(含水域面积约350平方千米),这意味着青浦区从此承载起非同寻常的国家使命。2019年,上海青浦区实现了国内生产总值1 166.25亿元,固定资产投入592.00亿元,常住人口总量为123.31万人,第三产业比重为62.16%,常住人口增长率为1.2%。数据显示,青浦区是一个人口流动大区,人才流动活跃。在长三角生态绿色一体化示范区发展过程中,青浦应当积极发挥长三角一体化的人才共享的优势,把青浦的生态优势转化为发展优势,实现率先探索一体化发展新机制,发挥示范区引领推广作用。

一、青浦区人才活力指数分析

通过上述的模型和数据,得出青浦区的人才活力指数得分为35.58,在长三角60个中小城市/区的排名为14名,在上海8个非中心城区排名第3,在上海市非中心城区的排名属于前列,得出青浦区的人才活力得到较好的激发,发挥出了示范区的优势。当然,这与青浦区出台的一系列的高端人才引进政策有关,比如"青峰"人才政策等。另外,青浦区2019年固定资产投入592.00亿元,在上海的8个非中心城区排名第二,在一定程度上,从经济发展角度支撑了青浦区的人才发展,人才活力的激发(见表1)。

表1　　　　　　　　青浦区人才活力指数分析

人才活力指数	人才环境指数	人才量能指数	人才贡献指数	在长三角中小城市排名	在上海非中心城区排名
35.58	32.85	36.11	40.54	14	3

另外，青浦区人才环境指数得分为32.85，在60个中小城市中排名第20，在上海8个非中心城区的排名第5，表现一般。人才量能指数得分为36.11，在60个中小城市中排名第11，在上海8个非中心城区排名第四，表现较好。人才贡献指数得分为40.54，在60个中小城市中排名第10，在上海8个非中心城区排名第4，表现较好。总之，青浦区经过各个方面比对，人才活力指数较为活跃，能够支撑长三角生态绿色一体化示范区先行启动区的发展。

二、青浦人才引进政策

青浦区肩负着服务长三角一体化高质量发展和中国国际进口博览会两大国家战略。因此，青浦区比以往任何时候更加深刻认识到人才的可贵，比以往任何时候更加渴望人才的涌入。为了加快建设成长三角生态绿色发展示范区先行启动区的样板区，必须汇聚天下英才，并让各种人才都能在青浦实现价值、成就梦想、施展才华，形成青浦新时代人才工作新局面，为"服务国家战略、建设上海之门、实现跨越发展"提供有力的人才支持和保障。近年来，青浦区出台了一系列相关的人才引进政策，以"1+5+X"人才政策为典型。

2020年6月青浦区发布的"1+5+X"人才引进政策。其中"1"是指《关于推动人才高质量发展服务长三角生态绿色一体化发展示范区建设的若干意见》。

"5"是指涉及青浦区人才发展的五项重点政策，分别是《青浦区加快高层次产业人才引进激励办法》《青浦区"青峰"顶尖人才专项激励办法》《青浦区人才安居工程实施办法》《青浦区实施乡村振兴战略加强农业产业人才引培激励办法》《青浦区加强人才综合服务的实施方案》。

"X"是指今后将逐步完善出台的教育、卫生、文旅、体育等领域的专项政策。

三、对策与意见

未来，上海市青浦区应充分发挥长三角生态绿色一体化示范区先行启动区的优势，要与吴江区、嘉善县三地进一步形成互融、互通、互促、互赢的发展格局，在"双招双引"、人才服务工作中实现同城共认、智力共引、要素互通、人才共育，让长三角一体化示范区成为发掘人才、培养人才、吸引人才、产才融合的沃土。

1. 发挥生态优势，提升经济竞争力。青浦区应当充分发挥生态优势，把生态优势转变成产业发展优势，以提高人才发展环境。在全球激烈竞争的新形势下，一个区/市要在区域城市层级和格局中获取更高的层次，就要更好地提高本区/市的福利水平,就只有把经济搞上去,因为经济不仅是一切发展的基础,也是一切竞争的基础。因此,青浦区应当充分贯彻好"绿水青山就是金山银山"的生态理念,充分利用良好的生态环境,抓住长三角一体化生态绿色发展示范区的机遇,转生态优势为产业发展优势,实现快速发展,以吸引更多人才服务于青浦区,从而形成良性循环。

2. 发挥示范区引领推广作用

充分利用长三角一体化生态绿色发展示范区的身份,积极推广和宣传具有青浦特色的人才政策和人才引进待遇等,以吸引更多的人才或绿色企业到青浦发展,提升青浦的经济活力,同时也提高人才发展环境。青浦区作为长三角一体化生态绿色发展先行示范区,应当率先探索一体化人才公认、人才共享、人才互通发展新机制,尽可能激发区域人才活力。让人才真正高质量地服务于城市发展、区域发展、国家战略。

案例二

江苏省江阴市人才活力

江阴古称暨阳,位于长江三角洲,北枕长江,南近太湖,东接常熟、张家港,西连常州,地处苏锡常"金三角"几何中心。改革开放以来,江阴市一直居于我国百强县的前列。

一、江阴市人才活力在长三角中小城市中的地位和优势

在长三角中小城市人才活力指数 2020 年度排名中,江阴市取得了长三角三省一市第 2 名,江苏省第 2 名的优异成绩(见表 1)。

表 1　　　　　　　　　　江阴市人才活力各指标排名

人才活力指数(排名第2)	人才环境指数(排名2)	经济(排名1)	GDP(排名2)
			固定资产投入(排名2)
			第三产业比重(排名18)
		社会(排名3)	每万人医护人员数量(排名9)
			教育经费占GDP比重(排名59)
			互联网接入水平(排名11)
			公共图书馆藏书量(排名5)
			单位面积公路里程数(排名6)
			房价收入比(排名59)
		政策(排名13)	发布人才相关政策信息条数(排名10)
			每万人博士后工作站数量(含院士、研究机构)(排名8)
			科研经费占GDP比重(排名59)
	人才量能指数(排名17)	规模(排名18)	普通中学专任教师数比重(排名12)
			普通中学在校学生数比重(排名16)
		结构(排名9)	青年人占比(排名11)
			普通中学增加的高级职称占教师比重(排名18)
		流量(排名45)	常住人口增长率(排名45)

续表

			每万人专利申请量(排名28)
人才贡献指数(排名3)	创新(排名3)		每万人专利授权量(排名29)
			每万人论文发表数(排名4)
			全员劳动生产率(排名1)
	创业(排名6)		注册新增企业数(排名13)
			民营企业数(排名12)
			实际利用外资(排名2)

(一)人才环境

江阴市2019年GDP为4 001.12亿元,固定资产投入为802.89亿元,第三产业比重为48.06%,每万人医护人员数量为69.43人,教育经费占GDP比重为0.97%,互联网接入水平为72.1万户,公共图书馆藏书量为287.9万册,单位面积公路里程数为2.46千米/km²,房价收入比为0.13,发布人才相关政策信息1 217条,每万人博士后工作站(含院士、研究机构)2.42个,科研经费占GDP比重为0.1%。

江阴市人才环境指数在长三角三省一市60个中小城市中排名第2。

经济环境排名为1,包含3个指标:GDP(排名第2)、固定资产投入(排名第2)、第三产业比重(排名第18)。

社会环境排名第3,包含6个指标:每万人医护人员数量(排名第9)、教育经费占GDP比重(排名第59)、互联网接入水平(排名第11)、公共图书馆藏书量(排名第5)、单位面积公路里程数(排名第6)、房价收入比(排名第59)。

政策环境排名为13,包含3个指标:发布人才相关政策信息条数(排名第10)、每万人博士后工作站(含院士、研究机构)(排名第8)、科研经费占GDP比重(排名第59)。

可见,在人才环境方面,江阴市以绝对优势名列前茅,社会环境和人才环境遥遥领先,政策环境也处于上游位置,江阴市的人才环境发展方面表现突出,在长三角地区中小城市属于领先位置。

(二)人才量能

江阴市2019年普通中学专任教师数比重为4.54‰,普通中学在校学生数比重为4.86%,青年人(19—35岁)占比为26.27%,普通中学专任教师增加的高级职称占比为32.24‰,常住人口增长率为0.1%。

江阴市人才量能指数在长三角三省一市60个中小城市中排名第17。

人才规模排名第18,包含2个指标:普通中学专任教师数比重(排名第12)、普通中学在校学生数比重(排名第16)。

人才结构排名为第九,包含2个指标:青年人(19—35岁)占比(排名第11)、普通中学专任教师增加的高级职称占比(排名第18)。

人才流量排名为45,包含1个指标:常住人口增长率(排名第45)。

可见,在人才量能方面,江阴市表现良好,人才量能、人才结构与人才规模都处于上游位置,但是在人才流量方面处于下游位置,因此,江阴市应该加强对人才的吸引力,颁布能吸引人才的优惠政策,才能不断增加人才流量,从而达到提升江阴市人才活力的目的。

(三)人才贡献

江阴市2019年每万人专利申请量为63.97件,每万人专利授权量为35.62件,每万人论文发表数为10.41篇,全员劳动生产率为404 071.9元/人,注册新增企业数为9 634户,民营企业数为79 949户,实际利用外资93 100万美元。

江阴市人才贡献指数在长三角三省一市60个中小城市中排名第3。

人才创新排名第三,包含4个指标:每万人专利申请量(排名第28)、每万人专利授权量(排名第29)、每万人论文发表数(排名第4)、全员劳动生产率(排名第1)。

人才创业排名为6,包含3个指标:注册新增企业数(排名13)、民营企业数(排名12)、实际利用外资(排名2)。

可见,江阴市人才贡献、人才创新与人才创业均名列前茅,说明江阴市的人才贡献方面表现优秀,人才所做出的贡献很大,人才创新能力很强,人才创业环境也优越。

综上所述,从江阴市在长三角中小城市人才活力的整体表现来看,人才环境和人才贡献方面表现极其突出,说明江阴市政府为人才创造了很好的环境,而人才所产出的成果和贡献也是很大的,这是非常好的人才与城市之间的互动关系。人才量能的表现虽不如其他两项优秀,但是也表现良好,唯独在人才流量方面发挥不尽如人意,所以,江阴市政府应当在吸引外来人才和留住本地人才方面下功夫,制定出更优惠的吸引人才政策和具有竞争力的薪酬体制,尽量给人才施展拳脚的平台,给予更多的激励和鼓励人才的政策等。

二、江阴市人才政策

从江阴市在整个长三角中小城市中的表现来看,它在人才活力发展方面的成就毋庸置疑,当然这跟当地政府长期探索的人才机制分不开。

《2020年江阴市人力资源和社会保障工作》提出:激发人才创新创造活力。

（1）抓好人才队伍建设。加强专技人才培养工作，促进专业技术人才知识更新。统筹抓好各类赛事活动，做好第46届世界技能大赛中国选拔赛、第五届江苏技能状元大赛、第九届全国数控大赛等高层次技能竞赛的备战工作。开展第五届"江阴市优秀技能人才"评选，评选一批技能人才、乡土人才大师工作室。（2）加强人才平台载体建设。加强博士后工作站建设，努力提升博士后工作站数量和运行质量，全市空站率≤10%。优化和创新"才聚江阴"校园招聘。借势长三角地区人才合作一体化平台，在签约长三角"十市一区"新一轮人才合作框架协议的基础上，全面推进与合作地区对接、共享。加快推进人力资源产业园建设。筹建人力资源服务行业协会。推动建立江阴首家技师学院。（3）完善人才服务体系。围绕提升城市发展竞争力，优化升级人才服务政策。建立运行"一站式"人才服务窗口，做好高层次人才保障工作。抓好对重大项目和重点企业的全方位人才服务。开展全市综合工程评委会电子化评审试点。改革技能人才评价方式，创新培训和评价监管模式。（4）规范人事管理服务。深化人事人才制度改革，贯彻落实《事业单位工作人员奖励规定》和省厅实施细则，规范全市事业单位人员奖励工作。强化事业单位岗位设置和人员聘用等制度落实，指导事业单位加强聘期考核，加快转换用人机制。创新事业人员公开招聘模式，探索不同行业事业单位的新招聘方式。规范人事考试管理服务，推进江苏省标准化考点创建工作。

2019年，江阴市委正式启动"暨阳英才计划"，重点围绕产业领军人才、特色乡土人才、青年人才、高技能人才、海外人才、社会事业人才六大工程，进一步完善引才、育才、用才、留才等方面的各项奖励政策，打出新一轮人才发展的"组合拳"。近年来，江阴始终把人才作为发展的第一资源。目前，全市人才总量达到34.5万人，拥有各类高层次人才1.2万人，国家"千人计划"人才28名，连续十四年获评江苏省人才工作先进市。

近年来江阴市委、市政府高度重视人才工作，大力实施"人才强市"战略，一手抓人才政策优化，一手抓人才载体建设。先后出台了《关于进一步落实江阴高层次人才引进计划的意见》《关于进一步加强人才工作的实施意见》等一系列优惠项目多、力度大的人才政策。打造了江阴高新技术创业园、百桥生物园、江苏江阴软件园、江苏留学人员创业园等一批人才载体，大力度引进高层次人才取得了显著成效。

三、江阴市对其他城市的借鉴意义

从江阴市朝气蓬勃的人才建设发展中可窥见，它有很多宝贵经验，对其他城市具有借鉴意义：

(一)打造人才高地、创新高地和产业高地

邓小平同志说过："科技是第一生产力。"江阴市积极建设和吸引高新科技企业和单位，为人才提供了茁壮成长的土壤。2019年，江阴市新认定高新技术企业116个，累计高新技术企业达500个，高新技术企业培育库企业190个；入库国家科技型中小企业748个；获评无锡市"雏鹰""瞪羚""准独角兽"企业分别为3个、6个、1个。高新技术产业产值达2 257.5亿元，占规模以上工业产值比重为37.2%。全年获批建设企业省级重点实验室1个，省级研究生工作站8个，与省产业技术研究院共建企业联合创新中心1个。新建江阴市级企业院士工作站3个，获批江苏省级、无锡市级企业院士工作站各3个；新增江阴市工程技术研究中心195个，无锡市工程技术研究中心27个，江苏省级工程技术研究中心14个，江苏省级工程技术中心累计达162个。正因为有了如此多的高新产业和高等科技研究单位，才能让人才有广阔的发挥天地。全市获江苏省科技成果转化项目5项，江苏省重点研发计划项目4项。引进科技人才项目18项，引进外国高端人才47人，外国专业人才200人；入选江苏省"科技副总"8人，入选省"双创博士"（创新类）3人。获评国家科学技术奖1项，江苏省科学技术奖6项。这些科技成就都是建立在江阴市大力搭建硬件设施的基础上，不久的将来这些科研成果也将从经济层面回馈江阴市。

(二)深入推进基础教育人才和产业人才建设

人才并不局限于高新科技领域，普通人才一样是工业化的基础。中国之所以成为目前世界上最大的工业国家，除了尖端科技的人才，也不能离开基础产业工作者的贡献。我们不难发现，印度、东南亚等人口密集型国家很希望替代我国成为制造业大国，但是事实证明，很难撼动我国在世界上的制造业地位。究其原因是我国在基础教育上的大量投入，使得基础产业工作者的教育水平能够适应不断日新月异的科技化生产方式。江阴市除了在高新科技方面的投入，也在基础教育上大量投入。截至2019年年末，江阴市各类学校教职员工23 283人，各类学校在校学生223 243人。幼儿园在园幼儿44 286人，小学和初中普及率均达100%。初中毕业生升学率达96.7%。全市有高等学校1所；普通高中12所；初中38所，包括8所九年一贯制学校（含江阴市天华艺术学校、江阴临港科创实验学校）、体育中学；中等职业学校4所，小学42所（含江阴外国语）；幼儿园（办班点）129所（个），其中民办幼儿园47所；特殊教育学校1所。教育现代化监测综合指标总得分90.05分。初中生入学率、巩固率、毕业率分别为100%、

98.7%、99.5%。有6 185人参加江苏省学业水平测试考试,有5 076人参加高考,录取4 929人,录取率97.1%,其中本科录取率89.87%。全市教育经费总支出50.22亿元,其中一般公共教育经费33.36亿元,占一般公共预算支出比例达14.44%。正因为这些基础教育设施,将大量产业工作者武装成具有不断学习能力的人才。这些基础教育培养出来的不同文化程度的产业工作者大量地被输送到不同领域,为全产业链提供了坚实的后盾。

2019年,江阴市聚力高质量发展,深入推进产业强市首要战略、创新驱动核心战略,加快把江阴打造成具有国际竞争力的先进制造业基地和创新性经济高地,让企业成为"强支撑"、让创新成为"加速器"、让资本成为"云动力"。聚力产业转型,聚焦"三进三退",实现经济高质量发展、城乡高品质建设、生态高水平保护的互促并进。

(三)建立完善的社会保障机制

吸引人才除了产业层面,基础保障也是不可或缺的方面。紧紧围绕江阴"产业更高端、创新更澎湃、城市更美好、人民更幸福"目标要求和"南征北战、东西互搏"战略部署,坚持稳中求进。

全市人社工作的主要预期目标是:全力确保就业局势稳定,全市城镇新增就业3.2万人,城镇登记失业率控制在3%以内;构建多层次社会保障体系,全市企业职工基本养老保险扩面新增参保3.5万人,净增1.3万人,城乡居民基本养老保险保障水平增幅8%以上;营造良好人才引育环境,引进各类大学生1.5万人,新增高技能人才7 000人,新增高层次人才600人,人才总量达46万人;促进劳动关系和谐稳定,劳动保障监察举报投诉案件结案率98%以上;推动公共服务效能提高,人社政务服务好评率达95%以上。确保完成省市下达的各项目标任务。唯有建立起完善的社会保障机制才能将城市化真正体现出来,通过不断完善的城市功能,就会大量吸引各类型人才。

(四)积极推进人才基础保障和上升通道

江阴市对人才的重视并不仅仅是纸上谈兵,通过一系列的计划使得人才实际获益。江阴市积极推进落实"暨阳英才计划",争取在人才租房、购房补贴、紧缺人才学费补贴等企业呼声较高的人才普惠政策上有新的推进与突破。科学发布紧缺型人才目录。稳步推进职称工作改革,落实分类推进人才评价机制。深化技能人才评价制度改革,全面推行职业技能等级制度,建立科学化、社会化、多元化技能人才评价机制,使得真正的有识之士获得更多益处和上升空间,从而激发从业者的积极性和创新思维。引导全市事业单位加强聘期考核,制定考核制度,形成能上能下的竞争上岗机制。推行事业单位岗位职员等级晋升制度,督促事业单位加快转换用人机制,实现由身份管理向岗位管理的转变,从因人设岗转变为按需设岗。做好评比表彰和人事考试工作,探索创新事业人员公开招聘工作新模式、加强考官队伍建设、全面实现信息化考务管理。联建人事考试标准化笔试基地,继续推进省人事考试标准化考点建设。

(五)优化人才引育举措

创新引才方式,加大各类人才引进力度。主动对接高校引才联络站、对接长三角地区人才一体化合作地,更好地实现借力引才。升级"才聚江阴"校园招聘,实施江阴籍大学生"引凤还巢"工程,开展优秀学子江阴行、"我和家乡一起成长"等活动。探索"无感人才服务",利用大数据,向人才定向推送个性化服务。培养乡土文化人才,实施乡土人才"三带"行动计划。强化人才载体建设。加强与南理工合作,建立本土高校合作引才留才的新模式。探索强化博士后和留学人员支持政策,加强博士后科研工作站建设,进一步扩大博士后工作站存量,提升博士后工作站运行质量。加快推进现代化高技能实训基地建设,探索采取"市级基地+重点企业+园区镇街+中职院校"方式,打造"1+N"式技能人才公共实训基地。举办新一届职业技能大赛,开展新一届"江阴市高技能人才成就奖"和"江阴市有突出贡献高技能人才"评选。升级打造更有影响力的江阴人力资源市场、人力资源产业园、人力资源服务行业协会,争创省级人力资源市场。

案例三

浙江省义乌市人才活力

义乌地处浙江中部、金衢盆地东缘,市域面积1 105平方千米,下辖6镇8街道,中心城区建成区面积105平方千米,当地户籍人口84.2万。义乌并不是一个大型城市,但是其常住人口高达185.94万人,总量在浙江省县级市中排名第一,占金华市的26.37%,年均增长更是达到了4.18%。一定量的人口基数也是人才层出不穷的基础。进一步来说,合理的人口结构更加增加了人才选拔的厚度,义乌市拥有15—39岁劳动年龄人口139.87万人,10年增加45.15万人,增量占全省的10.8%,高于全省22.27个百分点。年轻化的人口结构让义乌更加具有人才活力和创新能力。不仅如此,义乌的人口素质较高,接受过高等教育的比例也是可圈可点,每10万人中拥有大学文化程度的由6 558人上升至14 720人,文盲率由3.30%降至1.83%。这些都是获取人才的优质土壤。

一、义乌市人才活力在长三角中小城市中的地位和优势

在长三角中小城市人才活力指数2020年度排名中,义乌市取得了长三角三省一市第11名,浙江省第3名的好成绩(见表1)。

表1　　　　　　　　义乌市人才活力各指标排名

人才活力指数(排名第11)	人才环境指数(排名第12)	经济(排名第4)	GDP(排名第12)
			固定资产投入(排名第8)
			第三产业比重(排名第1)
		社会(排名第23)	每万人医护人员数量(排名第43)
			教育经费占GDP比重(排名第32)
			互联网接入水平(排名第3)
		政策(排名第49)	公共图书馆藏书量(排名第19)
			单位面积公路里程数(排名第58)
			房价收入比(排名第18)
			发布人才相关政策信息条数(排名第30)
			每万人博士后工作站(含院士、研究机构)(排名第45)
			科研经费占GDP比重(排名第40)

续表

人才量能指数（排名第16）	规模（排名第3）	普通中学专任教师数比重（排名第14）	
		普通中学在校学生数比重（排名第3）	
	结构（排名第29）	青年人占比（排名第18）	
		普通中学增加的高级职称占教师比重（排名第27）	
	流量（排名第15）	常住人口增长率（排名第15）	
人才贡献指数（排名第12）	创新（排名第16）	每万人专利申请量（排名第16）	
		每万人专利授权量（排名第21）	
		每万人论文发表数（排名第14）	
		全员劳动生产率（排名第35）	
	创业（排名第9）	注册新增企业数（排名第3）	
		民营企业数（排名第4）	
		实际利用外资（排名第34）	

（一）人才环境

义乌市2019年GDP为1 421.14亿元,固定资产投入为681.18亿元,第三产业比重为69%,每万人医护人员数量为32.27人,教育经费占GDP比重为2.18%,互联网接入水平为98.86万户,公共图书馆藏书量为118万册,单位面积公路里程数为0.89千米/km²,房价收入比为0.28,发布人才相关政策信息160条,每万人博士后工作站（含院士、研究机构）0.07个,科研经费占GDP比重为0.42%。

义乌市人才环境指数在长三角三省一市60个中小城市中排名为第12。

经济环境排名第4,包含3个指标:GDP（排名第12）、固定资产投入（排名第8）、第三产业比重（排名第1）。

社会环境排名第23,包含6个指标:每万人医护人员数量（排名第43）、教育经费占GDP比重（排名第32）、互联网接入水平（排名第3）、公共图书馆藏书量（排名第19）、单位面积公路里程数（排名第58）、房价收入比（排名第18）。

政策环境排名第49,包含3个指标:发布人才相关政策信息条数（排名第30）、每万人博士后工作站（含院士、研究机构）（排名第45）、科研经费占GDP比重（排名第40）。

可见,在人才环境方面,义乌市人才环境和经济环境均表现优秀,社会环境处于中上游位置,政策环境处于中下游位置。可见,义乌市的整个人才环境较好,尤其经济环境发展最为突出,社会环境有待提升,在政策环境方面应该大刀阔斧地改革。

(二) 人才量能

义乌市 2019 年普通中学专任教师数比重为 4.4‰,普通中学在校学生数比重为 6.3%,青年人(19—35 岁)占比为 21.15%,普通中学专任教师增加的高级职称占比为 26.61‰,常住人口增长率为 0.63%。

义乌市人才量能指数在长三角三省一市 60 个中小城市中排名第 16。

人才规模排名第 3,包含 2 个指标:普通中学专任教师数比重(排名第 14)、普通中学在校学生数比重(排名第 3)。

人才结构排名为第 29,包含 2 个指标:青年人(19—35 岁)占比(排名第 18)、普通中学专任教师增加的高级职称占比(排名第 27)。

人才流量排名为第 15,包含 1 个指标:常住人口增长率(排名第 15)。

可见,在人才量能方面,义乌市表现良好。人才量能、人才规模与人才流量都处于上游位置,尤其是人才规模以优秀成绩进入前三名。人才结构处于中游微偏上位置,可见,义乌市人才规模的体量和人才流入的吸引力较为乐观,人才结构方面有待进一步优化。

(三) 人才贡献

义乌市 2019 年每万人专利申请量为 72.76 件,每万人专利授权量为 45.4 件,每万人论文发表数为 7.11 篇,全员劳动生产率为 150 736.11 元/人,注册新增企业数为 56 307 户,民营企业数为 219 375 户,实际利用外资 16 205 万美元。

人才贡献指数在长三角三省一市 60 个中小城市中排名第 12。

人才创新排名第 16,包含 4 个指标:每万人专利申请量(排名第 16)、每万人专利授权量(排名第 21)、每万人论文发表数(排名第 14)、全员劳动生产率(排名第 35)。

人才创业排名第 9,包含 3 个指标:注册新增企业数(排名第 3)、民营企业数(排名第 4)、实际利用外资(排名第 34)。

可见,义乌市人才贡献、人才创新与人才创业均表现良好,尤其人才创业进入前 10,说明义乌具有良好的人才创业环境,而这也是义乌市的主要经济支柱;人才为义乌做的贡献也较突出,人才在创新能力方面较强。

综上所述,从义乌市在长三角中小城市人才活力的整体表现来看,人才环境、人才量能和人才贡献方面都处于上游位置,且水平相差不大,均表现较为良好。人才环境和人才贡献略好于人才量能,说明义乌市政府为人才创造了较好的环境,而人才所产出的成果和贡献也较好,输入和产出相对平衡。人才量能中如果优化人才结构方面,其成绩就会更加优秀。值得注意的是,人才环境中政策环境处于中下游,从而拉低了整个排名。因此,义乌市政府应该加强政策的制定与颁布,应根据实际发展状况及时调整政策方案,深入调查、听取专家意见,制定出更多更好的与当地发展相适应的政策。在此基础上,政府部门如果能同时加大对社会环境的重视与投入,整个义乌市的人才活力就会实现质的跨越。

二、义乌市人才政策

从义乌市在整个长三角中小城市中的表现来看,它较强的人才活力离不开当地政府的指导与支持。

(一)创新"四位一体"产业人才培养新模式,打好人才"引育留"组合拳

2020年,义乌市人力社保局聚焦自贸区新形势下产业人才"引育留"中的堵点、难点和痛点,创新引才机制、完善政策体系、优化人才服务,持续打好人才"引育留"组合拳,为高质量发展提供强有力的人力资源保障。2021年以来,义乌市共举办各类招引活动151场,服务用人单位9 242家,招引大学生1.9万人。

1. 创新模式"招才"

聚焦产业发展和人才需求实际,义乌市创新打造人力资源服务机构、政府、学校、企业"四位一体"产业人才供应链。义乌市成功举办政、校、企、人力资源服务机构"四位一体"产业人才培养新模式推介会,会上打造了全国光伏产教合作联盟。联盟将在人才培养、教育教学、实习实训、技术创新等方面开展深入合作,实现政校企三方共赢共荣,有效推动义乌市光电光伏产业健康、快速发展。

2. 强化政策"引才"

2020年,义乌市出台"人才招引六条意见"和"人才购房新政",首次面向技能人才和大学生发放最高2 000元每月的生活补贴,率先全面放开人才购房户籍限制、社保时间限制、首付比例限制,全年共招引大学生3.8万人,同比增幅翻番。根据自贸区人才集聚的十条举措,市人力社保局会同相关部门拟定《义乌自贸试验区高端紧缺人才扶持奖励实施办法》和《义乌市自贸专才特才评价管理实施办法》,探索建立以纳税额为主要指标的市场化人才评价机制。

3. 线上+线下"抢才"

创新开展"直播带岗"活动,帮助缺工企业云上招才。4场直播活动共吸引150余万人次观看,4 500余人成功"云应聘"。持续开展"走出去+请进来"人才招引活动。2021年共组织465家企业赴江西、贵州、河南等44所院校开展"千企万岗进百校"活动。成功举办大中城市联合招聘高校毕业生义乌站(电商专场)巡回招聘会暨首届全球电商人力资源大会,吸引全国30所高校学生参加,线上线下15万名企业家、创业者和大学生共同参与。大力实施新时代浙江工匠培

育工程和金蓝领职业技能提升行动,以项目制技能培训为重点,推动职业技能培训精准扩面。2021年以来已发布5个批次项目制培训清单,开展项目制培训1.5万人次,全市新增高技能人才904人。截至目前,已累计使用职业技能提升行动专项资金1.39亿元。积极推进企业自主评价,全市已有14家企业和4家社会培训组织完成等级认定备案,232人通过企业自主认定获得证书,752人通过社会培训组织获证。

4. 优化服务"留才"

以数字化改革为抓手,依托义乌"i人才"服务平台,积极开发"人才创业通"场景应用,推动实现人才政策"一指享受"、人才创业"一路指引"、人才服务"一码通行"、人才贡献"一图展现",切实提升人才获得感。通过政策主动推送服务,毕业3年内大学生月均申请享受政策由原来的200人提升到800人,政策享受率提升了300%。积极开展"我为家乡办件事——高层次人才义乌行"活动、高层次人才联谊会、义乌籍高校学子回乡座谈会等各类人才服务活动,以最优人才服务生态打造人才"蓄水池"。

(二)优秀高校毕业生集聚工程政策要览

优秀高校毕业生集聚工程政策(见表2至表8)。

应邀来义乌的应届高校毕业生可享受七天免费食宿和一次免费就业创业培训。参照来义乌高铁二等座票价标准给予交通补贴。

表2　　　　　　　　　　高校毕业生实习实训补贴

人才层次 (全日制)	实习生活补贴 (最高3个月)	见习实训补贴
大专 (技工院校高级工班)	400元/月	由见习实训单位按不低于本市最低工资标准给予生活补贴
本科 (技工院校预备技师班)	800元/月	
硕士	1 500元/月	
博士	2 000元/月	

表3　　　　　　　　　　高校毕业生住房生活补贴

人才层次 (全日制)	生活补贴 (最长36个月)	购房补贴 (一次性)
博士	2 000元/月	80万元
硕士	1 500元/月	40万元

续表

人才层次 （全日制）	生活补贴 （最长36个月）	购房补贴 （一次性）
本科	800元/月 （含技工院校预备技师班）	30万元
专科	400元/月 （含技工院校高级工班）	20万元

表4　　　　　　　　　　　高校毕业生就业补贴

高校毕业生到中小微企业就业补贴	3 600元/人·年（到养老、残疾人、家政服务和现代农业企业就业的1万元/人·年），补贴期限不超过3年
高校毕业生灵活就业社保补贴	按其实际缴纳社会保险费的60%给予社会保险补贴，补贴期限不超过3年
职业培训补贴	高级技师2 500元、技师2 000元、高级工1 500元、中级工1 100元、初级工1 000元、专项合格证书600元。 *在职业技能提升行动期间（2019—2021年），符合发放条件的人员按高级技师5 000元、技师4 000元、高级工3 000元、中级工1 650元、初级工1 500元、专项合格证书900元标准发放
技能提升补贴	高级工1 500元、中级工1 100元、初级工1 000元

表5　　　　　　　　　　　高校毕业生创业补贴

项目	补贴额度
创业补贴	一次性2万元（创办养老、残疾人、家政服务和现代农业企业，补贴标准为第一年5万元、第二年3万元、第三年2万元）
创业带动就业补贴	带动3人就业，补贴2 000元，每增加1人再给予1 000元补贴，每年总额不超过2万元，补贴期限不超过3年
高校毕业生优秀创业者能力提升培训	1万元/人
优秀创业项目补贴	省级10万元，国家级20万元
创业担保贷款	在校大学生、毕业5年以内的高校毕业生可申请不超过50万元的创业担保贷款，并给予全额贴息，贷款期限不超过3年，贷款利率不超过LPR+50BP
创业培训补贴	1 500元/人（互联网+创业培训1 800元/人）

表6　政府津贴

人才层次	政府津贴
院士	8 000元/月
国家级人才	3 000元/月
省部级人才	2 000元/月
博士和正高	1 000元/月

在紧缺职业(工种)一线岗位工作,所在企业实行技能等级薪酬制度的高技能人才,可享受高级技师每人每月500元,技师300元的政府津贴,每位人才享受津贴期限不超过5年

表7　英才计划扶持政策

扶持对象	自主内容	资助额度
高层次创业人才	创业启动资金、地方贡献奖励、技改贴息、生产(办公)用房	5年最高5 000万元
高层次创新人才	科研项目启动经费、科研经费资助	5年最高2 000万元
社会事业发展紧缺人才	协议年薪、入驻人才驿站、租房补贴、科研经费资助	5年最高400万元

表8　高层次人才引培及平台建设资助

项目	资助条件	资助额度
133创新人才工程	入选第一层次	8万元
	入选第二层次	4万元
博士后科研工作站建设	建成国家级工作站	100万元
	建成省级工作站	50万元
	在站博士后日常经费补助	12万元/人·年
拔尖人才	入选时给予一次性2 000元奖励,管理期内每人每月补助1 000元	

三、义乌市对其他城市的借鉴意义

义乌市人才活力的长足发展,为其他中小城市提供了重要的指导意义和借鉴价值,以下主要从人才建设、职教改革、高等教育和如何融入长三角一体化战略四个方面详细论述。

(一)人才"引育留"上"义"马当先

义乌的发展,离不开各类人才的共同参与。大量人才来义乌创业、创新,为

义乌的发展提供了优质的人才环境和服务。义乌在人才吸收、管理、建设方面提供了大量值得借鉴的宝贵经验、优越的政策环境和优质的服务平台。众所周知，义乌的崛起是从所谓鸡毛换糖的时代开始，从皮带纽扣起步，离不开小商品市场的贡献。但是义乌市的眼界并不局限于此危机感时刻存在，时代的巨浪将会卷走家庭作坊式的生产模式，在不远的将来必将被工业化和尖端制造业所取代，所以人才需求将会进一步扩大。义乌在人才"引育留"上"义"马当先，频出实招。从大手笔推出"英才计划"到升级版的"人才新政20条"，再到去年推出的大学生招引六条意见、首个针对采购商的人才政策和今年初"留人暖政17条"。

2020年10月上线以来，已完成注册人数5.7万人。2021年2月份以来网上办件2.8万件，服务人才2.1万人，拨付人才补助资金9.9亿元，累计为各部门减少重复审核1.5万次。通过政策主动推送服务，毕业3年内大学生月均申请享受政策由原来的200人提升到800人，政策享受率提升了300%。

（二）围绕"产业转型、园区发展、经济新业态培育"打造职教义乌品牌

职业教育是培养技术技能人才、促进就业创业创新、推动中国制造和服务上水平的重要基础。近年来，在市委市政府科学领导下，义乌职业教育秉承"德""技"兼修理念，以服务"小商品之都"和自贸改革试验区建设为本，围绕"产业转型、园区发展、经济新业态培育"，积极推进省级综合改革试点，职业教育办学规模不断扩大，办学层次、品质不断提升。

义乌现有城镇职校、国贸学校和机电技师学院三所中职学校。其中城镇职校、国贸学校均为国家级重点职校、省一级职校、省改革发展示范校，去年城镇职校被省教育厅确定为浙江省高水平中职学校建设单位，国贸学校的汽修专业和旅游专业被确定为浙江省中职高水平建设专业；机电技师学院为国家级改革发展示范校、浙江省30所中职名校之一。目前，三所中职学校共开设11个大类40个专业，先后有14个专业被省教育厅评为省级示范、骨干、品牌优势特色专业；共有在校生10972人，教师899名。建有成佳梁、楼林菊两个省级名师工作室和王关根、鲍正浩两个省级大师工作室。

1. 义乌职教发展特色

（1）加大资金投入，促进中职办学内涵。

义乌市委市政府的高度重视，义乌中职生均公用经费基数为3 000元（并按不同专业设定公用经费系数），远高于普高生均公用经费（普高1 520元/年）。从2019年起，在保障生均经费拨款的同时，市财政设定每年1 000万元的职业教育专项发展基金，出台了《义乌市中等职业教育发展专项资金管理办法》（义教成〔2019〕7号）。拨付专项资金用于扶持市属中职学校开展基本设施保障、专业建设、公共实训基地、师资队伍建设、课程改革、校企合作、现代学徒制、产教融合等职业教育质量提升项目的建设,促进中职学校办学内涵提升,引导支持行业企业参与中职教育发展建设,为人民群众提供更加优质的中职教育资源。

(2)围绕综合改革,谋划职教布局规划。

2018年,义乌市被省教育厅列为全省唯一的省级"职业教育综合改革试点县",围绕综合改革试点,全面深化职教领域改革。一是全面探索中职学校人事制度改革,鼓励学校按规定自主招聘或以"雇员制"方式聘用行业、企业中高级管理人员和技术人员、全国职业技能大赛获奖选手担任学校特聘兼职教师,破解职业学校技能型、工匠型师资不足问题,2018年来城镇职校、国贸学校自主招聘教师共计达80余名。二是筹设成立职业教育集团。谋划义乌职教布局调整,整合城镇职校、国贸学校两所市属中职学校办学资源,筹设义乌市职教集团,实行集团化办学,建设融教育教学、社会培训为一体的新型职教综合体。三是打造特色产业学院。进一步推进教育链与产业链有机融合,紧密对接义乌产业链、创新链,推进政、产、学、研协同创新,组建由行业组织、重点企业等参加的专业建设委员会、校企合作委员会,做强汽车技师学院、商贸物流学院、旅游烹饪学院、幼师培育学院等行业(产业)特色学院。

(3)立足义乌市场,围绕产业行业办学。

根据全市产业规划的人才需求结合省职业教育综合改革试点工作,机电技师学院主动对接义乌产业发展,与义乌高新区共同成立了义乌信息光电学院,将专业建在产业链上,学校办在产业园区内,开启了浙江省中职院校"政校企"混合制所有制办学的先河;义乌市政府与浙江商业职业技术学院联合成立浙江省电子商务学院,学院联合义乌电商产业园内的电商、物流企业及中、高职院校,共同培养适应义乌特色的电商人才。电子商务学院"双实双创"基地运营初见成效,2019年成立以来,已培养中西部人才2 500多名,其中近2 000名留在义乌创业发展,职业教育人才红利初步显现。

(4)深化产教融合,持续推进校企合作。

市内三所中职学校共与小商品城集团、陆港集团、浪莎集团等121家企业、行业建立合作关系。18个适合推行现代学徒制的专业已全部推进现代学徒制试点工作,参与学生5 195人,占全部学生的43.97%。城镇职校、国贸学校顺利通过浙江省首批现代学徒制试点单位验收。机电技师学院与高新区联合成立"信息光电学院";入驻义乌市模具城,建立省级模具产学研基地;与金华轨道交通集团、华灿、瑞丰、爱旭等企业联合成立"企业冠名班",开展订单培养。城镇职校的"义乌电商小镇校企合作共同体"、浙江机电技师学院"电商专业5+1校企合作共同体"立项为浙江省中职校企合作共同体项目。

(5)打通升学通道,精准开展社会服务。

一是纵向贯通、延长办学链。中职学校与金华职院、丽水学院和湖州师范学院等13所高职院校联合开设3+2、3+4、五年一贯制大专班81个,学生共3 000多人。机电技师学院在健康护理、时尚产业、欧盟技师班等专业领域与韩国、日本、德国院校联合办学。2020年全市中职毕业生共2 929人,其中1 829名毕业生升入大学深造,升学率达到62.4%。二是服务社会,广泛开展社会培训。学历教育与社会培训并举,尽管受疫情影响,但2020年仅下半年仍开展各类职业技能培训48个项目,培训达1.35万人次。城镇职校中餐烹饪与营养膳食专业、国际商贸学校汽车运行与维修专业和机电技师学院推行过程化技能鉴定工作,2018年开始共对331名学生开展过程化技能鉴定,327名学生通过考核获得中级工和高级工职业技能等级证书。

2. 义乌职教发展规划

目前,义乌职业教育还存在中职学校办学空间受限,不能满足不断上升的中职学位需求;智能物流、快递运营、国际货代、健康护理等与义乌产业升级相适应的新兴专业还未开设;中职产教融合缺少培训平台支撑,校企合作办学规模、效益不明显等问题。为有效服务义乌市国际贸易综合改革大局,加快构建适应其经济社会发展的现代化职业教育体系,下一步职业教育综合改革试点工作着重从以下几个方面开展:

(1)由义乌工商学院牵头,成立义乌商城职教联盟,形成高职院校、部门、中职学校、行业企业多维构建的合作平台。

(2)根据职教规划布局方案,构建"1+4+8+X"(1个集团、4个校区、8大产业学院、若干个产教融合基地)职业教育发展体系,形成"学历教育、实训教学"协调发展的良好职业教育生态。逐步推进职教集团和机电技术学院建设,改善中职学校满负荷办学状态和满足中职学位不断上升需求,使义乌职教在2025年末达到1.8万人的办学规模。

(3)深化与浙江商职院战略合作,推进浙江电子商务学院中高职一体化教育和全日制高职教育、"双实双创基地"建设和社会化服务三大项目工程。

(4)以专业链对接产业链,推进政、产、学、研协同创新,组建由行业组织、重点企业等参加的专业建设委员会、校企合作委员会,做强"信息光电、商城设计"学院,打造"汽车技师、供应链、旅游烹饪、幼师培育、丝路经贸、金蓝领培训"等行业(产业)8大特色学院。

(三)引智提质,促进高教产教融合

义乌工商职业技术学院于 2008 年成立创业学院,学院建有 12 800 平方米的大学生创业园,开办了创业班、创业精英班、专业创业工作室,拥有青创空间、义台青年交流中心、"中国网店第一村"青岩刘大学生创业基地等 30 余个校内外创业实践基地。每年有近 20%的在校生投身创新创业实践活动,毕业生创业率稳定在 12%左右,居全省高校前列。学校创业教育有力地推动了义乌相关产业的规模化、集群化发展。学校还服务国家脱贫攻坚战略,与甘肃陇南、四川汶川、青海海西等地开展创业精准扶贫对接,承办团中央、台盟中央等高端创业培训,累计受益 5 万余人次。学校获评全国高校团学创业促进工作百强校、全省普通高校示范性创业学院、全省创业导师培育工程优秀组织单位、全省大众创业万众创新示范基地。

学校内的义乌市创意园是全国首个以"小商品创新设计"为主要研发方向的创意文化园区。园区拥有国家旅游商品研发中心、国家林产品创意研发中心 2 个国家级研发平台,1 个国家级大师工作室,入驻文创设计机构、产品研发科技型企业 60 余家,师生共创工作室 10 余家,是中国美术学院、华东理工大学、韩国桂园艺术大学等 150 余所知名高校的设计学子实践基地,每年安排接待实习实训师生 2 000 余人次。园区年均累计服务生产企业 3 000 家以上,创意产值累计近 4 亿元。学校与中国小商品城集团股份有限公司共建混合所有制"商城设计学院",有效整合小商品设计资源,培养具有设计应用能力和产品研发能力的高水平技能型人才。学校自 2007 年起招收国际学生,累计培养知华友华、国际商贸素质较高的国际学生 9 000 余人次。现每年招收培养国际学生 1 200 余人次,规模位居全国同类院校前列。生源 70%来自"一带一路"沿线国家和地区。学校开设阿拉伯语、西班牙语等 8 个语种课程,是省内开设语种课程最多的高职院校,充分满足了学生和市民的语言学习需求。学校大力融入"义新欧"发展,积极"走出去"办学,在西班牙开设了中欧(西班牙)跨境电子商务培训学院、中西跨境电子商务培训基地。

为引进高校科研院所,打造浙中科创高地,为高质量高水平建设世界"小商品之都"提供人才支撑和智力支持,依托双江水利枢纽工程,规划建设双江湖科教园区,作为全市招引科研院所的重要阵地。目前,双江湖科教园区已落地项目包括中国计量大学现代科技学院和义乌研究生院、浙江大学"一带一路"国际医学院、复旦大学义乌研究院、中国科学院大学"一带一路"研究院、北京协同创新研究院浙江分院等。已形成约 3 100 人的学生规模,其中研究生约 400 人;引入教学、科研、医疗等人才共 500 余人;设立院士工作站 1 个(阮长耿院士),引进院士团队2个(阮长耿院士、黄荷凤院士);正在建设包括许宁生院士领衔的新材料新器件新装备高精尖缺制造中心、金力院士领衔的生物技术与生物医学工程中心在内的多个科研平台,预计吸纳国家级、省级等各类人才逾百人。

下一步工作举措将从以下几方面入手:

1. 做好顶层设计。委托第三方专业机构(省发规院)开展高等教育发展规划编制工作,科学统筹、超前谋划、合理确定义乌市高等教育的发展战略、目标定位,科学规划义乌市未来高等教育的规模、层次和学科设置,优化高等教育布局。

2. 加快双江湖科教园区建设。积极开展义乌工商职业技术学院双江湖院区(暂定)建设前期工作,加快推进浙江大学"一带一路"国际医学院、复旦大学义乌研究院、中国计量大学现代科技学院二期及研究生院等院所建设,以品质教学、高端科研、产业研发为三大核心,打造高包容度、高生长性的"产学研生"共融的"义乌模式"科教园。建设义乌双江湖版创新创业集聚区,明确园区内产学研用一体化机制、高校创新创业成果转化机制、创新人才培养模式,打造"义乌智谷"。

3. 创新用才育才方式。依托高校资源,探索"校地人才共引共享机制";鼓励高校院所定向委培人才,支持校企合作开设特色学科、特需专业,订单式培养产业及企业创新人才。

"十四五"期间,对接国家战略,服务义乌创新驱动、转型升级和国际贸易综合改革试验区建设,通过招引大学、科研院所等载体,集聚创业创新人才,加快推进义乌双江湖科教园区开发,为产业升级、城市转型提供智力引擎,增强高等教育对义乌经济社会发展贡献度,提升义乌城市发展品位,打造义乌特色的引领型、创业型高等教育。

4. 大力招引高等教育资源。加快双江湖科教园区建设,以品质教学、高端科研、产业研发为三大核心,打造高包容度、高生长性的"产学研生"共融的"义乌模式"科教园。加大国内外优质高校和科研院所招引力度,鼓励合作共建高水平应用型大学,办好中国计量大学现代科技学院、浙江大学"一带一路"国际医学院、复旦大学"一院三基地",全方位推进高等教育国际交流与合作,不断提升高等教育国际化水平。通过强强联合、中外合作等方式建立(校区)分校或研究生院,促进高等教育集聚发展,助推金义科创廊道建设。

5. 打造高职教育特色名片。集中力量支持义乌工商学院积极发展为高水平创意型大学,力争到2025年在全国形成电子商务创业率最高、国际贸易专业实训基地最好、创意设计成果转化最强、留学生教育规模最大、创业教育和创业人才培养最优的五"最"特色,打造义乌特色的高等职业技术教育品牌,打造商贸服务和特色制造业领域的"人才摇篮"。大力支持浙江省机电技师学院建设"具有国际视野和国内知名的技师学院",迁建并做强做大浙江机电技师学院,推进与浙江机电集团所属高等院校合作,深化中韩、中德联合办学,推进与德国合作健康护理专业、与日本相关院校在时尚产业合作办学项目。充分利用光电新区资源,促进信息光电学院发展。积极引进省内知名高职院校。

6. 促进高职教育产教融合。深化校地共建机制,加强高校与县(市)区、高新区、产业集聚区合作办学,增强服务区域产业发展能力。建立产教对接融合战略机制,推动高校应用型建设,建立产学研联盟。

(四)将人才建设积极融入长三角一体化战略之中

2012年以来,义乌围绕国际贸易综合配套改革试点的逐步推进,急需大量各类优秀人才,为此,与上海、杭州等长三角人才集聚地区开展了网络招聘、组团外出招才、建立研究生社会实践活动基地、项目合作、技术交流、人才服务等多层次的人才开发与合作交流。开展"项目化引才"活动,大力引进义乌市紧缺急需的各类优秀人才,全力推动国际贸易综合改革试点工作,为"两区六城"建设提供强有力的人才和智力支持。同时,建设信息化人才市场,建立健全覆盖全国的网上人才服务系统,围绕网络招聘、网络求职等开展服务,加快无形市场和有形市场相结合的人才市场体系建设。

2020年,义乌市更加着眼于配合产业需求,打造线上线下相结合,辐射长三角区域的产业人才市场,促进产业人才发展优势互补、资源共享。提升产业人才公共服务、产业人才评价标准的兼容性,畅通区域产业人才流动渠道,推动以人才的交流合作促进产业集群发展。一是发起上海杨浦、杭州、南京、扬州、宁波等"十市一区"人社部门关于线上线下联合开展2020年"春风行动"暨长三角区域人力资源合作的倡议,签订人才合作框架协议,进一步强化了长三角地区人才合作交流,拓展了人才工作"朋友圈";二是举办2020年线上线下"春风行动"暨长三角跨区域人力资源合作系列招聘活动,累计开展现场招聘会41场,服务企业4 873家次,19.12万人次求职者进场应聘;三是举办线上云招聘活动,组织开展"云社区"千企万岗活动111场,共有3 202家用人单位参会,提供岗位4.9万个,累积23.6万余人次人才点击查看,投递简历2.31万份,初步达成意向1.24万人次;四是推出"相约成功、义路同行"系列大学生云招才活动15期,重点推出爱旭、华灿、天合光能等大学生需求量较大企业94家,提供岗位2 353个,点击量5.05万次;五是在义乌人才网开发上线劳务协作板块。

案例四

安徽省桐城市人才活力

一、桐城市人才发展背景

桐城市是安徽省辖县级市,由安庆市代管,位于安徽省中部偏西南,北至省会合肥 90 千米,南邻安庆市区 68 千米,属合肥都市圈南翼门户城市和皖江城市带承接产业转移示范区。

桐城是文化之都。桐城古称"桐国",因其地适宜种植油桐而得名。唐至德二年(757 年)正式定名为"桐城",迄今已有 1 200 余年。桐城素有崇文重教的优良传统,享有"文都"盛誉,是江淮文化的发祥地和集中地。这里文风昌盛,文化繁荣,名士辈出,是风行清代文坛 200 余年的"桐城派"的起源地。涌现出"百科全书式"的大学者方以智,父子宰相张英、张廷玉,美学大师朱光潜,哲学大家方东美,革命家、外交家黄镇,计算机专家慈云桂,黄梅戏艺人严凤英,现当代作家方令孺、舒芜、陈所巨等众多名人。先后走出了近 3 000 名博士、近 20 名"两院"院士。桐城改革氛围浓厚,"文都英才"计划启动实施,引才留才机制不断健全。高新技术企业、创新型企业日益增多,工程技术研究中心、院士工作站、博士后工作站相继建立。

二、近年来桐城市人才活力发展状况

《桐城市国民经济和社会发展第十三个五年规划纲要(2016—2020 年)》在第九章"深化改革开放创新,引领经济发展新常态"中的第三节"培育人力资源优势"中指出[①]:

实施人才高地建设工程,造就集聚一批企业家、高层次创新人才、高技能人才队伍,增强对产业发展的支撑引领作用。

招才引智。统筹推进各类人才队伍引进,增加总量、优化结构、调整布局。

---

① 桐城市政府办公室. 活力文都[EB/OL]. (2021-01-20)[2021-08-01]. http://www.tongcheng.gov.cn/zjtc/tcyx/hlwd/index.html.

依托重大科技攻关项目，建立由企业出题、企业与政府共同出资，高校院所与企业共同攻关的科技专项组织模式，引导创新资源向企业集聚。积极推动智力与科技成果产业化，深化科技成果使用、处理和收益权改革，进一步用好利益分配杠杆，让创新人才获利，让创新企业家获利，实现知识成果与工作报酬挂钩，营造尊重知识、尊重人才氛围。

人才培养。持续深入实施全民技能振兴工程，通过产学研结合培养科技创新人才，建立健全劳动者终身职业培训体系。实施人才重点工作项目化管理，加强对人才工作的分类指导。建立高等学校、科研院所、企业高层次人才双向交流制度，探索产学研联合科技创新模式，多形式培养科技创新人才队伍。

在上述《桐城市国民经济和社会发展第十三个五年规划纲要（2016—2020年）》文件的引领下，桐城市近年来在提升人才活力方面取得了一系列成就。

桐城市政府大力促进项目、资金、人才、技术等创新要素向企业集聚，推进企业科技成果研发与应用。连续多年制定出台《桐城市自主创新若干政策》《桐城市文都英才计划》等扶持政策，每年设立专项资金2 000万元，围绕研发平台建设、科技项目实施、产学研合作对接等方面，引导企业提高科技创新投入，走创新转型发展之路。同时，鼓励引导有基础、有优势、能突破的企业，加快科技研发平台建设。截至目前，桐城市已组织创建国家级研发平台5家、成功引进8位院士在桐城市开展工作，现有备案的院士工作站2家、省级创新平台35家、省级新型研发机构1家、博士后工作站4家、省科技特派员工作站4家、省级质检中心1家，引荐各类专家（团队）40余人次。目前，桐城市支持上百家企业与中科院、中科大、合工大、安工大、江南大学、西安理工大学等省内外60余家高校院所建立产学研合作关系，吸纳技术合同交易额达1.65亿元，科技成果登记121项，科技成果转化引导基金成果项目入库18项。[①]

三、桐城市人才活力在安徽省中小城市中的表现与评价

在长三角中小城市人才活力指数2020年度排名中，桐城市取得了长三角三省一市第29名，安徽省第1名的好成绩（见表1）。

---

① 潘月琴，保妹. 中国改革报：科技创新驱动高质量发展[EB/OL]. (2020-11-24)[2021-08-01]. http://www.tcxf.gov.cn/Home/Content/138717? ClassId=396.

表1　桐城市人才活力各指标在安徽省中小城市中的排名

人才活力指数（排名第1）	人才环境指数（排名第1）	经济（排名第2）	GDP（排名第4）
			固定资产投入（排名第2）
			第三产业比重（排名第6）
		社会（排名第9）	每万人医护人员数量（排名第9）
			教育经费占GDP比重（排名第4）
			互联网接入水平（排名第7）
			公共图书馆藏书量（排名第4）
			单位面积公路里程数（排名第6）
			房价收入比（排名第1）
		政策（排名第1）	发布人才相关政策信息条数（排名第8）
			每万人博士后工作站（含院士、研究机构）（排名第1）
			科研经费占GDP比重（排名第2）
	人才量能指数（排名第2）	规模（排名第6）	普通中学专任教师数比重（排名第4）
			普通中学在校学生数比重（排名第8）
		结构（排名第2）	青年人占比（排名第2）
			普通中学增加的高级职称占教师比重（排名第2）
		流量（排名第8）	常住人口增长率（排名第8）
			每万人专利申请量（排名第6）
	人才贡献指数（排名第8）	创新（排名第7）	每万人专利授权量（排名第8）
			每万人论文发表数（排名第4）
			全员劳动生产率（排名第6）
			注册新增企业数（排名第1）
		创业（排名第8）	民营企业数（排名第2）
			实际利用外资（排名第9）

在人才环境方面，桐城市2019年GDP为380.87亿元，固定资产投入为439.52亿元，第三产业比重为40%，每万人医护人员数量为35.69人，教育经费占GDP比重为3.08%，互联网接入水平为11.45万户，公共图书馆藏书量为21.01万册，单位面积公路里程数为1.40千米/平方千米，房价收入比为0.20，发布人才相关政策信息23条，每万人博士后工作站（含院士、研究机构）2.49

个,科研经费占 GDP 比重为 1.1%。人才环境指数在安徽省 9 个中小城市中排名第 1。其中,经济环境排名第 2,包含 3 个指标:GDP(排名第 4)、固定资产投入(排名第 2)、第三产业比重(排名第 6)。社会环境排名第 9,包含 6 个指标:每万人医护人员数量(排名第 9)、教育经费占 GDP 比重(排名第 10)、互联网接入水平(排名第 56)、公共图书馆藏书量(排名第 55)、单位面积公路里程数(排名第 4)、房价收入比(排名第 1)。政策环境排名第 1,包含 3 个指标:发布人才相关政策信息条数(排名第 8)、每万人博士后工作站(含院士、研究机构)(排名第 1)、科研经费占 GDP 比重(排名第 2)。可见,在人才环境方面,整体来看,桐城市为人才提供的政策环境要好于经济环境和社会环境,但三个方面内部各个指标的发展也不均衡。

在人才量能方面,桐城市 2019 年普通中学专任教师数比重为 3.87‰,普通中学在校学生数比重为 3.7%,青年人(19—35 岁)占比为 19.77%,普通中学专任教师增加的高级职称占比为 8.22%,常住人口增长率为 0.44%。人才量能指数在安徽省 9 个中小城市中排名第 2。其中,人才规模排名第 6,包含 2 个指标:普通中学专任教师数比重(排名 4)、普通中学在校学生数比重(排名第 8)。人才结构排名第 2,包含 2 个指标:青年人占比(排名第 2)、普通中学专任教师增加的高级职称占比(排名第 2)。人才流量排名第 8,包含 1 个指标:常住人口增长率(排名第 8)。人才结构好于人才规模和流量。

在人才贡献方面,桐城市 2019 年每万人专利申请量为 15.86 件,每万人专利授权量为 5.32 件,每万人论文发表数为 2.70 篇,全员劳动生产率为 77 840元/人,注册新增企业数为 3 346 户,民营企业数为 18 659 户,实际利用外资 498万美元。人才贡献指数在安徽省 9 个中小城市中排名第 8。其中,人才创新排名为 7,包含 4 个指标:每万人专利申请量(排名第 6)、每万人专利授权量(排名第 8)、每万人论文发表数(排名第 4)、全员劳动生产率(排名第 6)。人才创业排名第 8,包含 3 个指标:注册新增企业数(排名第 1)、民营企业数(排名第 2)、实际利用外资(排名第 9)。

综上,从长三角中小城市人才活力的三个一级指标来看,桐城市为人才提供了不错的发展环境,尤其是政策环境,也有了相当的人才储备,遗憾的是,未能充分激活现有人才的潜力,发挥出其对于城市在创新创业方面应有的作用。桐城市政府为人才工作所做的努力应该肯定。下一步要改善的方向是,如何充分激发出现有人才的活力? 也许,政策的效力需要时间来显现,建议桐城市政府在未来一段时间内关注这些指标,从而验证既有人才政策的有效性,并且不断对之完善,以使人才环境、人才量能、人才贡献这三个方面形成正向循环,从而从根本上提高桐城市人才活力。

四、桐城市"文都英才新政20条"人才政策[①]

为深入实施人才强市战略，扎实推进"十四五"规划建议任务，为经济社会发展提供人才支撑和智力保障，近日，桐城市制定"文都英才新政20条"，具体内容如下。

（一）支持奖励人才平台、企业、项目（集体）

1. 补助院士工作站

支持企业与高等院校、科研院所等合作建立院士工作站，对建站满1年经评估合格且绩效明显的，除上级政策资金补助外，给予新组建的院士工作站3年内共补助50万元。建站后每引进1名院士开展工作的，给予20万元科研经费补助。

2. 奖励博士后科研工作站

企业经批准新建博士后科研工作站的，对建站满3年经评估合格且绩效明显的，给予企业一次性奖励10万元。

3. 奖励科技孵化服务机构

对当年新认定（备案）的国家级科技企业孵化器、众创空间（星创天地），每家分别奖励50万元、20万元；对当年新认定（备案）的省级科技企业孵化器、众创空间（星创天地），每家分别奖励20万元、10万元；对当年新认定（备案）的安庆市级科技企业孵化器、众创空间（星创天地），给予一次性6万元运营补贴。每年从自主创新专项资金中安排一定的财政资金，用于鼓励园区、行业领军企业、职业技术学校及社会资本创办的众创空间。

4. 奖励引进或培育产业领军人才企业

每年引进3名能够在关键性技术研发、发展高新产业上有成就的创新创业领军人才、10名产业高层次急需人才、30名新兴产业专业技能人才。经市人才工作领导小组认定后，每年分别给予引进人才的企业10万元、5万元、3万元奖励，奖励期限为3年。企业或科研单位自主引进或培育的高层次人才入选国家、安徽省"相关人才计划"且在桐城工作1年以上的，给予企业或科研单位一次性20万元、10万元、6万元奖励，其中按照不低于50%的比例直接奖给高层次人才。

---

① 桐城市委组织部. 真金白银！桐城市20条人才政策今起实施！[EB/OL]. (2021-05-18)[2021-08-01]. https://mp.weixin.qq.com/s/Aa17UttnE3Bc0vwYdoZcMA.

5. 奖励柔性引才企业

柔性引进的人才与企业签订一年以上协议且服务满一年，补助企业标准为企业支付税后薪酬的15%，最高补助标准为每人每年不超过10万元，补助期限最长为3年。引进的高层次人才个人所得税地方留存部分全额返还。

6. 奖励人才中介组织

对经认定引才实绩突出的高端人才猎头公司等专业化服务机构给予不超过10万元的奖励。

7. 支持产学研用合作企业和成果转化项目

每年安排总额500万元，支持企业与高校院所建立产学研用合作关系并共同开展项目开发，经认定产生效益的，适当补助企业技术开发经费。鼓励人才带高新技术研发成果、专利技术等自主知识产权项目在我市企业实现成果转化和产业化，对经评审认定实现成果转化的项目，给予补助。

8. 奖励技能大师工作室

对新认定的国家、省级、安庆市、桐城市"技能大师工作室"分别给予一次性20万、10万元、5万元、3万元奖励。对技能大师工作室成果评鉴的，省级的每个成果奖补6万元，安庆市级的给予3万元补助。对组织单位可以给予相应奖励。

9. 支持高层次科技人才团队

对获得省科学技术奖励一、二、三等奖的单位，分别给予科研团队100万元、40万元、20万元奖励。对获安庆市级高层次科技人才团队的，每个团队给予20万元奖励。

10. 支持校企合作、村企互助单位

支持桐城师专、技工学校、江淮工业学校、中华职校、文都职校等市内专科学校与桐城市企业合作，定向培养人才；支持全市各村与桐城市企业合作，定向输送人才。对合作成效明显的，给予一定奖补。

(二)支持培育服务各类人才(个人)

11. 奖励突出贡献人才

柔性引进的人才经认定做出重大贡献的，颁发"桐城市突出贡献人才"证书，一次性给予个人20万元奖励。

12. 支持挂职引才

每年从省内外重点高校、国家重点实验室、科研院所等对接选拔一批硕士、博士研究生，到桐城市企事业单位开展为期一年的柔性挂职工作。到机关事业单位挂职的，享受相应级别的领导干部工资福利待遇。挂职期满后可与挂职单位实行双向选择、优先留任。到企业挂职的，享受相关人才引进奖励待遇。

13. 奖励领军人才和特殊津贴人员

对获得"省战略性新兴产业技术领军人才"称号的给予2万元奖励,对获批享受国务院、省、安庆市政府特殊津贴人员给予一次性2万元、1.8万元、0.8万元奖励。

14. 补助进站博士后

对进科研工作站的博士后,在桐城工作期间,给予每人每年2.4万元生活补助。博士后出站继续留桐城工作的,按照引进博士相关人才奖励政策执行。

15. 补贴高层次人才

对企业引进的高层次人才给予为期3年的补贴,具体标准为:A类人才每人每年20万元;B类人才每人每年10万元;C类人才每人每年5万元;D类人才每人每年1.2万元。补贴每年发放一次(高层次人才分类标准附后)。实行额度管理,每年初公布当年额度分配方案,若申请人数超过当年补贴额度的,由用人单位按照贡献大小、工作年限等因素排序,实行轮候制度。

16. 补贴高校毕业生

全日制本科和大专学历的高校毕业生,与工业企业签订三年以上劳动合同,并在企业工作满一年以上、按时缴纳社会保险的,给予为期3年的补贴,具体标准为每人每年0.84万元和0.48万元。3年内在我市购买商品房的,3年补贴未发放部分作为安家费一次性发放。实行额度管理,每年初公布当年额度分配方案,若申请人数超过当年补贴额度的,由用人单位按照贡献大小、工作年限等因素排序,实行轮候制度。

17. 培育企业家

建立企业家队伍信息库,实行动态管理。围绕"新生代"企业家、高级经营管理人才素质提升,每年举办2期企业经营管理研修班。规模以上企业董事长、总经理参加省级以上企业行业生产或经营类提升管理培训(不含学历教育和商学院)的,凭证书和发票给予培训学费全额补助。每两年开展一次桐城市"十佳创新型企业家"和"十佳创新创业青年"评比活动。

18. 加强技能人才队伍建设

根据桐城产业实际和企业人才需求,建立公共职业实训基地,5年内培训人力资源师、企业培训师、劳动关系协调师各100名,对取得相应资质的人员给予培训学费补助。对开展岗位技能提升培训的,培训后取得高级工、技师、高级技师的,分别给予2000元、3500元、5000元的补贴。对获得全国技能大赛一、二、三等奖的分别给予5万元、4万元、3万元奖励;对获得全省技能大赛一、二、三等奖的分别给予3万元、2万元、1万元奖励;对获得安庆市或桐城市技能大赛

一、二、三等奖的分别给予一定的物质奖励。

19. 强化高层次人才住房保障

着力推进人才公寓建设,在公共租赁住房建设中,用于人才住房的比例一般不低于3%。企业从市外引进的高层次人才可按照规定申请。企业引进的高层次人才与用人单位签订5年以上服务合约且已工作3年以上在我市购买首套商品房的,给予安家补贴。具体标准为:A类人才给予50万元的补助,B类人才给予30万元的补助,C类人才给予20万元的补助,D类人才给予10万元的补助。夫妻双方均为引进人才的,按一方全额、一方半额标准发放。购房补贴实行额度管理,每年初公布当年额度分配方案,若申请人数超过当年补贴额度的,由用人单位按照贡献大小、工作年限等因素排序,实行轮候制度。

20. 实行一体化服务保障制度

依托政务服务中心、人才服务机构设立专门服务窗口,实行"一站式"受理服务。发放"桐城市高层次人才服务卡",在子女教育、配偶就业、医疗保健、文旅交通、科研通关、商事政务、职称评审、学习培训等多个领域提供便捷周到的服务,提升人才获得感、幸福感。

案例五

安徽省蚌埠市淮上区人才活力

一、淮上区社会经济基本情况与人才活力分析

淮上区是安徽省蚌埠市下辖区,位于蚌埠市区北部、淮河以北,成立于2004年3月。截至2020年,淮上区总面积412平方千米,辖5个镇和1个街道。

(一)人口与人才情况

1. 人口基本情况

全区常住人口为283 872人,与2010年第六次全国人口普查的207 672人相比,增加76 200人,增长36.69%,年均增长3.17%,比全省高出2.92%。

全区共有家庭户94 266户,集体户4 603户,家庭户人口为263 654人,集体户人口为20 218人。平均每个家庭户的人口为2.80人,比2010年第六次全国人口普查减少0.50人。

2020年11月1日零时全区人口城乡分布及流动情况公布如下:

全区常住人口中,居住在城镇的人口为186 971人,占65.86%;居住在乡村的人口为96 901人,占34.14%。与2010年第六次全国人口普查相比,城镇人口增加102 358人,乡村人口减少26 158人,城镇人口比重上升25.12个百分点(见图1)。

全区常住人口中,人户分离人口为87 687人,其中,市辖内人户分离人口为32 345人,流动人口为55 342人。

全区常住人口中,0—14岁人口为61 930人,占21.82%;15—59岁人口为178 348人,占62.83%;60岁及以上人口为43 594人,占15.36%,其中65岁及以上人口为34 885人,占12.29%。与2010年第六次全国人口普查相比,0—14岁人口的比重上升3.83个百分点,15—59岁人口的比重下降4.39个百分点,60岁及以上人口的比重上升0.56个百分点,65岁及以上人口的比重上升1.89个百分点。

2. 受教育程度人口情况

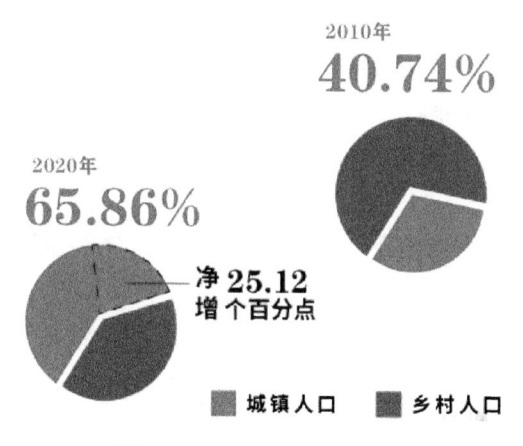

图1 淮上区城镇人口比重

全区常住人口中,拥有大学(指大专及以上)文化程度的人口为 19 024 人;拥有高中(含中专)文化程度的人口为 38 808 人;拥有初中文化程度的人口为 105 553 人;拥有小学文化程度的人口为 78 385 人(以上各种受教育程度的人包括各类学校的毕业生、肄业生和在校生)。与 2010 年第六次全国人口普查相比,每 10 万人中拥有大学文化程度的由 1 899 人上升为 6 702 人;拥有高中文化程度的由 7 541 人上升为 13 671 人;拥有初中文化程度的由 45 371 人下降为 37 183 人;拥有小学文化程度的由 30 153 人下降为 27 613 人(见图2)。

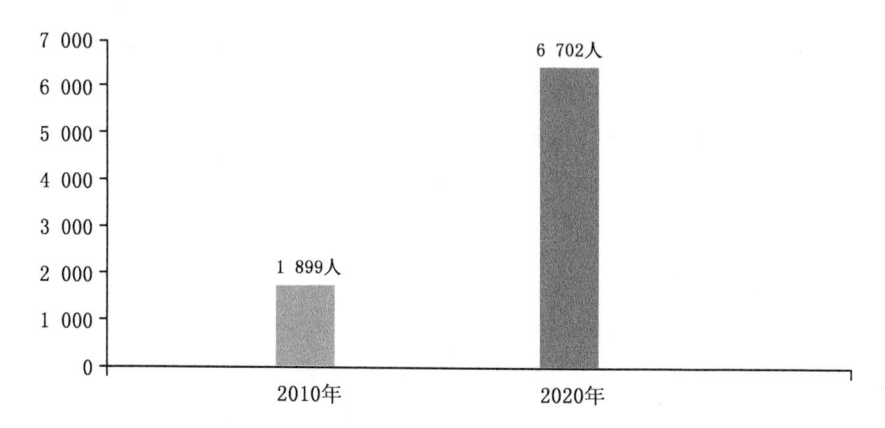

图2 淮上区每 10 万人中有大学(大专及以上)文化程度人口

全区常住人口中,15岁及以上人口的平均受教育年限为8.74年。[①]

(二)经济指标达成与在省市的位次情况

2019年,全区实现地区生产总值164.7亿元,同比增长2.2%;财政总收入17.6亿元,同比增长14.9%;城镇、农村常住居民人均可支配收入分别达37 559元、15 688元。

2019年,淮上区全年实现地区生产总值164.7亿元,同比增长2.2%。分产业看,第一产业增加值14.7亿元,同比增长6.0%;第二产业增加值75.3亿元,同比增长0.4%;第三产业增加值74.7亿元,同比增长3.6%。实现财政收入17.6亿元,同比增长14.9%(全省平均增长6.5%,全市平均增长7.6%)。实现城镇居民人均可支配收入37 559元,同比增长9.4%;实现农村居民人均可支配收入15 688元,同比增长10.8%。

2021年一季度,淮上区主要指标实现恢复性快速增长,企业生产形势向好,市场需求不断扩大,增长动力较为强劲,发展质量稳步提升,经济运行开局良好。在已反馈的15项主要经济指标中有9项指标增幅高于全省平均增长水平,有10项指标增幅高于全市平均增长水平。限额以上消费品零售额、建筑总产值、城镇常住居民人均可支配收入增幅居全市前三名。

从主要指标看,"稳"的态势在延续。受疫情影响,全区地区生产总值一季度下降11.8%,二季度开始迅速转正并逐季回升,预计2021年实现地区生产总值同比增长4.5%;其他主要经济指标平稳恢复,实现财政收入17.9亿元,增幅较去年同期略有增长;固定资产投资增长12%,规模以上工业增加值增长9%以上,全社会消费品零售总额增速全面转正,城镇和农村常住居民人均可支配收入高于GDP同期增幅。其中,规模以上工业增加值、固定资产投资、全社会消费品零售总额等多项指标增速高于全市平均水平,保持了"总量进位、增速领先"的良好发展态势。

(三)人才活力分析

鉴于淮上区不在预设的长三角地区的60个中小城市(包括江浙皖2019年有统计资料的县级市50个、上海的非中心城区8个、长三角生态绿色一体化示范区的浙江省嘉善县和江苏省苏州市吴江区),且部分数据不完整,所以我们没办法将淮上区的相关数据纳入整个数值转换和处理。根据其发改委提供的数据,现在将其部分指标与其他60个中小城市数据比对,以期获得淮上区的所处

---

① 以上数据截至2020年11月1日。

位次与对比情况。

1. 人才环境指数

在人才环境的评价指标中,淮上区表现较好的指数是每万人医护人员数量(79人)和科研经费占GDP比重(2.47%),在61个研究对象中分别位居第三、第五,前者仅次于张家港市和昆山市,表现较为亮眼。另一项表现较好的指标是房价收入比(7∶40),位居第10。而表现不那么显著的环境指数是教育经费占GDP比重(2%)和单位面积公路里程数(1.56千米/km²)这两项指标,都是位居第38。而在固定资产投入,尤其是GDP、第三产业比重在长三角中小城市中位次大多靠后(见表1)。

表1　　　　淮上区人才环境指数在长三角中小城市中的表现

一级指标	二级指标	三级指标
人才环境指数	经济	GDP(排名60)
		固定资产投入(排名50)
		第三产业比重(排名61)
	社会	每万人医护人员数量(排名3)
		教育经费占GDP比重(排名38)
		互联网接入水平(数据缺)
		公共图书馆藏书量(数据缺)
		单位面积公路里程数(排名38)
		房价收入比(排名10)
	政策	发布人才相关政策信息条数(数据缺)
		每万人博士后工作站(含院士、研究机构)(数据缺)
		科研经费占GDP比重(排名5)

由此可见,淮上区在人才环境指数上有优有劣,这也会在一定程度上影响其在整个长三角中小城市中的人才环境指数排位。对此,淮上区可针对弱项进行补强,尤其是在教育与公路投入方面。而在优势方面则继续保持,从而在人才环境的各个方面都能提供好的条件支持。

2. 人才量能指数

在人才量能指数方面,淮上区表现较好的指标是普通中学专任教师数比重(5.04‰),在61个研究对象中分别位居第8,其次是青年人占比和常住人口增长率(0.77%),都是第14。其表现有待改进之处是普通中学在校学生数比重

(4.22%),而普通中学专任教师增加的高级职称占比(4.2‰),位居第60,仅优于盐城市的东台市。普通中学在校学生数比重也不高,排在34(见表2)。

表2　　　　　　　淮上区人才量能指数在长三角中小城市中的表现

一级指标	二级指标	三级指标
人才量能指数	规模	普通中学专任教师数比重(排名8)
		普通中学在校学生数比重(排名34)
	结构	青年人占比(排名14)
		普通中学增加的高级职称占教师比重(排名60)
	流量	常住人口增长率(排名14)

由以上数据可见,淮上区人才量能指数总体实力表现不错,其中普通中学专任教师数比重表现较好。虽然这一比重较好,但其中的高级职称占比则表现不佳。总体看,淮上区的青年人占比较好,常住人口增长率在安徽省中小城市中也表现优异,这体现了淮上区人才数量、结构、流动性等方面的优势。

3. 人才贡献指数

淮上区在人才贡献指数上就不如上述人才环境指数与人才量能指数,其在人才贡献上的几个指标都在61个中小城市中位居末端,如实际利用外资10 655(万美元),位居第44;每万人专利授权量(18.2件),位居第48;注册新增企业数和民营企业数分别居第60和61。可见其在整个长三角中小城市中的人才贡献指数表现不佳(见表3)。

表3　　　　　　　淮上区人才贡献指数在长三角中小城市中的表现

一级指标	二级指标	三级指标
人才贡献指数	创新	每万人专利申请量(数据缺)
		每万人专利授权量(排名48)
		每万人论文发表数(数据缺)
		全员劳动生产率(数据缺)
	创业	注册新增企业数(排名60)
		民营企业数(排名61)
		实际利用外资(排名44)

综上所述,淮上区在人才环境指数和人才量能指数上表现尚可,尤其是人才

量能表现优异,但是在人才贡献上表现不尽如人意,亟待加强。这也意味着虽然淮上区的人才环境有了好的创设,人才的规模、结构与流动性也较好,但这些人才的聪明才智还没有完全发挥出来,有待解决。

二、淮上区提升人才活力的主要政策

对于地方政府来说,好的人才政策必定是依地方实际情况而制定,以实现地方发展为目标的。既然各地的情况处于不断变化之中,那么人才政策也必定要有灵活性。长三角一体化上升为国家发展战略,对于淮上区来说是一个重要战略机遇,为此,因时制宜,及时调整人才政策,创新人才工作机制和方法。近些年淮上区出台了很多人才政策,受篇幅所限,现仅选取部分影响大、力度强、有特色的人才政策做一简要陈述。

(一)实施创新驱动发展战略加快"两个中心"建设

为贯彻落实党的十九大精神,践行新发展理念,促进经济持续健康发展,根据《安徽省人民政府关于印发支持"三重一创"建设若干政策的通知》《安徽省人民政府关于印发支持科技创新若干政策的通知》《安徽省人民政府关于印发支持制造强省建设若干政策的通知》《安徽省人民政府关于印发支持技工大省建设若干政策的通知》和《中共安徽省委印发〈关于深化人才发展体制机制改革的实施意见〉的通知》等有关文件精神,着力实施创新驱动发展战略,全力聚焦实体经济,为加快建成"两个中心"、实现"两个全面"提供支撑。

1. 支持创新创业

对新认定的国家双创示范基地,一次性奖励 1 000 万元(含省政策支持),用于示范基地建设。对我市项目参加"创响中国""中国创新创业"等全省创新创业大赛且获得一等奖、二等奖、三等奖和优秀奖的,按照省奖励资金,给予1∶1配套奖励。每年开展"创响中国""中国创新创业"等蚌埠地区创新创业大赛,分档奖励项目团队,其中:一等奖3个,各奖励20万元;二等奖6个,各奖励10万元;三等奖10个,各奖励5万元。

2. 加大研发投入

对科技企业孵化器在孵企业、新型研发机构、年销售收入达 500 万元及以上企业等购置用于研发的关键仪器设备(原值 10 万元及以上),省、市分别按其年度实际支出额不超过 15% 予以补助,单台仪器设备补助分别最高可达 200 万元,单个企业补助分别最高可达 500 万元。补助资金用于研发。

对事业单位及驻蚌科研单位、高校,首次核准发生研发投入且超过 300 万元以上的,一次性奖励 2 万元。对上一年度研发投入 300 万元以上,且当年较上一年度增长的,按以下条件一次性给予奖励(见表4)。

表4　　　　　　　　　　事业单位奖励标准

上一年度研发投入	当年增速			
	15%以下	15%及以上	20%及以上	25%及以上
300万元以上	1万元	2万元	3万元	4万元
1 000万元以上	2万元	4万元	6万元	8万元
5 000万元以上	5万元	10万元	15万元	20万元
1亿元以上	10万元	20万元	30万元	40万元

对规模以上工业企业,首次核准发生研发投入且超过300万元以上的,一次性给予2万元奖励;对当年研发投入达到1 000万元、3 000万元以上的分别一次性给予2万元、5万元奖励。对研发投入连续两年增长,按以下条件一次性给予奖励(见表5)。

表5　　　　　　　　　　工业企业奖励标准

研发投入总量	当年增速高于全市规模以上工业企业平均增速		
	10个百分点以下	10—20个百分点	20个百分点以上
上一年度研发投入300万元以上且当年占主营业务收入3%以上	1万元	2万元	4万元
上一年度研发投入1 000万元以上且当年占主营业务收入2%以上	2万元	6万元	10万元
当年研发投入3 000万元以上且占主营业务收入1%以上	4万元	10万元	20万元

对特、一、二级建筑业企业和规模以上服务业企业等,首次核准发生研发投入且超过300万元以上的,一次性给予2万元奖励;当年研发投入达到1 000万元以上的,一次性给予5万元奖励。研发投入连续两年增长,按以下条件一次性给予奖励(见表6):

表6　　　　　　　　　　建筑及服务业企业奖励标准

研发投入总量	当年增速	
	20%以上	30%以上
上一年度研发投入300万元以上	2万元	3万元
上一年度研发投入500万元以上	4万元	6万元
当年研发投入1 000万元以上	8万元	10万元

上述对事业单位及驻蚌科研单位、高校的奖励,50%奖励给具体工作人员,奖励支出计入当年本单位工资总额,但不受当年本单位工资总额限制,不纳入本单位工资总额基数;对规模以上工业企业、建筑业企业和规模以上服务业企业的奖金全部奖励给企业法人代表和工作人员。

对纳入省仪器设备共享服务平台网向社会开放服务的大型科学仪器设备及设施的管理单位,以及租用上述仪器设备进行新产品、新技术、新工艺开发的单位,可分别享受省、市补助。其中省按出租仪器设备年度收入的20%给予设备管理单位补助,每个单位补助最高可达500万元;设备租用单位由市按租用仪器设备年度支出的20%给予租用单位补助,每个租用单位补助最高可达200万元。

设立1亿元支持驻蚌单位发展专项资金,采取阶段参股、股权激励、投资补贴和事后奖补等方式,支持驻蚌单位加大科技研发投入、加快科技成果转化、开展产学研合作等,具体实施细则另行制定。

3. 促进科技成果转化

对企业购买科技成果在蚌转化,按其技术合同成交并实际支付额20%给予补助,其中购买省外科技成果的,省再给予10%补助。对单位年度技术交易累计登记额1 000万—5 000万元(含5 000万元)的,一次性奖励5万元;5 000万—10 000万元的,一次性奖励10万元;1亿元以上的,一次性奖励15万元。奖励资金奖励给单位法人代表和工作人员。

对高新技术企业、战略性新兴产业企业被认定的高新技术产品,每个一次性给予企业5万元补助。每年安排100万元产学研合作专项经费,用于走访高校和科研院所,拜访院士和高端科技创新人才,以及举办产学研对接和专家行等招才引智活动。

4. 强化知识产权创造和保护

对进入实质审查阶段的发明专利,每件一次性给予2 000元资助,对获得发明专利授权的,每件一次性给予5 000元补助,以及前10年的年费补助;对获得实用新型专利授权的单位和在校学生,一次性给予1 000元补助;对获得国外发明专利授权的,每件一次性给予1万元补助,同一专利最多补助3个国家(地区)。对单位引进市外发明专利、本县(区)非职务发明专利的,分别每件一次性给予5 000元补助。专利代理机构当年代理发明专利申请且授予专利权均达100件、200件以上的,分别一次性奖励5万元、10万元。强化国家专利技术(蚌埠)展示交易中心专利运营功能,每年给予300万元补助,用于发明专利年费补助及运营经费。对县(区)确定1家专利服务机构为本县(区)托管发明专利达到

100件、300件和500件及以上的,分别一次性给予专利服务机构2万元、6万元和10万元奖励。

对专利权人涉外维权,省、市分别给予维权诉讼费20%一次性补助,最高分别不超过10万元;对国内维权,市给予维权诉讼费20%一次性补助,最高不超过5万元。

对获得中国专利金奖、优秀奖的单位,省分别一次性给予100万元、20万元奖励。对新认定的国家知识产权示范企业,省一次性给予100万元奖励。当年认定为国家知识产权优势企业、省知识产权示范企业、省知识产权优势企业、省发明专利百强企业和省贯标企业的,市分别一次性给予30万元、20万元、10万元、10万元和5万元奖励。当年获得省专利金奖、优秀奖的,市分别一次性给予20万元、10万元奖励。当年确定为省知识产权评议项目的,市一次性给予15万元支持。

5. 鼓励科技人员创新

支持驻蚌高校院所开展科技成果"使用权、处置权、收益权"改革试点。市属国有科研机构和企业、公办学校可自主实施科技成果转移转化,对发明人、共同发明人等在科技成果完成和转移转化中做出重要贡献人员和团队的奖励比例不低于收益的70%。支持各类企业开展股权和分红激励试点工作,对纳入试点范围并完成试点工作的企业,给予10万元补助。

6. 支持科技人员创业

对科技人员在我市注册企业进行科技成果产业化,市、县(区)分别给予固定资产投资额10%的补助(不含购买土地款),市、县(区)补助额合计不超过300万元。对列入省高层次科技人才创业团队的,省、市分别累计给予创业团队300万—1 000万元参股或借债支持,对达到预期目标的,参股股份或债权投入全部奖励给创业团队成员。

对规模以下的高新技术企业和科技型中小企业,以及科技企业孵化器(众创空间)符合孵化条件的入驻企业,发放20万元"科技创新券",主要用于向高校、科研院所等单位购买技术成果,以及用于科技文献、科技查新、仪器共享和专家咨询等方面支出。所需补助资金由市级财政和企业所在县(区)级财政各承担50%。

7. 完善创新创业载体。

对国家级科研机构、国内外知名高校、中央直属企业、国内行业龙头企业、知名跨国公司,围绕我市主导产业发展需求而设立的研发机构和技术转移机构,分别给予最高不超过1 000万元、100万元开办费支持,并由所在县(区)免费提供办公场所；对招引的高层次人才，按我市事业单位编制人员管理；为我市企业引入科技成果并应用的，按技术合同成交并实际支付额10%给予补助；按照年度考核成绩，给予运营管理经费补助。

高校院所与企业在2017年以后联合成立的股份制科技型企业，高校院所以技术入股且股权占比不低于30%的，按其科技研发、成果转化和企业产品（技术）销量（营业额）增长等绩效情况，省一次性给予最高可达50万元奖励，市给予1∶1配套支持。

对新获批的国家高新技术产业开发区，一次性给予600万元奖励（含省政策支持）；对新获批的国家高新技术产业化基地和火炬特色产业基地、省级高新技术产业开发区，分别一次性给予200万元奖励（含省政策支持）。上述奖励资金用于科技服务体系建设。对通过验收的国家农业科技园区，一次性给予200万元奖励。

对认定为国家级、省级的科技企业孵化器（众创空间），分别一次性给予100万元、50万元奖励。对新认定的市级众创空间（孵化器）及年度考核优秀的众创空间（孵化器），分别一次性资助30万元运行经费。对孵化器（众创空间），每培育出1户高新技术企业，给予10万元奖励；每培育出一户规模以上企业，给予5万元奖励。对开展持股孵化的孵化器（众创空间）管理公司，自参股之日起，连续5年，参股企业对地方经济贡献的80%奖励给管理公司。上述奖励资金用于专家咨询、公益活动、购买公共研发或生产设备。

对新通过评估的省级创新战略联盟，省一次性给予20万元奖励。市对组建的省级产业技术创新战略联盟一次性给予20万元启动资助，对在省组织的运行评估中获优秀等次的，一次性给予20万元奖励。对技术转移机构、生产力促进中心等科技服务机构，在省考核中获得优秀，给予20万—50万元奖励，市按1∶1配套支持。

（二）吸引留住高校毕业生在淮上区就业创业

为贯彻落实《中共安徽省委办公厅 安徽省人民政府办公厅印发〈关于进一步引导和鼓励高校毕业生到基层工作的实施意见〉的通知》（皖办发〔2017〕43号）和《安徽省人民政府关于进一步促进当前和今后一段时期就业创业工作的通知》（皖政〔2017〕111号）精神，以及蚌埠市力争5年内吸引和留住20万名高校毕业生在蚌就业创业，为我市加快建成"两个中心"、早日实现"两个全面"提供坚实的人才支撑和智力保障要求，结合目前我区处于经济转型升级快速发展期，更需全面提升人才竞争力、科技竞争力、产业竞争力，在更大范围、更高层次、更深程度上推进大众创业万众创新的实际需要。

1. 强化安居保障

(1)领军人才安家补贴。引进或培育中国科学院院士、中国工程院院士；国家"千人计划"特聘专家、"万人计划"人才、中国科学院"百人计划"专家；省"百人计划"特聘专家、省"特支计划"人才及相应层次人才，在分别兑现市级安家补贴80万、50万、30万元的同时，再为每人提供一套100平方米左右的住房，三年后办理产权证。

(2)柔性引才生活补贴。对柔性引进领军人才或由企业支付柔性合作费20万元以上的高层次人才，按照实际在淮上区工作时间，在兑现市级生活及交通补贴每月3 000—6 000元的同时，区级按照1∶1比例再次补贴，并提供一套100平方米左右的人才公寓或住房供其无偿使用。

(3)企业高管人才住房补贴。对引进聘用到淮上区高新技术企业、战略性新兴产业相关企业的高管人才，为其提供一套60平方米左右的人才公寓或住房，供其无偿使用。

(4)产业基础人才住房补贴。对引进聘用具有学士学位的全日制本科生，具有硕士、博士学位的研究生，以及符合蚌埠市紧缺工种目录、技师以上国家职业资格的市外技能人才，到淮上区高新技术企业、战略性新兴产业相关企业就业一年以上并继续在淮上区企业就业的，在市级连续三年按照"本科生、技师3 000元/年，硕士研究生、高级技师6 000元/年，博士研究生20 000元/年"的标准给予补贴的同时，区级按1∶1比例配套再次给予补贴。

(5)对新引进在淮上区重点领域稳定就业，并购买首套自住商品房兑现市级政策，即：博士给予10万元安家补助，硕士给予4万元安家补助，本科毕业生给予2万元安家补助的基础上，如在淮上区购买首套自住商品房再分别给予安家补助费5万元、2万元、1万元。

以上引进人才涉及提供的住房(含装修)位于淮上区；引进的领军人才、国家"千人计划"特聘专家、"万人计划"人才、中国科学院"百人计划"专家；省"百人计划"特聘专家、省"特支计划"人才及相应层次人才子女优先推荐就读于我区优质教育资源(如：北大培文学校)，并给予在校就读期间全额学费补贴。

2. 提高工资待遇及薪酬补贴

对到基层机关事业单位工作的高校毕业生，新录用为公务员的，试用期工资可直接按试用期满后工资确定，试用期满考核合格后的级别工资高定一档。招聘为事业单位正式工作人员的，可提前转正定级，转正定级时的薪级工资高定一级。对首次与淮上区企业签订三年以上劳动合同并参加缴纳社会保险的，三年内每月按照高校毕业生社会保险月平均缴费基数10%的标准给予工资补助。

3. 鼓励到乡镇基层工作

(1)积极开发一定数量的基层公共管理和社会服务岗位,吸纳高校毕业生就业,工资待遇及福利参照当地同类别事业单位工作人员工资水平和福利待遇确定。淮上区事业单位每年可拿出招聘计划20%以内的岗位,定向招聘在淮上区服务期满、考核合格的基层服务项目人员。

(2)改革职称评审制度。通过特设岗位方式到乡镇事业单位工作的高校毕业生,如相应岗位无空缺的,可以不占岗位比例,以本专业岗位中能够体现专业技术工作业绩和水平成果、技术创新和成果转化情况先期聘用并兑现待遇,逐步消化过渡,聘用后3年内可以在乡镇事业单位之间流动。对农业、林业、水利和建筑规划等行业专业技术人才晋升高级职称的,原则上须有1年以上农村基层工作服务经历。

4. 帮助偿还助学贷款

对申请助学贷款的高校毕业生到我区就业的,其助学贷款尚未偿还部分,每年根据还款计划予以全额代偿。

5. 鼓励在职学历进修

高新技术企业、战略性新兴产业相关企业在职人员进修,获得理工类硕士、博士学位并继续在淮上区企业就业的,市级连续三年分别给予每年8 000元、15 000元的学习费用补助;高新技术企业、战略性新兴产业相关企业的技能人才晋升为技师、高级技师,并符合蚌埠市紧缺工种目录的,市级连续三年分别给予每年2 000元、8 000元的能力提升补助。区级按1∶1比例配套再次补助。

6. 支持创新创业

建设一批青年创业园、众创空间、大学生创业园、农业科技园区等创业孵化载体,为高校毕业生搭建便利化、低成本、全要素的创新创业平台,按规定给予场租、水电、行政事业性收费减免等政策支持。加大创业融资支持,设立大学生创业贷款担保基金,为在淮上区毕业3年内的大学生创业企业提供无抵押担保贷款,担保贷款额度最高可达50万元。每年对毕业3年内的大学生创业企业进行综合评价,选出5个左右优秀大学生创业团队,各给予10万元项目资助以及实缴社保费和税费等额资助扶持。

7. 开展就业技能培训和强化职业能力训练

(1)公共实训基地或具有相应资质的人力资源培训服务机构面向毕业年度内的高校毕业生开展就业技能培训的,根据培训后取得初级工、中级工、高级工、技师职业资格证书并在淮上区企业稳定就业半年以上的人数,按每人500元、1 000元、2 000元、3 500元的标准给予培训补贴。

(2)面向毕业年度内的高校毕业生开展定向培养,根据培训后到我区企业就业人数和培训费用等情况,按最高不超过每人2000元的标准给予就业创业服务机构或具有相应资质的人力资源培训服务机构补助。

8. 建立健全技能人才使用与引进

淮上区硅基材料制造及电子、商贸物流、高端医药产业企业从市外引进急需紧缺的高级技师、技师等人才,根据引进方式和劳动关系建立形式,按企业支付给个人的工资薪金总额(税后)的20%给予个人补助,补助期限3年。淮上区企业引进市外中华技能大奖获得者、全国技术能手、全国职业院校技能大赛一等奖选手,与其签订一年以上劳动合同,并安排在关键技能岗位工作的,按企业支付给个人工资薪金总额(税后)的50%申领引才补助,补助期限3年。人力资源服务机构为淮上区企业从市外招聘中职学历以上产业工人,并在我区连续缴纳社会保险满6个月以上的,给予800元/人职业介绍补贴。介绍中级技工以上技能人才到我区企业稳定就业半年以上的,在现有职业介绍补贴的基础上,再给予每人800元的补贴。

(三)开展人才引进与培育

提升市、区人才的培育和提升,采取多种行之有效的办法,在"走出去,引进来"的同时,加强区域内的人才培育和提升,举措如下:

1. 人才引进举措

(1)鼓励用人单位引育人才

对企事业单位新培养、全职引进符合本政策规定重点人才的,根据引育人才层次情况,给予用人单位一次性补贴。对新培养、全职引进的中国科学院、中国工程院院士等国内外顶尖人才,给予用人单位一次性600万元补贴。对新培养、全职引进国家"千人计划""万人计划"特聘专家或其他相当层次的,给予用人单位最高50万元补贴。对新培养、全职引进中科院"百人计划"专家、中华技能大奖获得者、省"百人计划"、省"特支计划"人才或其他相当层次的,给予用人单位最高30万元补贴。

对蚌埠市重点产业相关企业引进海外知名高校理工类博士、正高级专业技术职务的人才、省技能大奖获得者或其他相当层次的,给予用人单位最高20万元补贴。对蚌埠市教育教学、医疗卫生事业单位(含民办学校、医院),引进博士、正高级职称人才、获省级优秀教学成果一等奖、市级以上中小学名老师、名校长等优秀教育人才;掌握重大疾病预防与诊治关键技术,拥有核心技术,能够填补蚌埠市临床技术空白的优秀医疗卫生专业人才,给予用人单位5万—10万元补贴。设立引才集聚奖,发挥用人单位引才主体作用。对引才工作成效明显、作用突出的用人单位,根据引才质量和数量,分三个档次,分别一次性给予 100 万元、50 万元和 20 万元奖励。

(2)鼓励社会力量引才

对中介机构、社会组织或个人引进重点人才全职来蚌工作的,按引进人才层次和数量情况,给予引才机构或个人最高 30 万元引才奖励,中介组织、社会组织和个人引才奖励资金与用人单位引才补贴不重复享受。面向国内外聘请知名企业家、专家学者、投资人等担任"招才顾问""引才大使"。

(3)支持海外人才引进

加强引进外国人才,建设"蚌埠引智试验区"。支持市、县(区)和大型用人单位在海外设立招才引智机构。对新设立的海外引才平台一次性给予 10 万元启动资金,每年视引才情况再给予最高 50 万元引才补贴。

(4)推进人才交流合作

支持国内外知名学术机构、学术组织及市直部门、企事业单位、产业联盟、新型研发组织和高层次专业人才,在蚌埠发起和组织学术论坛、重大人才交流对接会等活动,根据活动情况给予主办单位最高 50 万元资助。

(5)奖励来蚌创新创业人才

对科技人员在蚌埠市注册企业进行科技成果产业化,国家级科研机构、国内外知名高校、中央直属企业、国内行业龙头企业、知名跨国公司,围绕蚌埠市主导产业发展需求而设立的研发机构和技术转移机构,以及在我市注册并管理基金规模 1 亿元以上的基金管理公司,自单位注册成立 5 年内,每年对年薪 15 万元以上核心团队个人一定奖励,奖励金额不超过个人对地方经济的贡献。

(6)提高人才住房保障

对新引进培养的在蚌埠市稳定就业的重点领域人才,根据不同人才层次给予安家补助,并鼓励引进单位给予配套资金支持。其中,对两院院士,给予 80 万元安家补助;对国家"千人计划"专家、"万人计划"专家或相应层次人才,给予 50 万元安家补助;对省"百人计划"专家、"特支计划"人才或相应层次人才,给予 30 万元安家补助;对蚌埠市紧缺专业的海外知名高校博士,给予 20 万元安家补助。对新引进并在蚌埠市购买首套自住商品房的博士、正高级以上专业技术职务人才,给予 10 万元安家补助,硕士、高级技师、副高级专业技术职务人才给予 4 万元安家补助,本科毕业生、技师、中级专业技术职务人才给予 2 万元安家补助。

在蚌埠市缴存住房公积金,自缴存当月起,即可申请使用最高 40 万元额度公积金贷款。推进人才公寓建设,通过新建、闲置厂房改建、存量房转化等方式,满足新进人才过渡性住房需求,推进租售并举、租购同权的住房制度改革试点。

对符合条件的高校毕业生纳入人才公寓保障范围,优先保障。鼓励各县、区采取团租方式租赁公租房,经过适当装修和购置基本生活用品,改造成人才公寓,帮助解决阶段性住房困难,入住人才公寓,第一年房租给予全免,第二年、第三年分别收取20%和50%房租。

(7)设立市政府特殊津贴

每两年评选一次,每次评选20名享受市政府特殊津贴人员,由市政府颁发"蚌埠市政府特殊津贴证书",每人一次性给予特殊津贴1万元。

2. 人才培育与培训

(1)加快发展现代职业教育

建立健全工学结合的育人机制,实现"招生即招工"。凡蚌埠市企业与学生、职业院校签订紧缺工种技能人才定向培养协议,并按月发给定向培养生在校学习补助的,市、县按企业支付额度的50%给予企业补助。鼓励职业院校学生在本市企业顶岗实习就业,企业接纳学生要按月支付不低于本地最低工资实习报酬,学生顶岗实习3个月以上的,财政给予每名学生500元/月补助,最长补助6个月。凡顶岗实习被蚌埠市企业录用,学习年度已满,经学校与企业考核合格后,视同毕业,发放毕业证。将学生在蚌实习就业纳入职业院校目标考核和兑现奖补政策的重要内容。推动社会资本兴办职业教育,对实际投资2亿元以上新建技师学院、高职院校的,享受划拨土地政策,并给予投资额5%的建校支持;对实际投资1亿元以上与本市公办院校在蚌埠市联合办学,举办技师学院、高职院校高新、前沿院、系、专业的,给予投资额10%的补助。

选择一批大中型企业,推行以"招工即招生、入企即入校、企校双师联合培养"为主要内容的企业新型学徒制,按企业支付给职业院校培训费用的60%给予企业补助,每人每年补助标准最高6 000元,最长补助期限为2年。

(2)努力构建劳动者终身职业培训体系

符合条件的普通劳动者、重点就业群体参加职业技能培训,给予参训人员、培训机构200—1 300元培训补贴。企业开展新员工岗前培训,给予企业每人800元培训补贴;企业开展职工技能提升培训,根据职工培训后取得中级工、高级工职业资格人数,分别按1 000元/人、2 000元/人标准给予企业培训补贴。建立健全职业培训奖补机制,对培训质量好、学员留在本市就业80%以上的培训机构给予奖励。

(3)加强高技能人才培养

围绕战略性新兴产业、电子信息、硅基新材料、高端装备制造、现代服务等领域,组织实施技师培训项目。按高级技师5 000元/人、技师3 500元/人的标准,给予培养单位或职工个人研修提升补助。从企事业单位遴选技能名师,开展名师带高徒活动,按2万元标准给予名师一次性带徒津贴,带徒协议期限不少于2年。

(4)强化技能人才培养基地建设

对国家认定的每届世界技能大赛主、副集训基地分别给予500万元、300万元支持(省政策支持)。支持企事业单位申报省级示范性公共实训基地,对成功获批的,一次性给予4 000万元(含省政策支持)资金支持。鼓励社会资本投入人才培养基地项目建设,加大金融信贷支持力度,对高技能人才培养载体平台建设项目,按相关规定享受政策性贷款。积极创建省级高技能人才培训基地、新兴产业省级综合竞赛基地、省级技能大师工作室,创建成功的,分别一次性给予每个300万元、300万元、15万元(含省政策支持)资金补助。加强蚌埠职教园区建设,争创国家级、省级示范性公共实训基地,获批后在省支持资金外分别一次性给予2 000万元、1 000万元支持。鼓励企事业单位设立技能大师工作室,对新设立的市级技能大师工作室,当年给予5万元资金奖补。

(5)广泛开展职业技能竞赛活动

对纳入蚌埠市年度计划的市级职业技能竞赛项目,给予3万—5万元赛事补助。积极支持各类院校、企业、其他组织承办省级、国家级职业技能竞赛项目,获得相应承办权的,分别给予10万—20万元(含省政策支持)、30万—50万元赛事补助。

加大参与职业技能竞赛的奖励力度,对获得省级技能竞赛前三名的选手给予1万元、5 000元、3 000元的奖励;对获得国家级技能竞赛前三名的选手分别给予5万元、3万元、2万元的奖励,并给予受奖励人员指导教师和单位同等奖励;对在世界技能大赛中获得金、银、铜、优胜奖的选手,分别给予100万元、60万元、30万元、20万元(含省政策支持)奖励,给予代表中国队参赛选手10万元(含省政策支持)奖励,并给予受奖励人员专家团队同等奖励。

(6)不断创新技能人才激励政策

对技工院校中级工班、高级工班、预备技师(技师)班毕业生视同中专、大学专科、本科学历,符合条件的可报考相应公务员职位,并纳入蚌埠市事业单位公开招聘以及专业技术职称评审范围,可以参加教师资格证、护士资格证等准入类考试。打通技能人才与专业技术人才职业发展通道,允许高级工申报中级专业技术资格,允许技师申报副高级专业技术资格、高级技师申报正高级专业技术资格。对获得安徽省技术能手、安徽省技能大奖、"江淮杰出工匠"荣誉称号的,给予每人一次性3万元、8万元、30万元奖励(含省政策支持)。在国家、省奖励的基础上,分别给予全国技术能手、中华技能大奖获得者 2 万元、10 万元追加奖励。市政府每两年评选一批蚌埠市技术能手、蚌埠市技能大奖获得者,颁发荣誉证书,分别给予每人一次性 1 万元、2 万元奖励。

(7)建立健全技能人才使用与引进机制

企业从市外引进急需紧缺的高级技师、技师,根据引进方式和劳动关系建立形式,按企业支付给个人的工资薪金总额(税后)的 20%给予个人补助,补助期限 3 年。蚌埠市企业引进外市中华技能大奖获得者、全国技术能手、世界技能大赛中国队选手、全国职业院校技能大赛一等奖选手,与其签订一年以上劳动合同,并安排在关键技能岗位工作的,按企业支付给个人工资薪金总额(税后)的 50%申领引才补助,补助期限为 3 年。承接省实施的"海外金蓝领援皖"计划,聘请一批海外技能专家到我市职业院校任教,按每人 8 000 元/月(含省政策支持)标准给予津贴。

开辟公办职业院校重点专业"一体化"教师引进绿色通道,对具有工程技术类高级专业技术职称和高级技师职业资格且有 3 年以上企业相应岗位工作经历的人员,比照高层次人才引进方式办理聘用手续。

(8)推动技能人才多元评价

支持企业结合岗位需要开展技能人才自主评价,按规定颁发职业资格证书。引导职业院校根据国家职业标准和企业岗位操作规范开发课程、实施教学和学业水平测试,将职业教育办成就业导向的教育。完善政府购买职业技能鉴定服务机制,推动第三方评价机构建设,培育社会化评审专家队伍,逐步实现教育培训与技能鉴定分离。支持企业开发专项职业能力考核标准,按 8 万元/个给予开发资助(省政策支持),力争催生一批技能评价的"行标""国标"。

(9)深化技能人才体制机制改革

整合各类职业教育资源,建立集约高效的现代职业教育管理运行体制机制,促进职业教育与产业发展、就业促进、人才培养紧密衔接,大力推行"技能+学历"教育,加快培养复合型人才。积极推进企业技能人才收入分配制度改革,鼓励企业对聘用的高技能人才实行年薪制、股权制、期权制等收入分配方式。对取得科技攻关、技术革新成果的高技能人才,可从成果转化收益中,通过奖金、股权等形式给予奖励。

(10)优化技能人才配套服务

建立高技能人才专家库,定期开展高技能人才技术交流活动,通过政府购买服务方式给予支持。积极贯彻省技工"蓝卡"制度,依托社会保障卡加载标记功能,为技能人才在不同所有制、不同性质单位、不同行业和跨地区流动中的社会保险关系接续提供依据。

(11)支持大学生创业

支持市天使投资基金、大学生创业基金与科技企业孵化器或众创空间等共同组建孵化资金,孵化资金对入驻的大学生创业项目,给予20％—40％参股支持,最高不超过50万元;按协议基金退出时,基金收益最高不超过国家基准利率。同时,给予场租和水电费第一年全部、第二年一半补贴。大力扶持有发展前景的青年创客在蚌创新创业,对经评审符合条件的优秀项目、市级以上重点创新创业大赛选拔的具有高成长潜力的参赛项目,给予最高50万元贷款贴息。

(12)开展"大禹英才"评选

对应省"特支计划""百人计划"等人才工程,打造我市人才品牌工程,开展"大禹英才"评选,按照重点产业领域开展相应人才评选、表彰、奖励。每年评选一次,对入选人才每人一次性给予8万元资助。

3. 成绩与成效

(1)加大人才培养支持力度

择优遴选优秀企业家开展企业精英人才培训,提升企业家综合素养。三年计划培养创新型企业家1 000名左右。每年组织30名左右优秀企业家赴国(境)外知名高校、科研机构和企业研修学习。

对企业博士后科研工作站吸引的在站博士后,每引进1人,两年内给予建站企业每年4万元补贴。

(2)教育类培训

2020年度,淮上区教体局共组织在职教师参加各类培训481人次。其中包括国家级培训1人,省级培训2人,市级培训74人,区级培训404人。2021年上半年,已安排省级培训14人。

(3)医疗卫生类培训

完成了镇、村卫生人员岗位培训410人次,农村订单定向免费培养医学生18人。另外通过医联体模式,推动优质医疗资源下沉,利用驻进来和派出去的方式加强人才培养。

(四)鼓励引导人才向基层流动支持脱贫攻坚

为了引导人才智力向艰苦地区和基层一线流动集聚,支持脱贫攻坚、乡村振兴,淮上区贯彻执行市制定的《关于鼓励引导人才智力向基层流动支持脱贫攻坚、乡村振兴的若干措施》。该文件对相关政策给予了充分的规定和保障。

1. 坚持人才带动引领,加快乡村产业发展步伐

(1)推进乡村产业创新团队建设。重点围绕科技、生态等乡村特色产业,按

照"项目＋人才"模式,市、县(区)每年遴选设立10个左右乡村产业创新团队,开展技术攻关和新产品研发,推动产业优化升级,每个团队一次性给予建设经费2万元。5年内实现我市乡镇乡村产业创新团队全覆盖。

(2)推进农村产业发展带头人队伍建设。贯彻落实《省委组织部关于实施乡村企业家人才队伍建设百千万工程的意见》,以农业龙头企业负责人、农村合作社带头人为重点,培养造就一批懂科学、善创造、会经营、有特色的新时代乡村企业家成为乡村产业带头人。建立并动态保持100名优秀乡村企业家人才信息库。吸引种植业、养殖业、农产品加工、农村信息化等方面专业人才创办家庭农场、农民专业合作社等农业经营主体,每年培育农业经营主体300个。年度增加市级以上示范家庭农场、农民专业合作社示范社50个以上。

(3)推进优秀农村实用人才队伍建设。实施新型职业农民培育工程,聚焦农业产业精准扶贫、农业结构调整和乡村产业提升需求,完善职业农民制度与政策措施、健全培育体系、提高培育质量,每年培育1 500名爱农村、懂技术、善经营的新型职业农民和实用人才。强化返乡农民工、大学生村官、乡土人才、科技示范户培训,支持高校、职业院校灵活设置专业,培养一批乡村工匠、种植养殖能人等。

2. 引导人才向基层流动,助推乡村事业发展

(1)加强乡村教育人才培养。遴选政治素质过硬、业务素质精湛、育人水平高超、组织协调能力强的优秀教师,在乡村学校设立一批中小学首席教师岗位,任职3年,支持他们大胆探索,创新教育理念、教育模式和教育方法,发挥示范引领作用,着力培养成为当地基础教育领军人才,带动乡村教师提升教育教学水平,提高乡村教育质量。研究出台教育领域人才引进培育支持政策。

(2)加强乡村卫生人才培养。深入贯彻落实《蚌埠市人民政府办公室关于印发改革完善全科医生培养与使用激励机制实施方案的通知》,研究出台蚌埠市卫生医疗领域人才引进培育支持政策。加强全科医生培养与使用,到2020年实现每个乡镇卫生院有1名以上全科医生。实施乡村医生培养五年轮训。用5年的时间,使全市乡村医生,普遍接受与岗位需求相适应的知识和技能培训,进一步提升基层医务人员的诊疗能力和服务水平。市级三级医院派驻医务人员赴乡村医疗机构帮助工作,开展临床诊疗和示范代教等活动。

(3)加强乡村文化旅游人才培养。每年组织一批乡村文化旅游人才、导游人才、非遗传承人等专题培训;在完成省文化和旅游厅下达的政府购买基层公益文化岗位试点任务基础上,结合蚌埠市创建国家公共文化服务体系示范区实际,每个行政村和社区配置一名公共财政补贴的文化工作人员(文化协管员)。贯彻国

家"三区"文化人才支持计划重点向贫困老区倾斜政策,其中"优秀文化工作者"选派名额占比不低于70%,"文化工作者"培养名额全部面向贫困老区。

3. 吸引人才投身乡村发展,激发乡村创新创业创造活力

(1)支持鼓励各类人才到乡村创业发展。开展乡村振兴"巾帼行动"、孔雀计划人才工程、精准扶贫专家下基层服务等系列活动。鼓励支持高校和科研院所等事业单位专业技术人员带成果、带项目到乡村创新创业,发展产业,带动农村人口就业创业。专业技术人员到贫困地区开展服务的年限,可认定为基层工作服务年限,在职称评定、岗位聘用等方面予以倾斜。通过实用技术培训等方式,帮助乡村培养一批技术带头人。

(2)支持鼓励人才科研成果转化。在省重点研发计划、中央引导地方科技发展专项等科技项目中,优先推荐贫困地区项目申报。支持科技成果转化,吸引培养优秀人才。对企业购买科技成果在蚌转化,按其技术合同成交实际支付额20%给予补助,其中购买省外科技成果的,再申报省10%补助。每年安排100万元产学研合作专项经费,用于走访高校和科研院所,拜访院士和高端科技创新人才,以及举办产学研对接等招才引智活动。

(3)支持鼓励乡村人才平台建设。持续建设一批"双创"示范基地、农业科技园区等创业孵化载体,搭建便利化、低成本、全要素的创新创业平台,力争5年内建成100家以上,按规定给予场租、水电、行政事业性收费减免等政策支持。发挥大学生创业基金等政府投资基金作用,对中小微企业和入驻各类孵化器的大学生创业项目给予创业贷款支持或给予20%—40%的参股支持。

(4)支持鼓励开展多层次科技咨询服务。每年选派80名左右科技特派员到贫困村、重点帮扶村结对帮扶。优先布局科技特派员工作站、星创天地、众创空间等创新创业载体,3年内建成10个左右。依托各类农业推广机构在全市建设20个左右长期相对稳定的农业试验示范基地(其中蔬菜8个,粮食作物8个,农机等社会化服务4个),成为农技人员带动贫困户的窗口,推动农技人员对口联系贫困户全覆盖。

4. 完善扶持机制,优化基层人才发展环境

(1)加强乡村基层干部队伍建设。乡镇党政正职优先从具有乡镇领导干部任职经历人员中选拔,乡镇班子注重配备熟悉脱贫攻坚、产业发展等方面专业型干部,加大从事业编制人员、优秀村干部、大学生村官中选拔乡镇领导班子成员力度。选优配强村"两委"班子。鼓励党政机关、事业单位退休干部到村任职。建立县乡联审常态化机制,坚决把受过刑事处分、存在"村霸"和涉黑涉恶等问题的人员拒之门外。落实《蚌埠市村党组织书记县级备案管理办法(试行)》,县级

党委要把村党组织书记队伍抓在手上,加强选育管用,实现整体优化提升。加强对选派帮扶干部、大学生村官(选调生)的教育管理和激励保障。全日制本科以上学历的村"两委"班子成员,比照乡镇新录用公务员试用期满工资水平确定报酬。

(2)提升乡村干部脱贫攻坚能力。采取市级重点培训和县级全员轮训的方式,3年内对乡村党组织书记、选派帮扶干部、大学生村官和扶贫专干等进行全覆盖培训。继续开展村党组织书记"名村挂职",重点从贫困村、重点帮扶村、集体经济薄弱村中选拔25名村党组织书记,赴省内名村进行为期1个月的跟班学习锻炼。创新培训方式,鼓励采取线上和线下相结合的培训模式,积极组织新农人参加"乡村振兴领头雁计划",拓展培训的广度和深度。以村党组织书记为重点,分批组织大专以下村干部参加学历教育,所需经费在省承担的基础上再由市县按比例承担。

(3)放宽基层工作人员招录条件。乡镇机关可"空编即补"乡镇面向本市户籍人员招录比例可提高到50%,部分艰苦边远乡镇可面向本县招录。乡镇机关招录高校毕业生,适当放宽学历、专业等条件,可单独划定笔试合格分数线。在乡镇参加服务基层项目前无工作经历的人员,服务期满且考核合格后2年内,可以报考限应届毕业生的职位。从优秀村(社区)干部中定向招录乡镇(街道)公务员年龄放宽到45周岁。全日制普通高校毕业生任村"两委"班子成员满5年,考核优秀的,可报考面向优秀村干部招考职位。鼓励招录电商营销、乡村旅游、农机农技等专业领域人员,开考比例可放宽至1∶2。县乡事业单位招聘人员,可根据报名人数和专业分布等情况适当降低或者不设开考比例,单独划定成绩合格线。乡镇事业单位通过特设岗位招聘的高层次专业技术人员,可不受岗位结构比例限制,聘任相关职位。

(4)落实向基层一线倾斜的岗位聘用政策。对实施"评聘分开"制度时期取得高级专业技术资格5年未聘或中级专业技术资格10年未聘、且距法定退休年龄不到5年的,如相应岗位无空缺,可先聘用再逐步消化。对在乡镇事业单位工作的全日制本科(学士)以上学历(学位)高校毕业生,具有高、中级专业技术资格而相应岗位无空缺的,可先聘用再逐步消化,聘用后5年内只能在乡镇事业单位之间流动。

(5)建立与贫困地区相适应的职称评审办法。对现有乡镇事业单位在职专业技术人员中累计工作满30年、且距法定退休年龄不足5年的,可不受单位岗位结构比例限制,直接评聘相应专业技术职务。省市组织选派从事扶贫工作的专业技术人员,扶贫期间除以考代评系列外,申报中级职称论文不做要求。从事扶贫工作1年以上的申报高级职称论文减少1篇,3年以上的论文不做要求,且业绩、奖项等条件可降低一个层次。

三、淮上区人才工作对其他城市的启示与借鉴

近年淮上区的社会经济发展迅速,取得十分傲人的成绩:主要经济指标、规上工业增加值、固定资产投资、全社会消费品零售总额等多项指标增速高于全市平均水平,保持了"总量进位、增速领先"的良好发展态势。在上述我们对淮上区人才活力的分析中,也有多项指标表现亮眼,比如每万人医护人员数量和科研经费占GDP比重,放眼整个长三角中小城市都名列前茅,还有房价收入比与一些人才量能方面的指标,也都有较好的成绩。

淮上区能取得如此亮眼的成绩,是全区在强有力的党政领导下共同努力、不懈奋斗的结果。通过对淮上区人才活力指数的调查,加之与相关人员的访谈,我们认为淮上区在以下几个方面的工作值得向其他地市推广借鉴。

1. 经济为基,机制引才

近几年淮上区将经济实力增长红利用于人才引进,使经济发展与人才工作形成良性互动。实施人才资本优先保证政策,保证人才对于经济发展的支持作用更好发挥。进一步改善经济社会发展的要素投入结构,尤其是技术和人才智力要素,不断提高人力资本占GDP中的比例,为人才引进、培养、使用、奖励等提供保障。

从工作机制看,"实"的作风在传承。建立"一线观摩、一线调度、一线解难"的项目服务、调度、督办机制,所有问题解决在一线。落实经济工作项目化,项目工作责任化,细化分解经济社会发展目标,定期调度、有序推进重点项目。2020年纳入省"大新专"项目库77个,续建项目24个,新开工项目34个,开工率100%。参加省市集中开工重点项目26个,总投资113.6亿元,年度完成投资41.8亿元,居全市前列。

2. 政策引领,加强联动

淮上区在人才工作中,突出政策引领,加大扶持力度,以人才政策作为人才工作的重要引领和支持。在参照国家相关规定的基础上,依照省市人才工作相关政策文件,深入领会各制度文件的精神,结合实际,淮上区制定了人才工作扶持政策,灵活应变,吸引、培育高层次科技人才在淮上区安家立业,为其提供优越的工作和生活环境与条件。对落户团队的所在区县,在资金和政策方面给予大力支持,帮助企业尽快建设投产。

为更好助力人才工作,淮上区通力合作,上下联动,有劲一处使,加强了各部

门的协作联动,拓展招引渠道,保证人才信息的收纳、发布并及时传达。人才的引进和现有存量人才队伍作用的发挥,不是单一部门就可以顺利完成的,为此,淮上区科技、发改、招商等部门加强信息沟通,在人才引进、人才管理、人才评价、人才服务等方面,实现部门间人才信息共享,及时传达。同时以工业企业聚集区为重要落地平台,以平台筑环境,实现条件引人、环境留人,实现人才招引工作无缝衔接。

3. 加大投入,筑巢引凤

为更好支持社会经济建设,淮上区对经济社会发展急需紧缺领域引进的高层次人才,按照不同的人才类型,给予相应的住房补贴、生活津贴,人才不同,标准有异。除此之外,还对不同人才在税收、保险、子女入学、配偶安置、承担重大科技项目和政府奖励等方面给予不同标准和水平的优惠待遇;采用年薪制、协议工资、项目工资、绩效工资等灵活多样的工资报酬。优化人才发展环境,成立各类人才工作机制或组织,经常性组织专题人才工作研讨,开展互动交流,为各类人才提供良好服务。

4. 搭建平台,凝神聚气

淮上区创新思路,拓展人才集聚平台。结合自身产业和学科优势,巩固和组建企业技术中心、工程技术(研究)中心、科创中心、高科技孵化中心等多种形式的平台,努力建成一批高层次创新型人才培养示范基地,在基地配套良好的工作条件。同时淮上区还加强各类高层次人才工作站建设,在工作站配备各级人才,形成人才梯队,不断夯实人才创新载体。对已有和新建的科研平台,实行相同的鼓励政策,加强引导,扶新、扶特、扶优。积极鼓励支持重点企业创建各类研发平台的建设,这也是激发企业作为人才主体作用,不断提升各层级人才的竞争优势,错位发展,加大财政引导投入,培育专业化的科技中介服务机构。

从产业平台看,"新"的优势在酝酿。平台的承载能级和集中效益更为强劲,淮上经济开发区获评专业化工领域国家外贸转型升级基地、淮上区国平医药领域国家外贸转型升级基地2个国字号平台,淮上经开区位列全省省级以上开发区综合考核第18名,为全市唯一获省政府通报表彰的开发区。皖北徽商物流园获评国家"4A"级物流园区,淮河生态经济带港口联盟在淮上区成立,"淮河云·大宗商品"平台上线运行。蚌埠中恒商贸城获批国家市场采购贸易方式试点。

5. 科技引领,创新驱动

科技创新亮点纷呈。坚持以创新引领发展、驱动发展,建立龙头企业、上市企业和高新技术企业培育库,年内新认定高新技术企业11家,实现高新技术产业增加值增长20%,战略性新兴产业总产值增长25%。积极搭建创新平台,建成院士工作站2个、省级众创空间3个、高层次创新人才团队4个、企业研发中心60个。科创产业园一期4家新兴电子企业投产,科创产业园二期等3个产业平台项目开工建设。高端医药产业园GMP标准化厂房主体建成,签约项目15个,储备项目60个。意义环保等3家企业成功申报2019年省科技重大专项项目。持续加大科研投入,研发经费投入4.5亿元,居全市前列。发明专利申请量233件,有效发明专利净增135件。

6. 鼓励"双创",提升服务

加强各类创业服务中心软实力建设,定期对管理人员进行专业知识培训或派遣至发达地区交流学习,不断提高服务能力和水平。从企业、学校和科研院所遴选一批专家,组建创业团队,为创新创业者提供研发、管理、营销、财务等方面的咨询和服务。

为进一步营造淮上区的创新创业氛围,为此制定和落实科技创新人才参与成果转化的收入分配、税收减免、绩效奖励以及医疗、住房、子女入学等优惠政策。建立科技创新人才和全区拔尖人才激励机制。创新科技创新人才管理,减少政府行政干预,推动科技人才和用人单位两个主体进入人才市场,营造尊重人才、鼓励创新,既重人才培养又重人才使用,既重物质待遇又有人文关怀的良好社会氛围,使创新创业成为全社会共同的价值取向和行动追求。

高质量的双创服务取得了丰厚的回报。2020年新增"四上"企业超50家。新增市场主体6 004户,较2019年同期增长45.5%,其中新增企业1 523户,较2019年同期增长51.7%,市场主体活力迸发、量效齐增。全年完成供地51宗,总面积4 232.5亩,占市辖区的37.1%,获省政府批准建筑用地1 465亩,占市辖区的32.6%,居市辖区第1。

总之,淮上区近年来在人才工作中勇于创新,锐意进取,通过制定政策、创新机制、搭建平台、提升服务质量等多种途径,为各级各类人才在淮上区提供了良好的工作环境和条件。在人才制度上进一步完善完备,以制度规范引领人才工作,进而激发了人才的创新创业积极性,鼓舞人才活力,实现了人才自身发展与经济社会进步的"同频共振",为人才在淮上区更好发挥智力支持、深入实施和社会经济的高质量发展提供了坚强保证。

附 录

附表1　　　　　　　　长三角中小城市人才活力指数得分

省/市	地级市	县级市（区）	人才活力指数	人才环境指数	人才量能指数	人才贡献指数
上海		闵行区	41.98	48.54	36.97	35.19
上海		宝山区	33.76	37.41	28.78	32.99
上海		嘉定区	43.28	40.66	37.74	56.32
上海		松江区	33.05	29.92	39.08	31.31
上海		金山区	32.68	30.64	25.34	46.97
上海		青浦区	35.58	32.85	36.11	40.54
上海		奉贤区	35.41	29.63	32.05	52.02
上海		崇明区	29.32	34.31	14.43	39.30
江苏	无锡	江阴市	48.82	55.25	33.91	55.85
江苏	无锡	宜兴市	34.11	40.82	23.50	34.65
江苏	徐州	新沂市	24.38	19.84	34.45	20.03
江苏	徐州	邳州市	22.64	22.91	30.02	11.99
江苏	常州	溧阳市	23.17	25.87	16.38	26.84
江苏	苏州	常熟市	39.07	42.21	32.48	41.55
江苏	苏州	张家港市	40.92	47.10	27.10	46.97
江苏	苏州	昆山市	62.93	62.01	57.93	71.70
江苏	苏州	太仓市	37.30	39.49	29.50	43.42
江苏	苏州	吴江区	38.14	33.24	40.03	45.75
江苏	南通	启东市	21.53	26.13	14.34	21.81
江苏	南通	如皋市	23.69	30.25	13.07	24.56
江苏	南通	海门市	25.20	29.67	18.09	25.65
江苏	南通	海安市	25.80	30.32	12.10	35.15
江苏	盐城	东台市	17.08	23.98	6.64	16.99
江苏	扬州	仪征市	23.92	26.94	18.75	24.70

续表

省/市	地级市	县级市（区）	人才活力指数	人才环境指数	人才量能指数	人才贡献指数
江苏	扬州	高邮市	29.80	33.42	20.91	34.45
江苏	镇江	丹阳市	24.23	24.79	24.57	22.59
江苏	镇江	扬中市	26.95	28.54	22.11	30.26
江苏	镇江	句容市	24.94	30.34	19.78	20.76
江苏	泰州	兴化市	21.08	29.74	12.65	14.59
江苏	泰州	靖江市	24.66	27.02	18.60	28.03
江苏	泰州	泰兴市	23.29	27.72	15.84	24.24
浙江	杭州	建德市	20.64	22.39	22.33	14.71
浙江	宁波	余姚市	34.67	31.52	44.88	27.26
浙江	宁波	慈溪市	40.33	42.18	46.41	28.18
浙江	温州	瑞安市	29.15	33.83	31.54	16.12
浙江	温州	乐清市	28.49	32.14	30.11	18.70
浙江	嘉兴	平湖市	35.66	37.19	34.83	33.61
浙江	嘉兴	海宁市	32.95	35.91	32.66	27.20
浙江	嘉兴	桐乡市	35.60	38.05	38.78	26.15
浙江	嘉兴	嘉善县	36.83	45.13	29.84	29.15
浙江	绍兴	诸暨市	30.36	32.46	35.90	18.42
浙江	绍兴	嵊州市	23.98	23.60	33.57	11.64
浙江	金华	兰溪市	20.43	20.32	27.65	10.81
浙江	金华	东阳市	28.21	28.67	35.43	17.37
浙江	金华	义乌市	36.79	37.69	34.10	38.61
浙江	金华	永康市	25.55	20.75	28.52	31.47
浙江	衢州	江山市	18.57	17.29	25.40	11.91
浙江	台州	温岭市	23.35	24.69	28.97	12.85
浙江	台州	临海市	21.47	21.51	27.61	12.99
浙江	台州	玉环市	25.42	23.96	30.98	20.85
浙江	丽水	龙泉市	20.50	19.47	25.83	15.33

续表

省/市	地级市	县级市（区）	人才活力指数	人才环境指数	人才量能指数	人才贡献指数
安徽	合肥	巢湖市	21.25	19.50	28.69	14.71
安徽	阜阳	界首市	17.30	16.85	25.60	6.90
安徽	滁州	天长市	23.53	16.02	41.59	14.45
安徽	滁州	明光市	20.25	25.03	24.88	3.98
安徽	宣城	宁国市	19.79	25.64	13.94	15.61
安徽	宣城	广德市	21.00	18.45	32.71	10.29
安徽	安庆	桐城市	25.99	27.14	39.71	4.81
安徽	安庆	潜山市	20.37	19.80	32.58	4.84
安徽	芜湖	无为市	18.12	15.03	31.55	6.16

附表2　长三角中小城市人才环境指数得分

省/市	地级市	县级市（区）	人才环境指数	经济环境	社会环境	政策环境
上海		闵行区	48.54	75.70	45.84	26.78
上海		宝山区	37.41	59.62	51.14	7.79
上海		嘉定区	40.66	43.04	40.07	39.03
上海		松江区	29.92	50.45	29.92	11.96
上海		金山区	30.64	28.81	41.76	23.99
上海		青浦区	32.85	59.93	22.59	16.79
上海		奉贤区	29.63	31.09	36.55	23.22
上海		崇明区	34.31	29.79	41.53	32.91
江苏	无锡	江阴市	55.25	80.51	62.32	27.92
江苏	无锡	宜兴市	40.82	44.01	40.21	38.48
江苏	徐州	新沂市	19.84	23.20	38.14	3.31
江苏	徐州	邳州市	22.91	23.12	40.81	9.44
江苏	常州	溧阳市	25.87	21.42	38.44	20.43
江苏	苏州	常熟市	42.21	54.71	59.61	18.37
江苏	苏州	张家港市	47.10	52.45	64.53	29.49

续表

省/市	地级市	县级市（区）	人才环境指数	经济环境	社会环境	政策环境
江苏	苏州	昆山市	62.01	77.38	69.15	43.27
江苏	苏州	太仓市	39.49	41.31	47.88	31.68
江苏	苏州	吴江区	33.24	30.83	61.50	14.37
江苏	南通	启东市	26.13	38.39	42.35	3.36
江苏	南通	如皋市	30.25	38.52	53.51	5.75
江苏	南通	海门市	29.67	40.90	49.90	4.83
江苏	南通	海安市	30.32	43.24	46.46	7.03
江苏	盐城	东台市	23.98	39.39	31.06	5.26
江苏	扬州	仪征市	26.94	44.66	37.00	3.98
江苏	扬州	高邮市	33.42	42.64	33.35	25.40
江苏	镇江	丹阳市	24.79	26.62	42.51	10.03
江苏	镇江	扬中市	28.54	15.93	42.20	29.42
江苏	镇江	句容市	30.34	30.61	37.46	24.81
江苏	泰州	兴化市	29.74	29.16	35.08	26.27
江苏	泰州	靖江市	27.02	31.72	43.74	10.49
江苏	泰州	泰兴市	27.72	45.05	39.64	3.72
浙江	杭州	建德市	22.39	19.54	29.44	19.65
浙江	宁波	余姚市	31.52	37.59	34.02	24.36
浙江	宁波	慈溪市	42.18	39.69	45.41	41.96
浙江	温州	瑞安市	33.83	55.24	37.93	12.07
浙江	温州	乐清市	32.14	61.05	34.95	4.77
浙江	嘉兴	平湖市	37.19	24.51	35.71	49.38
浙江	嘉兴	海宁市	35.91	35.98	39.53	33.15
浙江	嘉兴	桐乡市	38.05	36.69	43.26	35.37
浙江	嘉兴	嘉善县	45.13	27.69	34.72	68.11
浙江	绍兴	诸暨市	32.46	52.68	35.30	12.67
浙江	绍兴	嵊州市	23.60	30.40	33.00	10.67

续表

省/市	地级市	县级市(区)	人才环境指数	经济环境	社会环境	政策环境
浙江	金华	兰溪市	20.32	19.67	28.36	14.91
浙江	金华	东阳市	28.67	37.41	37.93	14.16
浙江	金华	义乌市	37.69	71.83	39.80	6.25
浙江	金华	永康市	20.75	27.97	28.96	8.33
浙江	衢州	江山市	17.29	19.70	22.76	11.11
浙江	台州	温岭市	24.69	33.44	38.01	7.16
浙江	台州	临海市	21.51	27.10	33.66	7.61
浙江	台州	玉环市	23.96	17.26	30.78	24.77
浙江	丽水	龙泉市	19.47	23.14	30.41	8.13
安徽	合肥	巢湖市	19.50	23.41	37.35	2.81
安徽	阜阳	界首市	16.85	7.41	37.11	10.05
安徽	滁州	天长市	16.02	11.11	36.66	4.99
安徽	滁州	明光市	25.03	29.73	30.46	16.88
安徽	宣城	宁国市	25.64	25.94	35.83	17.82
安徽	宣城	广德市	18.45	15.05	31.32	11.87
安徽	安庆	桐城市	27.14	27.39	30.40	24.51
安徽	安庆	潜山市	19.80	18.02	36.34	9.07
安徽	芜湖	无为市	15.03	10.81	37.08	2.35

附表3　　长三角中小城市人才量能指数得分

省/市	地级市	县级市(区)	人才量能指数	规模	结构	流量
上海		闵行区	36.97	54.64	38.31	19.73
上海		宝山区	28.78	39.05	29.95	18.08
上海		嘉定区	37.74	55.09	36.83	24.71
上海		松江区	39.08	52.14	40.04	26.37
上海		金山区	25.34	44.77	19.17	19.73
上海		青浦区	36.11	46.44	31.01	36.32

续表

省/市	地级市	县级市（区）	人才量能指数	规模	结构	流量
上海		奉贤区	32.05	44.18	30.39	24.71
上海		崇明区	14.43	9.15	10.14	26.37
江苏	无锡	江阴市	33.91	45.38	37.42	18.08
江苏	无锡	宜兴市	23.50	32.23	23.16	16.75
江苏	徐州	新沂市	34.45	56.26	30.65	22.72
江苏	徐州	邳州市	30.02	54.76	23.50	20.56
江苏	常州	溧阳市	16.38	26.59	10.58	17.91
江苏	苏州	常熟市	32.48	39.68	36.29	19.73
江苏	苏州	张家港市	27.10	50.68	19.29	20.90
江苏	苏州	昆山市	57.93	62.42	77.60	19.73
江苏	苏州	太仓市	29.50	43.26	27.70	21.06
江苏	苏州	吴江区	40.03	57.73	43.00	19.90
江苏	南通	启东市	14.34	12.04	14.72	15.59
江苏	南通	如皋市	13.07	23.48	11.16	7.63
江苏	南通	海门市	18.09	26.82	13.50	18.74
江苏	南通	海安市	12.10	19.08	7.88	13.60
江苏	盐城	东台市	6.64	14.92	0.00	11.28
江苏	扬州	仪征市	18.75	23.15	15.32	21.06
江苏	扬州	高邮市	20.91	17.73	21.32	22.89
江苏	镇江	丹阳市	24.57	40.24	16.94	24.71
江苏	镇江	扬中市	22.11	29.83	19.18	20.73
江苏	镇江	句容市	19.78	20.32	19.06	20.56
江苏	泰州	兴化市	12.65	13.47	12.37	12.44
江苏	泰州	靖江市	18.60	32.19	13.57	15.92
江苏	泰州	泰兴市	15.84	29.59	10.11	14.26
浙江	杭州	建德市	22.33	22.07	23.75	20.07
浙江	宁波	余姚市	44.88	40.61	28.32	77.45

续表

省/市	地级市	县级市（区）	人才量能指数	规模	结构	流量
浙江	宁波	慈溪市	46.41	45.68	16.11	100.00
浙江	温州	瑞安市	31.54	36.29	33.45	24.21
浙江	温州	乐清市	30.11	40.97	29.38	22.22
浙江	嘉兴	平湖市	34.83	29.64	37.52	34.49
浙江	嘉兴	海宁市	32.66	32.99	19.88	54.73
浙江	嘉兴	桐乡市	38.78	37.24	35.34	46.10
浙江	嘉兴	嘉善县	29.84	41.97	23.41	30.85
浙江	绍兴	诸暨市	35.90	56.93	36.24	17.58
浙江	绍兴	嵊州市	33.57	16.01	51.18	17.58
浙江	金华	兰溪市	27.65	29.60	31.42	19.40
浙江	金华	东阳市	35.43	50.45	31.75	29.19
浙江	金华	义乌市	34.10	60.43	25.54	26.87
浙江	金华	永康市	28.52	53.36	20.24	22.06
浙江	衢州	江山市	25.40	35.68	22.26	22.22
浙江	台州	温岭市	28.97	32.16	32.51	20.07
浙江	台州	临海市	27.61	40.46	26.96	17.91
浙江	台州	玉环市	30.98	57.38	22.04	24.38
浙江	丽水	龙泉市	25.83	70.07	13.88	9.45
安徽	合肥	巢湖市	28.69	40.09	21.86	31.01
安徽	阜阳	界首市	25.60	30.36	22.29	27.36
安徽	滁州	天长市	41.59	29.69	54.13	29.68
安徽	滁州	明光市	24.88	52.96	9.26	28.52
安徽	宣城	宁国市	13.94	26.00	16.09	0.00
安徽	宣城	广德市	32.71	27.79	27.32	46.27
安徽	安庆	桐城市	39.71	29.12	53.96	23.71
安徽	安庆	潜山市	32.58	35.51	34.92	26.04
安徽	芜湖	无为市	31.55	28.61	34.41	29.02

附表4　　　　　　　　长三角中小城市人才贡献指数得分

省/市	地级市	县级市（区）	人才贡献指数	创新	创业
上海		闵行区	35.19	31.06	40.41
上海		宝山区	32.99	33.57	32.26
上海		嘉定区	56.32	53.94	59.34
上海		松江区	31.31	35.89	25.53
上海		金山区	46.97	54.44	37.53
上海		青浦区	40.54	38.06	43.68
上海		奉贤区	52.02	37.85	69.92
上海		崇明区	39.30	29.42	51.78
江苏	无锡	江阴市	55.85	67.76	40.82
江苏	无锡	宜兴市	34.65	46.67	19.46
江苏	徐州	新沂市	20.03	23.45	15.70
江苏	徐州	邳州市	11.99	11.53	12.58
江苏	常州	溧阳市	26.84	38.47	12.15
江苏	苏州	常熟市	41.55	54.86	24.72
江苏	苏州	张家港市	46.97	67.95	20.46
江苏	苏州	昆山市	71.70	94.08	43.42
江苏	苏州	太仓市	43.42	62.48	19.35
江苏	苏州	吴江区	45.75	61.04	26.42
江苏	南通	启东市	21.81	28.89	12.87
江苏	南通	如皋市	24.56	31.44	15.86
江苏	南通	海门市	25.65	36.63	11.78
江苏	南通	海安市	35.15	51.58	14.40
江苏	盐城	东台市	16.99	24.99	6.88
江苏	扬州	仪征市	24.70	37.46	8.57
江苏	扬州	高邮市	34.45	57.21	5.69
江苏	镇江	丹阳市	22.59	34.28	7.83

续表

省/市	地级市	县级市（区）	人才贡献指数	创新	创业
江苏	镇江	扬中市	30.26	51.41	3.53
江苏	镇江	句容市	20.76	32.41	6.04
江苏	泰州	兴化市	14.59	19.42	8.49
江苏	泰州	靖江市	28.03	44.86	6.77
江苏	泰州	泰兴市	24.24	29.93	17.05
浙江	杭州	建德市	14.71	20.93	6.85
浙江	宁波	余姚市	27.26	36.61	15.43
浙江	宁波	慈溪市	28.18	41.59	11.24
浙江	温州	瑞安市	16.12	22.96	7.48
浙江	温州	乐清市	18.70	26.52	8.82
浙江	嘉兴	平湖市	33.61	35.89	30.73
浙江	嘉兴	海宁市	27.20	32.03	21.08
浙江	嘉兴	桐乡市	26.15	29.41	22.03
浙江	嘉兴	嘉善县	29.15	34.16	22.81
浙江	绍兴	诸暨市	18.42	26.86	7.75
浙江	绍兴	嵊州市	11.64	19.33	1.94
浙江	金华	兰溪市	10.81	18.26	1.39
浙江	金华	东阳市	17.37	28.40	3.44
浙江	金华	义乌市	38.61	39.68	37.27
浙江	金华	永康市	31.47	52.34	5.11
浙江	衢州	江山市	11.91	20.53	1.02
浙江	台州	温岭市	12.85	18.23	6.06
浙江	台州	临海市	12.99	19.25	5.08
浙江	台州	玉环市	20.85	31.37	7.56
浙江	丽水	龙泉市	15.33	27.45	0.02
安徽	合肥	巢湖市	14.71	21.32	6.36
安徽	阜阳	界首市	6.90	9.12	4.09

续表

省/市	地级市	县级市（区）	人才贡献指数	创新	创业
安徽	滁州	天长市	14.45	16.84	11.42
安徽	滁州	明光市	3.98	3.65	4.40
安徽	宣城	宁国市	15.61	17.93	12.67
安徽	宣城	广德市	10.29	8.12	13.04
安徽	安庆	桐城市	4.81	7.24	1.75
安徽	安庆	潜山市	4.84	7.37	1.65
安徽	芜湖	无为市	6.16	1.99	11.42

附表5　　长三角中小城市人才环境各指标得分——经济环境部分

省/市	地级市	县级市（区）	GDP（亿元）	固定资产投入（亿元）	第三产业比重（%）
上海		闵行区	2 520.82	668.91	63.30
上海		宝山区	1 551.51	555.17	59.80
上海		嘉定区	2 608.10	363.00	39.78
上海		松江区	1 579.71	561.65	48.80
上海		金山区	759.87	287.90	45.10
上海		青浦区	1 166.25	592.00	62.16
上海		奉贤区	1 173.20	466.00	35.26
上海		崇明区	351.10	209.40	53.89
江苏	无锡	江阴市	4 001.12	802.89	48.06
江苏	无锡	宜兴市	1 770.12	448.86	44.97
江苏	徐州	新沂市	686.40	88.43	48.85
江苏	徐州	邳州市	959.70	139.75	43.68
江苏	常州	溧阳市	1 010.54	82.28	43.98
江苏	苏州	常熟市	2 269.82	522.28	48.80
江苏	苏州	张家港市	2 547.26	438.58	47.50
江苏	苏州	昆山市	4 045.06	719.65	48.01
江苏	苏州	太仓市	1 324.97	402.59	48.40

续表

省/市	地级市	县级市（区）	GDP（亿元）	固定资产投入（亿元）	第三产业比重（%）
江苏	苏州	吴江区	1 958.16	58.38	46.60
江苏	南通	启东市	1 157.50	483.22	42.90
江苏	南通	如皋市	1 215.20	432.75	44.87
江苏	南通	海门市	1 352.40	483.77	43.83
江苏	南通	海安市	1 133.20	661.05	40.25
江苏	盐城	东台市	841.49	426.15	49.80
江苏	扬州	仪征市	791.72	693.24	43.66
江苏	扬州	高邮市	818.73	718.47	39.91
江苏	镇江	丹阳市	1 121.99	200.94	43.20
江苏	镇江	扬中市	487.83	77.44	43.04
江苏	镇江	句容市	661.48	259.84	49.43
江苏	泰州	兴化市	871.82	263.73	45.55
江苏	泰州	靖江市	979.57	375.09	42.16
江苏	泰州	泰兴市	1 083.90	663.91	42.65
浙江	杭州	建德市	383.24	195.53	42.58
浙江	宁波	余姚市	1 166.26	545.47	38.97
浙江	宁波	慈溪市	1 898.64	493.79	36.69
浙江	温州	瑞安市	1 003.96	734.60	51.67
浙江	温州	乐清市	1 209.93	819.69	52.25
浙江	嘉兴	平湖市	765.77	350.84	37.18
浙江	嘉兴	海宁市	1 026.57	479.40	41.62
浙江	嘉兴	桐乡市	968.17	440.14	44.84
浙江	嘉兴	嘉善县	626.81	322.45	43.49
浙江	绍兴	诸暨市	1 312.36	706.81	47.08
浙江	绍兴	嵊州市	589.15	359.19	45.20
浙江	金华	兰溪市	385.69	225.97	41.27
浙江	金华	东阳市	638.45	354.45	52.91

续表

省/市	地级市	县级市（区）	GDP（亿元）	固定资产投入（亿元）	第三产业比重（%）
浙江	金华	义乌市	1 421.14	681.18	69.00
浙江	金华	永康市	629.56	309.66	44.38
浙江	衢州	江山市	303.41	108.46	47.65
浙江	台州	温岭市	1 105.13	279.46	47.40
浙江	台州	临海市	711.92	200.44	47.75
浙江	台州	玉环市	617.50	169.29	38.95
浙江	丽水	龙泉市	142.55	115.71	52.78
安徽	合肥	巢湖市	475.04	49.00	53.01
安徽	阜阳	界首市	342.86	128.96	32.34
安徽	滁州	天长市	524.15	206.62	31.12
安徽	滁州	明光市	235.27	220.10	54.44
安徽	宣城	宁国市	367.32	485.25	36.33
安徽	宣城	广德市	321.17	63.67	44.31
安徽	安庆	桐城市	380.87	439.52	40.00
安徽	安庆	潜山市	207.87	196.43	42.51
安徽	芜湖	无为市	487.00	17.60	40.05

附表6 长三角中小城市人才环境各指标得分——社会环境部分

省/市	地级市	县级市（区）	每万人医护人员数量（人）	教育经费占GDP比重（%）	互联网接入水平（万户）	公共图书馆藏书量（万册）	单位面积公路里程数（千米/平方千米）	房价收入比
上海		闵行区	39.30	2.65	71.58	241.20	3.65	0.74
上海		宝山区	47.19	2.42	79.70	180.62	4.51	0.67
上海		嘉定区	55.14	1.58	39.30	318.50	1.82	0.67
上海		松江区	32.37	2.63	60.02	79.20	2.05	0.62
上海		金山区	70.27	4.20	26.45	48.89	1.62	0.40
上海		青浦区	31.16	2.49	23.89	122.40	1.49	0.66
上海		奉贤区	51.77	2.53	30.90	132.00	2.16	0.52
上海		崇明区	57.05	6.03	11.31	70.00	2.49	0.58

续表

省/市	地级市	县级市（区）	每万人医护人员数量（人）	教育经费占GDP比重（%）	互联网接入水平（万户）	公共图书馆藏书量（万册）	单位面积公路里程数（千米/平方千米）	房价收入比
江苏	无锡	江阴市	69.43	0.97	72.10	287.90	2.46	0.13
江苏	无锡	宜兴市	77.58	0.04	51.29	80.60	1.19	0.22
江苏	徐州	新沂市	69.40	1.24	31.45	50.80	1.71	0.27
江苏	徐州	邳州市	66.63	1.40	41.42	61.80	1.58	0.21
江苏	常州	溧阳市	67.11	1.76	18.60	48.30	1.73	0.22
江苏	苏州	常熟市	69.89	1.61	77.20	286.70	1.89	0.23
江苏	苏州	张家港市	83.77	1.35	73.76	324.80	1.64	0.17
江苏	苏州	昆山市	79.16	1.45	123.01	339.40	1.61	0.25
江苏	苏州	太仓市	69.07	1.85	41.64	145.50	1.67	0.19
江苏	苏州	吴江区	74.34	1.78	70.27	555.90	1.91	0.24
江苏	南通	启东市	51.33	1.61	80.09	63.20	2.14	0.32
江苏	南通	如皋市	54.49	2.14	104.56	108.30	2.20	0.22
江苏	南通	海门市	54.46	1.71	84.49	171.60	2.25	0.33
江苏	南通	海安市	60.50	1.78	72.73	59.60	2.09	0.22
江苏	盐城	东台市	55.08	1.58	27.72	33.10	1.04	0.26
江苏	扬州	仪征市	62.92	1.32	20.93	48.40	1.76	0.20
江苏	扬州	高邮市	54.31	1.79	23.84	41.70	1.15	0.20
江苏	镇江	丹阳市	51.38	1.90	37.35	88.30	2.16	0.17
江苏	镇江	扬中市	61.11	1.76	15.36	47.00	2.57	0.14
江苏	镇江	句容市	52.23	2.01	25.56	46.00	1.86	0.19
江苏	泰州	兴化市	53.68	2.33	39.70	28.00	1.24	0.26
江苏	泰州	靖江市	71.74	1.14	29.64	95.10	2.04	0.20
江苏	泰州	泰兴市	58.75	1.62	43.13	35.30	1.92	0.21
浙江	杭州	建德市	29.96	2.51	16.19	80.00	0.86	0.16
浙江	宁波	余姚市	25.61	2.04	51.35	76.00	1.33	0.16
浙江	宁波	慈溪市	27.29	1.95	83.93	227.00	1.20	0.18
浙江	温州	瑞安市	29.52	2.67	59.24	130.04	1.44	0.28
浙江	温州	乐清市	29.07	2.35	61.79	93.16	0.98	0.22
浙江	嘉兴	平湖市	21.02	2.55	24.01	108.00	2.17	0.16
浙江	嘉兴	海宁市	26.00	2.28	32.03	204.00	1.71	0.19

续表

省/市	地级市	县级市（区）	每万人医护人员数量（人）	教育经费占GDP比重（%）	互联网接入水平（万户）	公共图书馆藏书量（万册）	单位面积公路里程数（千米/平方千米）	房价收入比
浙江	嘉兴	桐乡市	26.95	2.16	34.40	184.00	2.67	0.18
浙江	嘉兴	嘉善县	24.34	2.91	21.70	132.00	1.58	0.20
浙江	绍兴	诸暨市	36.03	1.77	49.11	93.00	1.20	0.18
浙江	绍兴	嵊州市	27.11	2.64	27.44	60.00	1.31	0.11
浙江	金华	兰溪市	29.13	2.86	19.35	37.00	1.33	0.25
浙江	金华	东阳市	33.84	3.12	43.17	52.00	1.88	0.21
浙江	金华	义乌市	32.27	2.18	98.86	118.00	0.89	0.28
浙江	金华	永康市	30.41	2.50	40.65	54.00	1.15	0.31
浙江	衢州	江山市	29.15	3.12	15.38	37.00	0.91	0.39
浙江	台州	温岭市	29.00	2.26	50.35	162.00	1.91	0.32
浙江	台州	临海市	28.81	3.10	39.72	115.00	1.06	0.28
浙江	台州	玉环市	23.25	2.11	27.27	80.00	1.50	0.17
浙江	丽水	龙泉市	36.12	4.88	10.54	24.00	0.85	0.29
安徽	合肥	巢湖市	66.79	2.75	20.36	28.30	1.31	0.26
安徽	阜阳	界首市	56.41	2.92	18.70	18.80	1.74	0.22
安徽	滁州	天长市	61.08	2.50	8.68	18.79	2.37	0.30
安徽	滁州	明光市	45.19	3.15	5.53	16.52	2.33	0.41
安徽	宣城	宁国市	70.32	2.49	21.50	15.78	1.15	0.28
安徽	宣城	广德市	45.57	2.49	21.50	15.78	1.60	0.28
安徽	安庆	桐城市	35.69	3.08	11.45	21.01	1.40	0.20
安徽	安庆	潜山市	47.11	4.46	11.45	47.12	1.29	0.26
安徽	芜湖	无为市	40.40	3.40	15.30	61.30	2.03	0.23

附表7　长三角中小城市人才环境各指标得分——政策环境部分

省/市	地级市	县级市（区）	发布人才相关政策信息条数（条）	每万人博士后工作站(含院士、研究机构)（个）	科研经费占GDP比重（%）
上海		闵行区	25	0.91	2.12
上海		宝山区	253	0.04	0.41

续表

省/市	地级市	县级市（区）	发布人才相关政策信息条数（条）	每万人博士后工作站(含院士、研究机构)（个）	科研经费占GDP比重（%）
上海		嘉定区	1 449	0.16	2.05
上海		松江区	629	0.27	0.34
上海		金山区	1 386	0.09	0.72
上海		青浦区	357	1.78	0.34
上海		奉贤区	1 368	0.83	0.29
上海		崇明区	1 201	0.12	1.77
江苏	无锡	江阴市	1 217	2.42	0.10
江苏	无锡	宜兴市	1 583	3.44	0.17
江苏	徐州	新沂市	23	0.21	0.23
江苏	徐州	邳州市	548	0.12	0.26
江苏	常州	溧阳市	192	0.85	1.35
江苏	苏州	常熟市	711	0.18	0.90
江苏	苏州	张家港市	1 922	0.14	0.60
江苏	苏州	昆山市	2 814	0.08	0.94
江苏	苏州	太仓市	3 666	0.11	0.93
江苏	苏州	吴江区	513	0.05	0.81
江苏	南通	启东市	173	0.06	0.14
江苏	南通	如皋市	180	0.04	0.37
江苏	南通	海门市	245	0.06	0.20
江苏	南通	海安市	142	0.06	0.53
江苏	盐城	东台市	173	0.00	0.35
江苏	扬州	仪征市	71	0.30	0.19
江苏	扬州	高邮市	33	0.40	2.24
江苏	镇江	丹阳市	50	1.50	0.19
江苏	镇江	扬中市	92	4.32	0.56
江苏	镇江	句容市	430	2.37	0.73

续表

省/市	地级市	县级市(区)	发布人才相关政策信息条数(条)	每万人博士后工作站(含院士、研究机构)(个)	科研经费占GDP比重(%)
江苏	泰州	兴化市	1 727	0.08	0.55
江苏	泰州	靖江市	586	0.22	0.27
江苏	泰州	泰兴市	18	0.00	0.38
浙江	杭州	建德市	40	2.35	0.69
浙江	宁波	余姚市	17	3.65	0.50
浙江	宁波	慈溪市	1 436	3.15	0.82
浙江	温州	瑞安市	250	1.20	0.30
浙江	温州	乐清市	43	0.60	0.15
浙江	嘉兴	平湖市	148	2.96	3.11
浙江	嘉兴	海宁市	120	0.57	2.94
浙江	嘉兴	桐乡市	17	1.62	2.59
浙江	嘉兴	嘉善县	138	6.27	3.22
浙江	绍兴	诸暨市	24	1.04	0.71
浙江	绍兴	嵊州市	55	0.12	0.95
浙江	金华	兰溪市	76	1.88	0.43
浙江	金华	东阳市	198	1.18	0.58
浙江	金华	义乌市	160	0.07	0.42
浙江	金华	永康市	166	0.00	0.66
浙江	衢州	江山市	57	0.00	1.05
浙江	台州	温岭市	80	0.12	0.58
浙江	台州	临海市	72	0.00	0.69
浙江	台州	玉环市	213	0.16	2.10
浙江	丽水	龙泉市	84	0.00	0.73
安徽	合肥	巢湖市	53	0.45	0.03
安徽	阜阳	界首市	322	0.00	0.64
安徽	滁州	天长市	48	0.00	0.47

续表

省/市	地级市	县级市（区）	发布人才相关政策信息条数（条）	每万人博士后工作站(含院士、研究机构)（个）	科研经费占GDP比重（%）
安徽	滁州	明光市	37	0.25	1.49
安徽	宣城	宁国市	53	1.33	1.01
安徽	宣城	广德市	20	1.05	0.62
安徽	安庆	桐城市	23	2.49	1.10
安徽	安庆	潜山市	29	0.73	0.51
安徽	芜湖	无为市	102	0.00	0.15

附表8　　长三角中小城市人才量能各指标原始数据

省/市	地级市	县级市（区）	普通中学专任教师数比重(‰)	普通中学在校学生数比重(%)	青年人占比（19—35岁）（%）	普通中学专任教师增加的高级职称占比(‰)	常住人口增长率（%）
上海		闵行区	5.13	5.42	34.55	8.23	0.2
上海		宝山区	4.11	4.49	29.53	8.67	0.1
上海		嘉定区	5.96	5.06	34.45	5.87	0.5
上海		松江区	5.59	4.97	35.42	8.68	0.6
上海		金山区	4.86	4.65	23.25	8.62	0.2
上海		青浦区	5.03	4.72	30.1	8.82	1.2
上海		奉贤区	5.06	4.5	29.17	10.57	0.5
上海		崇明区	3.04	2.28	18.88	5.82	0.6
江苏	无锡	江阴市	4.54	4.86	26.27	32.24	0.1
江苏	无锡	宜兴市	3.94	3.95	20.47	24.42	0.02
江苏	徐州	新沂市	3.86	6.18	22.75	30.89	0.38
江苏	徐州	邳州市	4.22	5.87	23.11	16.86	0.25
江苏	常州	溧阳市	3.62	3.59	18.078	9.09	0.09
江苏	苏州	常熟市	3.94	4.63	27.41	26.67	0.2
江苏	苏州	张家港市	4.36	5.43	19.65	19.96	0.27
江苏	苏州	昆山市	4.61	6.38	43.22	52.38	0.2
江苏	苏州	太仓市	4.14	4.86	27.59	10.6	0.28

续表

省/市	地级市	县级市(区)	普通中学专任教师数比重(‰)	普通中学在校学生数比重(%)	青年人占比(19－35岁)(%)	普通中学专任教师增加的高级职称占比(‰)	常住人口增长率(%)
江苏	苏州	吴江区	5.01	5.76	30.53	29.14	0.21
江苏	南通	启东市	2.84	2.64	15.6	24.24	－0.05
江苏	南通	如皋市	3.26	3.48	15.6	17.81	－0.53
江苏	南通	海门市	3.52	3.66	15.88	21.17	0.14
江苏	南通	海安市	3.61	2.91	14.78	14.41	－0.17
江苏	盐城	东台市	3.26	2.7	14.02	2.54	－0.31
江苏	扬州	仪征市	3.24	3.46	19.31	13.84	0.28
江苏	扬州	高邮市	3.21	2.98	14.98	38.06	0.39
江苏	镇江	丹阳市	4.19	4.56	20.51	13.06	0.5
江苏	镇江	扬中市	3.88	3.76	21.61	13.71	0.26
江苏	镇江	句容市	3.41	3.12	21.13	14.98	0.25
江苏	泰州	兴化市	2.82	2.78	17.23	14.95	－0.24
江苏	泰州	靖江市	4.41	3.72	20.42	7.26	－0.03
江苏	泰州	泰兴市	4.23	3.57	14.79	18.42	－0.13
浙江	杭州	建德市	3.18	3.39	21.55	22.14	0.22
浙江	宁波	余姚市	3.99	4.69	19.27	37.45	3.68
浙江	宁波	慈溪市	4.39	4.96	19.73	13.98	5.04
浙江	温州	瑞安市	3.63	4.47	20.7	42.28	0.47
浙江	温州	乐清市	3.81	4.81	23.22	27.15	0.35
浙江	嘉兴	平湖市	3.68	3.84	19.83	52.32	1.09
浙江	嘉兴	海宁市	3.69	4.14	19.33	22.01	2.31
浙江	嘉兴	桐乡市	3.81	4.47	20.41	46.59	1.79
浙江	嘉兴	嘉善县	4	4.81	19.93	26.53	0.87
浙江	绍兴	诸暨市	2.62	6.84	19.07	52.37	0.07
浙江	绍兴	嵊州市	1.31	3.74	17.86	83.07	0.07
浙江	金华	兰溪市	3.32	4.01	19.73	41.61	0.18
浙江	金华	东阳市	4.09	5.54	19.63	42.52	0.77
浙江	金华	义乌市	4.4	6.3	21.15	26.61	0.63
浙江	金华	永康市	4.08	5.81	19.87	21	0.34
浙江	衢州	江山市	3.66	4.4	19.09	27.06	0.35

续表

省/市	地级市	县级市(区)	普通中学专任教师数比重(‰)	普通中学在校学生数比重(%)	青年人占比(19—35岁)(%)	普通中学专任教师增加的高级职称占比(‰)	常住人口增长率(%)
浙江	台州	温岭市	2.87	4.46	19.45	44.46	0.22
浙江	台州	临海市	3.3	5.01	18.95	35.97	0.09
浙江	台州	玉环市	5.44	5.52	17.9	30.34	0.48
浙江	丽水	龙泉市	10.76	4.11	19.73	9.94	−0.42
安徽	合肥	巢湖市	4.1	4.59	17.88	30.08	0.88
安徽	阜阳	界首市	3.69	3.9	18.61	28.6	0.66
安徽	滁州	天长市	3.75	3.81	16.43	92.82	0.8
安徽	滁州	明光市	7.34	4.2	17.31	9.09	0.73
安徽	宣城	宁国市	3.55	3.57	17.82	19.85	−0.99
安徽	宣城	广德市	3.04	3.98	18.53	37.93	1.8
安徽	安庆	桐城市	3.87	3.7	19.77	82.19	0.44
安徽	安庆	潜山市	3.98	4.23	17.15	55.91	0.58
安徽	芜湖	无为市	3.36	3.9	20.11	45.84	0.76

附表9   长三角中小城市人才贡献各指标原始数据

省/市	地级市	县级市(区)	每万人专利申请量(件)	每万人专利授权量(件)	每万人论文发表数(篇)	全员劳动生产率(元/人)	注册新增企业数(户)	民营企业数(户)	实际利用外资(万美元)
上海		闵行区	71.62	44.13	2.60	199 101	16 550	150 485	73 000
上海		宝山区	42.74	26.04	5.25	221 044	24 163	166 441	40 499
上海		嘉定区	97.71	64.96	5.07	305 684	20 334	209 054	111 962
上海		松江区	84.95	55.91	3.34	188 173	19 811	163 020	26 153
上海		金山区	89.79	64.50	6.10	289 868	40 398	251 359	25 342
上海		青浦区	66.18	44.54	4.40	229 036	18 349	153 409	80 001
上海		奉贤区	83.93	54.49	3.64	205 825	94 848	469 679	27 763
上海		崇明区	19.43	11.26	5.46	229 261	79 409	291 887	23 033
江苏	无锡	江阴市	63.97	35.62	10.41	404 072	9 634	79 949	93 100
江苏	无锡	宜兴市	66.21	38.71	7.60	239 529	8 009	62 757	37 900
江苏	徐州	新沂市	42.80	12.77	5.49	125 278	5 824	36 949	34 001
江苏	徐州	邳州市	19.97	5.10	3.07	110 845	5 814	29 670	26 600

续表

省/市	地级市	县级市（区）	每万人专利申请量（件）	每万人专利授权量（件）	每万人论文发表数（篇）	全员劳动生产率（元/人）	注册新增企业数（户）	民营企业数（户）	实际利用外资（万美元）
江苏	常州	溧阳市	36.95	18.93	8.34	202 513	2 623	20 051	30 000
江苏	苏州	常熟市	69.11	31.92	11.62	217 457	9 588	70 571	49 800
江苏	苏州	张家港市	93.69	45.62	10.89	330 384	7 977	67 793	39 800
江苏	苏州	昆山市	190.47	104.68	11.89	345 407	19 208	154 159	78 386
江苏	苏州	太仓市	123.27	55.05	8.35	289 232	4 818	43 039	44 000
江苏	苏州	吴江区	146.41	69.35	7.83	227 270	12 161	90 681	48 600
江苏	南通	启东市	32.98	18.23	5.92	175 299	3 301	25 561	30 400
江苏	南通	如皋市	30.43	16.79	7.29	167 683	4 982	37 540	35 100
江苏	南通	海门市	37.43	19.47	7.30	212 675	3 799	25 594	26 900
江苏	南通	海安市	89.63	45.77	8.79	212 329	4 187	36 512	31 900
江苏	盐城	东台市	29.71	16.30	6.11	132 435	5 645	34 146	10 000
江苏	扬州	仪征市	53.44	36.44	6.19	199 325	2 489	20 545	20 000
江苏	扬州	高邮市	157.41	79.78	6.84	177 099	3 439	30 405	9 300
江苏	镇江	丹阳市	66.10	35.09	5.35	175 861	4 523	36 104	13 296
江苏	镇江	扬中市	110.12	59.08	6.61	224 084	2 380	18 885	6 300
江苏	镇江	句容市	29.62	23.05	7.23	167 846	3 100	21 543	12 200
江苏	泰州	兴化市	36.82	22.22	3.80	119 101	4 744	29 121	16 200
江苏	泰州	靖江市	65.95	35.82	7.10	241 273	4 424	29 521	11 600
江苏	泰州	泰兴市	34.92	21.53	6.13	170 962	6 077	37 327	37 500
浙江	杭州	建德市	37.20	13.91	4.27	139 716	6 525	20 421	11 607
浙江	宁波	余姚市	83.58	57.14	4.71	151 580	6 225	47 071	31 058
浙江	宁波	慈溪市	98.18	66.61	3.02	223 633	8 351	60 428	15 001
浙江	温州	瑞安市	59.42	42.41	2.24	136 167	6 002	40 812	10 137
浙江	温州	乐清市	66.87	50.33	1.79	164 437	10 144	67 983	5 265
浙江	嘉兴	平湖市	66.27	48.78	4.76	182 587	2 663	22 529	81 519
浙江	嘉兴	海宁市	69.19	49.96	3.95	157 329	4 380	33 302	51 025
浙江	嘉兴	桐乡市	63.81	44.77	4.04	142 462	7 117	39 570	50 098
浙江	嘉兴	嘉善县	87.84	59.44	3.45	152 992	3 160	23 760	58 683
浙江	绍兴	诸暨市	52.02	32.49	3.85	161 661	8 710	52 877	6 296
浙江	绍兴	嵊州市	50.76	27.28	2.69	124 346	2 882	21 481	921

续表

省/市	地级市	县级市（区）	每万人专利申请量（件）	每万人专利授权量（件）	每万人论文发表数（篇）	全员劳动生产率（元/人）	注册新增企业数（户）	民营企业数（户）	实际利用外资（万美元）
浙江	金华	兰溪市	39.55	20.30	3.80	106 485	2 089	15 261	1 230
浙江	金华	东阳市	54.27	31.48	5.02	141 375	6 273	33 030	13
浙江	金华	义乌市	72.76	45.40	7.11	150 736	56 307	219 375	16 205
浙江	金华	永康市	147.28	109.20	5.07	124 591	7 861	50 235	124
浙江	衢州	江山市	28.92	18.89	4.96	112 583	1 606	11 382	1 330
浙江	台州	温岭市	35.93	30.20	2.86	118 767	6 318	44 358	5 231
浙江	台州	临海市	41.72	31.31	3.31	106 495	5 453	34 252	5 097
浙江	台州	玉环市	72.60	55.52	3.42	149 661	3 347	26 645	15 294
浙江	丽水	龙泉市	65.89	48.79	4.81	83 607	825	6 707	77
安徽	合肥	巢湖市	15.37	5.18	7.50	88 776	3 073	16 733	14 000
安徽	阜阳	界首市	37.81	15.70	2.12	66 588	3 008	16 829	7 687
安徽	滁州	天长市	58.38	25.87	2.05	109 403	3 274	22 192	26 975
安徽	滁州	明光市	11.56	7.07	2.13	55 857	1 561	9 001	11 247
安徽	宣城	宁国市	38.52	18.85	3.41	119 843	1 711	12 452	33 638
安徽	宣城	广德市	25.61	12.42	1.99	82 309	2 175	13 895	34 011
安徽	安庆	桐城市	15.86	5.32	2.70	77 840	3 346	18 659	498
安徽	安庆	潜山市	26.13	9.87	2.70	55 819	2 223	15 357	1 801
安徽	芜湖	无为市	10.25	5.54	1.00	77 995	2 783	15 453	28 651

附表10　　江苏省2021年人才政策一览

序号	政策名称
1	关于印发"G42＋"重点民营企业人才人事综合改革示范基地建设制度及2021年专项工作方案的通知（苏人社函〔2021〕251号）
2	关于做好江苏省第六期"333高层次人才培养工程"培养对象选拔工作的通知（苏人才办〔2021〕7号）
3	省人力资源社会保障厅 关于印发江苏省技能人才评价技术资源建设运行指南的通知（苏人社函〔2021〕230号）
4	省人力资源社会保障厅 省发展改革委 关于开展"江苏服务业专业人才特别贡献奖"评选工作的通知（苏人社函〔2021〕217号）

续表

序号	政策名称
5	省人力资源社会保障厅 关于公布2021年江苏省技能人才评价技术资源重点开发项目(第三批)的通知(苏人社函〔2021〕199号)
6	省人力资源社会保障厅 省农业农村厅 省总工会 团省委 省妇联 扬州市政府 关于举办2021年中国江苏乡土人才技艺技能大赛的通知(苏人社函〔2021〕192号)
7	省人力资源社会保障厅 关于印发专业技术人才知识更新工程2021年高级研修项目计划的通知(苏人社函〔2021〕168号)
8	省人力资源社会保障厅 关于开展"百日千万网络招聘专项行动"江苏分会场系列活动的通知(苏人社函〔2021〕166号)
9	省人力资源社会保障厅 关于开展第四批省级专业技术人才继续教育基地申报认定工作的通知(苏人社函〔2021〕160号)
10	省人力资源社会保障厅 关于公布2021年江苏省技能人才评价技术资源重点开发项目(第二批)的通知(苏人社函〔2021〕144号)
11	省人力资源社会保障厅 省职称办 关于组织开展2021年度高层次和急需紧缺人才高级职称考核认定工作的通知(苏职称办〔2021〕42号)
12	省人力资源社会保障厅 关于印发《关于建立江苏省职业能力建设专家库的实施意见(试行)》的通知(苏人社发〔2021〕28号)
13	省人力资源社会保障厅 关于印发《江苏省技能人才评价技术资源快速响应机制(2021—2025年)工作方案》的通知(苏人社发〔2021〕22号)
14	省人力资源社会保障厅 关于组织开展2021年江苏省省级乡土人才建设发展项目推荐申报工作的通知(苏人社函〔2021〕111号)
15	省人力资源社会保障厅 关于开展2021年度省博士后科研资助计划和省资助招收博士后人员申报工作的通知(苏人社函〔2021〕88号)
16	省人力资源社会保障厅 关于做好东亚人才合作与创新产业对接交流会筹备工作的通知
17	省人力资源社会保障厅 关于开展2021年江苏省留学回国人员创新创业园和创新创业示范基地申报工作的通知(苏人社函〔2021〕77号)
18	省人力资源社会保障厅 关于发布2021年高技能人才培训补贴紧缺型职业(工种)目录的通知(苏人社函〔2021〕78号)

续表

序号	政策名称
19	省人力资源社会保障厅办公室 转发无锡市人力资源和社会保障局关于印发打造技能人才与产业发展深度融合示范城市工作方案的通知(苏人社办〔2021〕9号)
20	省人力资源社会保障厅 关于开展2021年度高层次留学人才回国资助试点工作的通知(苏人社函〔2021〕49号)

附表11　　安徽省及蚌埠市近年人才政策一览

序号	政策名称
1	中共安徽省委印发《关于深化人才发展体制机制改革的实施意见》的通知(皖发〔2016〕45号)
2	安徽省人民政府关于印发支持"三重一创"建设若干政策的通知(皖政〔2017〕51号)
3	安徽省人民政府关于印发支持科技创新若干政策的通知(皖政〔2017〕52号)
4	安徽省人民政府关于印发支持制造强省建设若干政策的通知(皖政〔2017〕53号)
5	安徽省人民政府关于印发支持技工大省建设若干政策的通知(皖政〔2017〕54号)
6	中共安徽省委办公厅 安徽省人民政府办公厅印发《关于进一步引导和鼓励高校毕业生到基层工作的实施意见》的通知(皖办发〔2017〕43号)
7	安徽省人民政府关于进一步促进当前和今后一段时期就业创业工作的通知(皖政〔2017〕111号)
8	关于人才智力支持大别山等革命老区脱贫攻坚的若干措施(皖组通字〔2019〕24号)
9	关于印发《安徽省关于建立引进海外高层次人才和急需紧缺人才职称评审绿色通道的指导意见》的通知(皖人社发〔2020〕18号)
10	蚌埠市人民政府关于实施创新驱动发展战略加快"两个中心"建设的若干政策意见(蚌政〔2017〕70号)
11	关于鼓励引导人才智力向基层流动支持脱贫攻坚、乡村振兴的若干举措(蚌组通字〔2019〕20号)
12	关于建设蚌埠市人才特区的实施意见(蚌发〔2012〕17号)

续表

序号	政策名称
13	中共蚌埠市委、蚌埠市人民政府关于印发《蚌埠市推进人才特区建设若干实施细则》的通知(蚌发〔2015〕9号)
14	蚌埠市人民政府办公室关于印发吸引留住高校毕业生在蚌就业创业若干政策的通知(蚌政办〔2018〕11号)
15	关于落实进一步完善稳定就业和支持创业若干政策措施的通知(蚌人社发〔2018〕43号)
16	蚌埠市人民政府关于进一步支持驻蚌单位科技创新和成果转化培育壮大经济发展新动能的意见(蚌政〔2018〕3号)
17	关于转发《安徽省关于建立引进海外高层次人才和急需紧缺人才职称评审绿色通道的指导意见(试行)》的通知(蚌人社秘〔2018〕172号)